南唐都城志略

濮小南 ◎ 著

濮仕坤 ◎ 编

南京出版传媒集团
南京出版社

图书在版编目（CIP）数据

南唐都城志略 / 濮小南著；濮仕坤编. -- 南京：
南京出版社，2025. 2. -- ISBN 978-7-5533-4873-5

Ⅰ . K295.31

中国国家版本馆CIP数据核字第2024JP4127号

书　　名	南唐都城志略	
作　　者	濮小南　濮仕坤	
出版发行	南京出版传媒集团	
	南 京 出 版 社	
社　　址	南京市玄武区太平门街53号	
邮　　编	210016	
联系电话	025-83283873、83283864（营销）　　025-83112257（编务）	

策划统筹	杨传兵
责任编辑	严行健
装帧设计	王　俊
责任印制	杨福彬

排　　版	南京新华丰制版有限公司
印　　刷	南京爱德印刷有限公司
开　　本	890 毫米 × 1240 毫米　　1/32
印　　张	10.25
字　　数	195千
版　　次	2025 年 2 月第 1 版
印　　次	2025 年 2 月第 1 次印刷
书　　号	ISBN 978-7-5533-4873-5
定　　价	60.00元

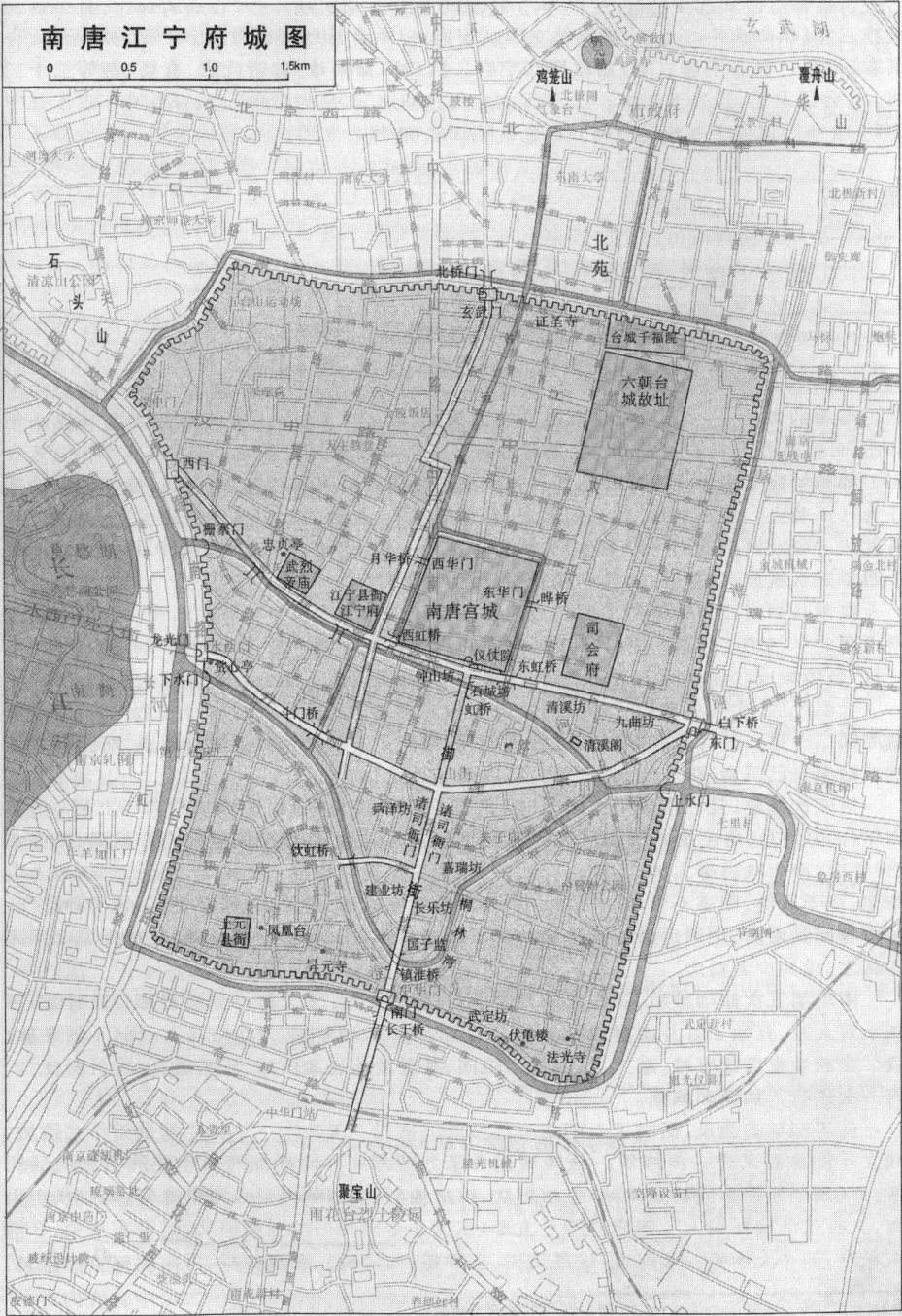

南唐江宁府城图（选自《南京建置志》）

南唐江宁府图（选自《秣陵集》）

唐昇州圖

幕府山　攝山　蔣山　寶公院　元武湖　山籠鷄　山舟覆　青溪　燕雀湖　句容縣

蘇安鎮　白下城　胭脂井　百下亭　蔣山亭　淮秦　青龍山　五域坡　溧水縣

石頭　五城　潭埠　鐵塔寺　韓滉　湘宮寺　昇州治城　昇州治　溧陽縣

滿涼寺　揚州都督　蔣州廢城　村榻烏　烏衣巷　山城縣　法光寺　天印山

本宇白酒樓　運瀆　竹格港　歇泊橋商臺奉先寺　宋雀橋　雨花臺

白陽洲　瓦棺寺　上元縣　聚賣山　新林浦

天工

唐升州图（选自《秣陵集》）

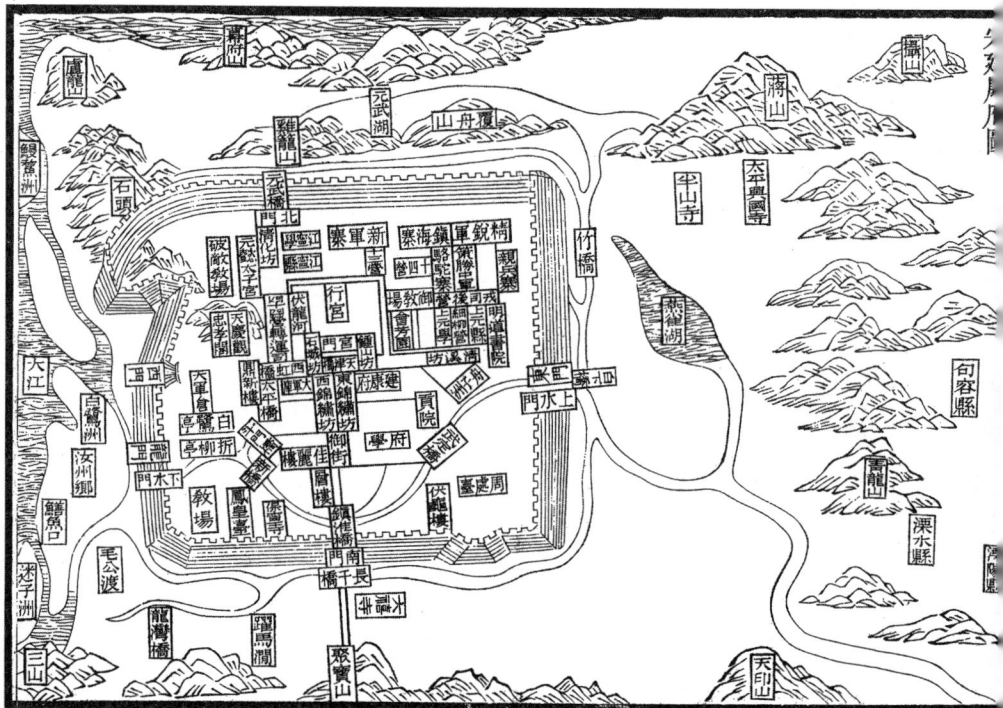

宋建康府图（选自《秣陵集》）

目　录

凡 例

1.《南唐都城志略》是一部记述杨吴及南唐时期南京地区的城市格局、人文变化、民风民俗诸方面概况的地志类图书。

2. 全书采用"正文简略，引文繁详"的形式，目的是"古今相参，以证其实"。

3. 全书正文为宋体，注文或引文则为仿宋体、楷体，以便于区分与阅读。

4. 所引古今书籍，均注明卷数；不分卷者，则只录书名与引文。

5. 凡所引文章，不问古今，均于初引之文尾，附作者简介，再引则不赘。目的有二：一者尊崇古人，常怀敬畏之心；再者致意今贤，聊表感谢之情。

绪　言

　　南唐一朝，跌宕起伏；上承杨吴，下逮赵宋。先后三帝，存续卅九。（宋）路振《九国志》卷四："南唐。烈主以晋天福二年（937）受吴禅，至后主煜乙亥岁（975）国灭，盖宋开宝八年（975）也。历三主，凡三十九年。烈主（889~943），姓李，名昪，字正伦，小字彭奴，徐州人。初为徐温（862~927）养子，冒姓徐氏，名知诰。吴太和二年（930）嗣温位，天祚元年（935）封齐王，三年（937）受禅，改元升元，国号齐，尊温为太祖武皇帝。升元三年（939）二月乙亥，改太祖庙号为义祖；已卯，改国号曰：唐。复姓李氏，更今名。七年（943）二月庚午，薨，年五十六，谥曰：光文肃武孝高皇帝；庙号：烈主。葬永陵（钦陵）。元宗（916~961），名璟，字伯玉，初名景通，昪长子。升元七年（943）三月已卯，嗣位，改元保大。十五年（958）改元中兴，是年，臣属于周，奉正朔，盖周显德五年（958）也。宋建隆二年（961）六月已未，薨，年四十六。请于宋，许复帝号，谥曰：明道崇德文宣孝皇帝，庙号：元宗，葬顺陵。后主（937~978），名煜，字重光，初名从嘉，璟第六子。宋建隆二年（961）六月嗣立，在位十七年。至开宝八年（975）十一月，宋将曹彬（931~999）灭其国，后主降。太平兴国三年（978）七月辛卯，薨，年四十二，是日七夕也。赠太师，封吴王，葬洛阳北邙山。"**据地三千里，拥州三十五，乃五代时期辖境最广、立邦最久之国。**（宋）薛居正《旧五代史》卷一百三十四："（南唐）雄据一方，行余一纪。其地东暨衢、婺，南及五岭，西至湖湘，北据长淮，凡三十余州，广袤数千里，尽为其所有，近代僭窃之地，最为强盛。"（宋）马令《南唐书》卷三十："自以江南，升、润、常、歙、宣、鄂、池、饶、信、江、洪、抚、袁、吉、虔一十五州；自以江北，扬、楚、泗、和、滁、光、黄、舒、蕲、庐、寿、海、濠一十三州，合二十八州，杨行密（852~905）专据，以建吴国。南唐因之，置泰州、筠州，又取汀、建、漳、泉四州，复置剑州，共三十五州之地，号为大国。"所谓"四十年来家国，三千里地山河"，盖纪实也。

李昇受禅，开创南唐。大势所趋，决非偶然。早在杨吴时期，他受命辅佐吴王杨隆演（897~920）总领朝政时，就在辖境内采取休兵养息、收揽人才、鼓励农桑、轻徭薄赋、兴利除弊的政策，遂使社会日渐安定、经济富庶繁荣、国力逐年强盛，功绩卓著，众望咸归。（宋）司马光《资治通鉴》卷二七〇："贞明四年（918年，杨吴天祐十五年）七月戊戌，以知诰（李昇）为淮南节度行军副使、内外马步都军副使、通判府事、兼江州团练使，自余庶政，皆决于知诰。知诰事吴王尽恭，接士大夫以谦，御众以宽，约身以俭。以吴王之命，悉蠲天祐十三年（916）以前逋税，余俟丰年乃输之。求贤才，纳规谏，除奸猾，杜请托。于是，士民翕然归心，虽宿将悍夫无不悦服。以宋齐丘（887~959）为谋主。先是，吴有丁口钱（人头税），又计亩输钱，钱重物轻，民甚苦之。齐丘说知诰，以为：'钱非耕桑所得，今使民输钱，是教民弃本逐末也。请蠲丁口钱，自余税悉输谷帛，绅绢匹直千钱者，当税三十。'或曰：'如此，县官岁失钱亿万计。'齐丘曰：'安有民富而国家贫者邪？'知诰从之。由是，江淮间旷土尽辟，桑柘满野，国以富强。三十余州民，乐业者二十余年。"（宋）文莹《玉壶清话》卷九："时江淮初定，守宰者皆武夫，率以兵戈为急务。主（李昇）独好文，招儒素，督廉吏，德望著立，物情归美。明年（天祚元年，935年），建吴国，以主（李昇）为左仆射，参大政。于是，百姓始得投戈息肩。时四境虽定，惟越人为梗，主（李昇）不欲黩武，专务安辑，遂许和好。戢兵薄赋，休养民力，山泽所产，公私同之。戢扰吏，罢横敛，中外之情，翕然依附，虽刚鸷狠愎者，率亦驯扰。所统仅三十余州，为太平之世者二十年。置延宾亭待四方豪杰，无贵贱之隔，非意相干者，亦雍容遣之。漂泛羁游辈，随才而用之。缙绅之后，穷不能婚葬者，皆与毕之。"天祚三年（937），徐知诰（李昇）接受吴主禅让。即皇帝位后，更加克勤克俭，亲民爱民，结好邻邦，遂使辖境之内，平安无事，累岁丰稔，兵食盈积。史称"中外寝兵，耕织岁滋，文物彬焕"，（宋）史虚白《钓矶立谈》云："于时，中外寝兵，耕织岁滋，文物彬焕，渐有中朝之风采。"诚非虚言也。

　　特别值得一提的是，南唐三代国君在稳定政权、发展民生的同时，非常重视文化艺术建设，其间取得的成就对推进中华文化发展所做出的贡献，在中国的人文史上占有极其重要的地位。首先，李昪就十分注重文化，搜集书籍，设置场所，招徕文人，共参国事。故其时江南文化事业，在全国范围内最为兴盛；（宋）陆游《南唐书》卷六："烈主（李昪）作礼贤院，聚图书万卷及琴弈游戏之具，以延四方贤士，政事之暇，多与之讲评古今。"（宋）史虚白《钓矶立谈》："当是时，天下瓜裂，中国衣冠，多依齐台，以故江南称为文物最胜处。"其次，中主李璟、后主李煜，都是享誉文坛的制词高手，李璟的"细雨梦回鸡塞远，小楼吹彻玉笙寒"、（民国）王国维《人间词话》上卷十三："南唐中主词，乃古今独赏其'细雨梦回鸡塞远，小楼吹彻玉笙寒。'"李煜的"'自是人生长恨水长东''流水落花春去也，天上人间'"《人间词话》上卷十五："词至李后主而眼界始大，感慨遂深，遂变伶工之词而为士大夫之词……'自是人生长恨水长东'、'流水落花春去也，天上人间'，《金荃》（温庭筠词集）、《浣花》（韦庄词集），能有此气象耶！"等，深美闳约，意境幽长，至今仍为文人引用不衰，其影响可谓不言而喻。上有好者，下必甚焉。国君的推崇与倡导，使南唐一朝出现了许多卓有成就的文化艺术人才，大臣李建勋、冯延巳、冯延鲁、潘佑、江文蔚、徐铉、徐锴、韩熙载、高越等都热衷创作，具有很高的水平和造诣。尤其是韩熙载，风流旷荡，文采出众，设馆纳隽，结友交贤。一时，大批文士咸聚其宅，切磋商榷，氛围怡谐。（宋）史虚白《钓矶立谈》："初，熙载自以为羁旅被遇，思展布支体，以报人主。内念报国之意，莫急于人材，于是，大开门馆，延纳隽彦。凡占一技一能之士，无不加意收采，唯恐不及。是以一时豪杰如萧俨、江文蔚、常梦锡、冯延巳、冯延鲁、徐铉、徐锴、潘佑、舒雅、张洎之徒，举集其门。"其中，冯延巳的词作最为突出，他在《谒金门》词开头的一句："风乍起，吹皱一池春水。"清丽自然，别开生面，深获后世推崇。《人间词话》上卷十九："冯正中（延巳）词，虽不失五代风格，而堂庑特大，开北宋一代风气。"清人冯煦《蒿庵论词》云："词至南唐，二主作于上，正中（延巳）和于下，诣微造极，得未曾有。宋初诸家，靡不祖述二主，宪章正中。"此说应为精到中肯之论也。

中主李璟和后主李煜不仅擅长诗词，还热衷于书画收藏，尤其是李煜，特精于丹青之道。（宋）沈括《梦溪笔谈（补笔谈）》卷二："江南府库中，书画至多。诸书画中，时有李后主题跋，然未尝题书画人姓名，唯钟隐画，皆后主亲笔题'钟隐笔'三字。后主善画，尤工翎毛。或云：凡言'钟隐笔'者，皆后主自画。"（宋）郭若虚《图画见闻志》卷二："江南后主李煜，才识清赡，书画兼精（其书名金错刀）。尝观所画林石、飞鸟，远过常流，高出意外。"（宋）高晦叟《珍席放谈》卷下："江南李后主善词章，能书画，尽皆臻妙绝。"南唐内廷后苑所网罗的绘画人才，更是非同一般，均为中国绘画史上数一数二的顶尖人物。董源、（宋）沈括《梦溪笔谈》卷十七："江南中主时，有北苑使董源善画，尤工秋岚远景，多写江南真山，不为奇峭之笔。其后建业僧巨然，祖述源法，皆臻妙理。"《图画见闻志》卷三："董源，字叔达，钟陵人。事南唐为后苑副使，善画山水。"巨然、（宋）刘道醇《圣朝名画评》卷二："沙门巨然，亦江宁人，受业于本郡开元寺，攻画山水。伪唐李煜归命，巨然随至京师，居于开宝寺。"蔡润《圣朝名画评》卷三："蔡润，建康人，善画舟船及江河水势，随李煜赴朝，籍为八作司赤白匠。遽诏入图画院为待诏，敕画楚襄王游江图，尤为精备。"的山水画，周文矩、《图画见闻志》卷三："周文矩，建康句容人，事江南李后主为翰林待诏。工画人物、车马、屋木、山川，尤精仕女。"顾闳中、（宋）《宣和画谱》卷七："顾闳中，江南人也，事伪主李氏为待诏。善画，独见于人物，有《韩熙载夜宴图》。"顾德谦、《图画见闻志》卷三："顾德谦，建康人，工画人物，风神清劲，举无与比。李后主爱重之。"竹梦松（宋）刘道醇《五代名画补遗》人物门第一："竹梦松，建康溧阳人，亦潜心图画，长于人物子女，泊宫殿景致。仕伪南唐主李璟，为东川别驾。"的人物画，徐熙、《图画见闻志》卷四："徐熙，钟陵人，世为江南仕族。熙识度闲放，以高雅自任。善画花木、禽鱼、蝉蝶、蔬果，学穷造化，意出古今。"《梦溪笔谈》卷十七："徐熙以墨笔画之，殊草草，略施丹粉而已，神气迥出，别有生动之意。"唐希雅、《圣朝名画评》卷三："唐希雅，嘉兴人。希雅善丹青，伪唐李煜好金索书，希雅常学之，乘兴纵奇，因其战掣之势，以写竹树，盖取幸于一时也。其为荆槚柘棘、翎毛虫草之类，多得郊野真趣。"梅行思《宣和画谱》卷十五："梅行思，不知何许人也。能画人物、牛马，最工于鸡，以此知名，世号'梅家鸡'。行思，唐末人，接五代，家居江南，为南唐李氏翰林待诏，品目甚高。"的花鸟画，王齐翰、《图画见闻志》卷三："王齐翰，建康人，事江南李后主为翰林待诏，工画佛道人物。"曹仲元、《宣和画谱》卷三："曹仲元，建康丰城人，江南李氏时为翰林待诏。画道释鬼神，初学吴道玄不成，弃其法别作细密，以自名家，尤工傅彩，遂有一种风格。"厉昭庆《圣朝名画评》卷一："厉昭庆，建业人。仕伪唐为待诏，国破，与其男从至京师，籍为编户。昭庆父子，大有丹青之名，工佛像，尤长于观音。"的道释神佛画，等等，无一不是冠绝当时，影响至今。此外，南唐宗室成员李景道、（宋）《宣和画谱》卷七："李景道，伪主昪之亲属，景道其一焉。金陵号佳丽地，山川人物之秀，至于王、谢子弟，其风流气习，尚可想见。景道喜丹青而无贵公子气，盖亦余膏剩馥所沾溉而然。作《会友图》颇极其思，故一时人物见于燕集之际，不减山阴兰亭之胜。"李景游（宋）《宣和画谱》卷七："李景游，亦伪主昪之亲属，与景道其季孟行也。一时雅尚，颇与景道同好，画人物极胜。作《谈道图》，风度不凡，飘然有仙举之状。璟嗣昪而诸昆弟皆王，独景游不见显封。"二人，丝毫没有贵族作风，自甘寂寞，醉心于丹青绘画之中。在奢靡污浊、攀比盛行的南唐宗室内，宛如一股明净的清流，实在弥足珍贵。

　　书法方面，由于李璟、李煜均酷爱书法，（宋）陈彭年《江南别录》："元宗、后主皆妙于笔札，好求古迹。宫中图籍万卷，钟、王墨迹尤多。"（宋）陆游《南唐书》卷十三："元宗、后主俱喜书法，元宗学羊欣，后主学柳公权，皆得十九。购藏钟、王以来墨帖至多。"一般大臣大多谙稔书道，（宋）马令《南唐书》卷二十："齐丘为文有天才，自以古今独步，书札不工，亦自矜炫，而嗤鄙欧、虞之徒。冯延巳亦工书，远胜齐丘。"卷二十六："僧应之，姓王，其先南闽人。能文章，习柳（公权）氏笔法，以善书冠江左。"故南唐时期的书法成就，尤其显得突出。其中，中主李璟的正书、（宋）《宣和书谱》卷五："南唐伪主李璟，字伯玉，先主昪之长子，违命侯煜之父也。工正书，观其字乃积学所致，非偶合规矩。"后主李煜的金错刀、撮襟书，（宋）《宣和书谱》卷十二："江南伪后主李煜，字重光，早慧，精敏，审音律，善书画。其作大字不事笔，卷帛而书之，皆能如意，世谓'撮襟书'。复喜作颤掣势，人又目其状为'金错刀'。尤喜作行书，落笔瘦硬，而风神溢出。"以及韩熙载的碑碣八分书、（宋）文莹《湘山野录》卷下："韩熙载，字叔言，事江南三主，时谓之神仙中人。风采照物，每纵辔春城秋苑，人皆随观。谈笑则听者忘倦，审音能舞，善八分及画笔皆冠绝。"（宋）马令《南唐书》卷十三："宋齐丘自署碑碣，每求熙载写之。审音能舞，分书及画，名重当时，见者以为神仙中人。"徐铉的隶书与篆书、（宋）《宣和书谱》卷二："徐铉，字鼎臣，江左人，仕江南伪主李煜，官至御史大夫，以文雅为世推右。留心隶书，尝患字画汩以俗学，乃以隶字录《说文》，如蝇头大，累数万言，以训后学。尤善篆与八分，识者谓：自阳冰之后，续篆法者，惟铉而已。"（宋）沈括《梦溪笔谈》卷十七："江南徐铉，善小篆。映日视之，画之中心有一缕浓墨，正当其中。至于屈折处亦当中，无有偏侧处。

乃笔锋直下，不倒侧，故锋常在画中，此用笔之法也。"王文秉的小篆、（宋）欧阳修《集古录》卷十："王文秉小篆千字文，'紫阳石磬铭'附右小篆千字文者，江南人王文秉书。文秉在江南篆书远过徐铉，而中朝之士，不知文秉，但称徐常侍者，铉以文章有重名于当时故也。"（宋）徐铉《稽神录》卷一："右千牛兵曹王文秉，丹阳人，世善刻石。"潘佑的行书（宋）《宣和书谱》卷十一："潘佑，史失其传，仕江南伪主李煜。端方刚介，不亲外务；闭户读书，博通经史。观其行书、草帖，笔迹奕奕，超拔流俗，殆有东晋之遗风焉。"等，都达到了珍可传世的极高水平，在中国书法史上占有重要的一席之地。伴随书画艺术的是文房用品的精良，龙尾砚、（宋）苏易简《文房四谱》卷三："今歙州之山有石，俗谓之龙尾石，匠铸之，其砚色黑，亚于端（砚）。若得其石心，则巧匠就而琢之，贮水之处圆转如涡旋，可爱矣。"澄心堂纸、（宋）程大昌《演繁露》卷九："江南李后主造澄心堂纸，前辈甚贵重之。江南平后六十年，其纸犹有存者。"（宋）苏易简《文房四谱》卷四："黟歙间，多良纸，有凝霜、澄心之号……江南伪主李氏，常较举人毕，放榜日，给会府纸一张。可长二丈，阔一丈，厚如缯帛数重，令书合格人姓名。"诸葛笔、（宋）蔡絛《铁围山丛谈》卷五："宣州诸葛氏，素工管城子。自右军以来世其业，其笔制'散卓'也。"（宋）陶穀《清异录》卷下："伪唐宜春王从谦喜书札，学晋二王楷法，用宣城诸葛笔一枝，酬以十金，劲妙甲当时，号为翘轩宝帚，士人往往呼为宝帚。"李廷珪墨（宋）苏易简《文房四谱》卷五："江南黟歙之地，有李廷珪墨尤佳。廷珪本易水人，其父超，唐末流离渡江,睹歙中可居造墨,故有名焉……其坚如玉,其纹如犀,写逾数十幅,不耗一二分也。"(宋)王辟之《渑水燕谈录》卷八:"李廷珪墨,能削木;坠沟中,经月不坏。李超,易水人,唐末与其子廷珪亡至歙州,以其地多美松,因留居,以墨名家。"(元)陶宗仪《南村辍耕录》卷二十九:"唐末,墨工奚超与其子廷珪,自易水渡江,迁居歙州。南唐赐姓李氏,廷珪父子之墨,始集大成。"等,**深受南唐宗室与官绅士族的钟爱与推崇,名著当时,**(宋)王辟之《渑水燕谈录》卷八:"南唐后主留心笔札,所用澄心堂纸、李廷珪墨、龙尾石砚三物,为天下之冠。"**被称为"文房四宝"。尤其是李廷圭墨,在宋代书画界仍被奉为圭臬,视为珍宝。**(宋)晁冲之《以承宴墨赠僧法一》:"我闻江南墨官有诸奚,老超尚不如庭珪。后来承宴复秀出,喧然父子名相齐。百年相传文断碎,仿佛尚见蛟龙背。电光属天星斗昏,雨痕倒海风云晦。却忆当年清暑殿,黄门侍立才人见。银钩洒落桃花笺,牙床磨试红丝研。同时书画三万轴,大徐小篆徐熙竹。御题四绝海内传,秘府毫芒惜如玉。君不见,建隆天子开国初,曹公受诏行扫除。王侯旧物人今得,更写西天贝叶书。"(宋)刘子翚《兼道携古墨来,墨面龙纹,墨背识云:保太元年,奉敕造,长春殿供御。龙印"香煤"。旁又识云:墨务官,臣庭珪;监官,臣夷中、臣子和、臣卞等进。盖江南李氏物也,感之,为作此诗》:"长春殿古生荆荟,犹有前朝遗物在。锦囊珍重出元圭,双虬刻作蜿蜒态。枯皮剥裂弄几刌,断块精坚磨不杀。吾闻李氏据江左,文采风流高一代。当时好玩不独此,器用往往穷奢汰。征工选技填御府,不惜千金为赏赉。治兵唐推英卫精,治民汉许龚黄最。惜哉取士不知术，妙手独得庭珪辈。真主驱驰八极中，荒王逸乐孤城内。汗青得失更谁论，尤物竟为人宝爱。嗟余视此真粪土，事有至微犹足戒。投文欲往吊江流，幽魂未泯应惭悔。"此外，李煜所编的《升元帖》，更是享誉书坛，堪称中国书法碑帖之祖。（宋）周密《志雅堂杂钞》卷一："江南后主尝诏徐铉，以所藏古今法帖入之石，名《升元帖》。此则在淳化之前，当为帖之祖也。"（明）孙应岳《金陵选胜》卷九："南唐升元帖。《烟云过眼录》云：褚伯秀云，李后主常诏徐铉，以所藏前代墨迹、古今法帖入石，名升元帖，藏升元阁中。此帖不知若何佳妙，乃淳化阁帖之祖，恨未获一摩挲耳。"后经多次翻刻，流传至清代，（清）王澍《淳化秘阁法帖考正》卷十一："升元帖，《闲者轩帖考》云：'南唐李后主出秘府珍藏刻帖四卷，每卷后刻：升元二年三月，建业文房模勒上石。为淳化阁帖之祖。'余止见宋人翻本，上有贾秋壑印。"尚为文人所珍。可惜，清代以后佚散不存，今人只能在赏析宋代《淳化阁帖》时，依稀揣度《升元帖》的原貌了。

南唐都城，明城之宗。周长二十五里，依山带水，临江跨淮，将人烟稠密的秦淮河圈入城内，高垣崇阙，雄固易守，是一座规模宏大的城池。（宋）周应合《景定建康志》卷二十："建康府城，周二十五里四十四步，上阔二丈五尺，下阔三丈五尺，高二丈五尺，内卧羊城阔四丈一尺，皆伪吴顺义中所筑也。"其后，北宋的江宁府、（宋）王存《元丰九域志》卷六："江宁府，建康军节度。唐升州，伪唐改江宁府。皇朝开宝八年为州；天禧二年，为江宁府。"南宋的建康府、（宋）

陆游《老学庵笔记》卷一："建康城，李璟所作，其高三丈，因江山为险固。其受敌惟东、北两面，而壕堑重复，皆可坚守。至绍兴间，已二百余年，所损不及十一。"元朝的集庆路，（元）孔克齐《至正直记》卷一："南唐新城在秦淮河上，即今之集庆府城也。"（元）张铉《至正金陵新志》卷十一："今府城，即南唐建都所筑城也。"都以南唐都城为治所所在。明朝营建的应天府城，即南京城，也是在南唐都城的基础上扩建而成。（明）陈沂《金陵古今图考》："圣主灭胡，区正中夏。于元至正丙申三月，取集庆路；戊申混一海内，改路为应天府，大建城阙。考诸都城之域，惟南门、大西、水西三门因旧，更名聚宝、石城、三山。"（明）顾起元《客座赘语》卷九："国初拓都城，自通济门东转北而西至定淮门，皆新筑。通济门以西至清凉门，皆仍（南唐）旧址。"据此，可以认定今天我们所见到的南京城南地区遗存的明城墙，有一大部分就建在南唐都城城垣旧址之上。

　　本书主要有绪言、城垣城濠、宫城宫濠、街市坊里、衙署官邸、园林陵墓、寺庙道观、拾遗摭佚等八部分，介绍南唐都城的概况，采用辑录宋、元、明、清历代有关南唐的史志、笔记、小说的记载，全方位地再现南唐都城的城市架构。读者从中可以清楚地了解有关杨吴及南唐时期南京的城市布局和概貌，宛如穿越时空，游走漫步于南唐都城的皇宫、官邸和寻常巷陌之中，切身感受那段时期居住在南京的古人们简单而恬淡的生活状况。

卷一

城垣城濠

城垣

　　南唐城垣，建于唐末。大顺元年（890），升州刺史冯宏铎，因战守之备，筑升州城垣，是为其始。杨吴天祐十一年（914），检校司徒、升州刺史徐知诰重修升州城垣；十四年（917）五月修成。同年，大都督徐温徙治金陵，任命大都督府右司马陈彦谦负责营建城垣与府署，大兴土木，至武义二年（920），城成。太和三年（931），侍中、中书令、太尉、都督中外诸军事徐知诰出镇金陵；太和四年（932），再次扩建城垣，向南广二十里，括秦淮于城中。至此，南唐城垣方具都城之制。天祚三年（937），徐知诰于金陵受吴禅让，即皇帝位。改元"升元"，国号"大齐"，定都金陵。升元三年（939），徐知诰宣称其乃唐皇室之裔，复姓李，更名"昪"，改国号"大唐"，史称"南唐"。李昪是为南唐先主，亦称烈主。其后，中主李璟、后主李煜都曾对都城城垣进行过一定的修筑，但城垣形制一直保持未变，历经宋元两朝四百多年风雨，不断修缮，不改初形。元至正二十六年（1366），朱元璋重建应天府今南京城垣，南唐城垣东北、北、西北三面城垣因此消歇无存，仅城南部分城垣墙址融入新建的应天府城垣之中。

　　据宋《景定建康志》卷五《府城之图》所示，江宁府城垣东南西北共有八座城门，陆路门五座，水路门三座。其中，东侧城垣，有城门二：东门位于今白下路东端琥珀巷南口，陆路门，门外有跨城濠之白下桥今大中桥；上水门，水路门，秦淮河入城之门位于现存东水关以西的秦淮河北岸钓鱼巷小区与南岸白鹭小区之间。南侧城垣，有城门一：南门今中华门城堡，陆路门，门外有跨城濠之长干桥。西侧城垣，有城门四：下水门今西水关，水路门，秦淮河出城之门；龙光门位于今水西门广场北半部，陆路门；栅寨门位于今涵洞口东侧止马营中段，水路门，运渎水出城之门；西门今汉西门城堡，陆路门。北侧城垣，有城门一：北门位于今北门桥南端估衣廊北口，陆路门，门外有跨城濠之玄武桥今北门桥。另外，城垣东南角有伏龟楼2001年5月，南京市秦淮区风光开发公司维修武定门至雨花门段明城墙时，在城墙的东南部发现南唐伏龟楼遗址。

　　根据史乘记载，结合现存少量遗存如伏龟楼、杨吴城濠、乌龙潭等，南唐都城的走向应为：自城东南角之伏龟楼，沿今江宁路北行，越长乐路，傍明城墙西侧，过白鹭小区至东关头中段，渡秦淮南唐都城上水门故址，在今东水关以西100米处，迤北过钓鱼巷小区，越建康路、白下路南唐都城东门故址至琥珀巷、绣花巷北上，越常府街至复成里、二条巷北行，再越中山东路至汉府街，过汉府新村、雍园、桃园新村至竺桥。从竺桥向西，沿太平桥南、长江后街西行，越太平北路至如意里、红庙，迤西越洪武北路，经北门桥路南唐都城北门故址西行，穿人民中学，越中山路，穿金陵中学，经豆菜桥向西，越上海路，沿五台山北麓西行，越拉萨路，经百步坡、峨嵋岭小区，沿乌龙潭公园南侧向西至汉西门南唐都城西门故址。由汉西门向南，沿虎踞南路南行，越涵洞口南唐都城栅寨门故址，向南穿水西门南唐都城龙光门故址广场，过西水关南唐都城下水门故址，经西关头小区与明城墙此处至雨花门伏龟楼段现存明城墙，即建于南唐都城城垣遗址之上。1991年，集庆路西延，辟建集庆门，于城墙断面发现大量尺寸不一、烧制质量参差不齐的城砖，与明城砖形质迥异，却与南唐二陵出土的砖质相类，故此段明城墙无疑应该是建在南唐都城城垣遗址之上的。相接后，续沿凤台路南行过集庆门至凤台桥北侧，转而东行，沿西干长巷向东过凤台门，续向东越中山南路长干门，再向东过中华门城堡南唐都城南门故址，沿东干长巷东行至雨花门伏龟楼。全长约14公里，呈正方形，与《景定建康志》记载的"二十五里四十四步"基本吻合。

史志记载：

（宋）路振《九国志》卷二："冯宏铎：冯宏铎（？
~907），泗州涟水（今江苏涟水）人。善骑射，然貌似儒者。初
为武宁军偏将，因见疑于节度使时溥（？ ~893），遂与张雄（？
~890）入海为盗，后入江占领苏州，自号天成军。复率水军驻上元（今
南京）。昭宗大顺元年（890），受任升州刺史。乾宁二年（895），
举州附杨行密（852~905）。寻叛之，袭行密部将田頵（858~903），
大败，欲收残部入海。行密犒迎之，表为淮南节度副史。天祐四年
（907），卒于任。**宏铎，涟水人，少与张雄友善。雄以事为
吏所抑，因与其徒亡入海为盗。宏铎随之，聚众千人，自
号天成军，遂据上元。雄卒，宏铎继其位，聚水军于金陵。
楼舰之盛，闻于天下。大顺元年（890），诏：复以上元为
升州，命宏铎刺史。遂增版筑大其城，为战守之备。**"注：
路振（957~1014），字子发，永州祁阳（今湖南祁阳）人，徙居潭
州湘潭（今湖南湘潭）。太宗淳化三年（992）壬辰科第三名进士，
除太子中允。历任滨州知府、大理寺判官、太常寺丞、福建巡抚使、
国史编修官、知制诰等。文笔精厉，尤长诗咏。著有《九国志》等。

（宋）陆游《南唐书》卷一："**天祐六年（909）六月，
（徐知诰）**徐知诰（888~943），字正伦，原姓李，小字彭奴，彭
城（今江苏徐州）人。六岁而孤，初被杨行密收容，后为徐温养子，
改名徐知诰。温专吴国政，历任升州刺史、左仆射、参知政事。天
祚三年(937)，废吴帝杨溥自立，国号大齐，年号升元。升元三年(939)，
改国号为唐，复姓李，名昪。**自元从指挥使迁升州防遏使，兼
楼船军使，治战舰于升。七年（910）五月，授升州副使，**

知州事。九年（912），副柴再用柴再用（864~935），原名存，蔡州汝南（今河南驻马店）人。初投孙儒（830~892），儒败，归杨行密（852~905），授先锋马军指挥使。杨吴一朝，历任寿州团练副使、光州刺史、楚州刺史、淮南左厢步军都指挥使、镇西将军、天平军节度使、德胜军节度使、中书令等，卒年七十二。仁孝沉毅，宽厚淹雅，好读左氏春秋，有儒者之风，**以功迁升州刺史。十一年（914），加检校司徒，始城升州。十四年（917）五月，城成。温来观，喜其制度壮丽，徒治焉。**"注：陆游（1125~1210），字务观，号放翁，越州山阴（今浙江绍兴）人。绍兴二十三年（1153），应礼部试第一，秦桧孙秦埙居其次，桧怒，陆游与主司均被黜。绍兴二十八年（1158），桧死，始任福州宁德簿，迁大理寺司直兼宗正簿。绍兴三十二年（1162），孝宗（赵眘，1127~1194）即位，赐进士出身，历任建康（今江苏南京）、隆兴（今江西南昌）、夔州（今重庆奉节）等府通判。与驻防大将张浚（1097~1164）商讨整顿武备，进取中原，被诬免职。后入宣抚使王炎（1137~1218）幕府，旋改任置制使范成大（1126~1193）参议官。未几，朝廷召回，任礼部郎中兼实录院检讨官，终以宝章阁待制致仕。善诗能文，诗风豪放，文章俊秀，著有《渭南集》《剑南诗稿》《老学庵笔记》《南唐书》等。

　　（宋）史虚白《钓矶立谈》："**烈主李昪以军功牧升州今南京，初以文艺自好，招徕儒俊，共论治体，总督廉吏，勤恤民隐。由是远迩宅心，以为己归。义祖徐温闻之，自京口今镇江往视其所为。见其城隍浚整，楼堞完固，府署中外肃肃，咸有条理。遂自徒治而居之，更以京口付烈主。**"注：史虚白（894~961），字畏名，山东人。世习儒学，词采磊落。初隐嵩山，后南渡投吴，授校书郎，不就。谢病去，游庐山，遂家九江星子渚。李璟立，召见问政，对曰：'草野之人，渔钓而已，安知国家大计。'赐宴便殿，醉溺殿陛。赐田五顷，放还山。璟南迁豫章（今江西南昌），虚白迎谒道旁，赐粟帛，遣归，未几，卒。所著《钓矶立谈》，由其孙史温于宋天圣中（1023~1031）呈献仁宗皇帝赵祯（1010~1063），帝悦之，追号虚白"冲靖先生"。

　　（宋）《九国志》卷二："温徐温（862~927），字敦美，海州朐山（今江苏连云港）人。少以贩盐为业，后投杨行密（852~905）帐下，位列'三十六英雄'之一。先后受封温国公、齐国公，拜大丞相，总揽筑金陵城垣，自奉节俭，为政宽和，颇得民心**欲居金陵，问策于彦谦**陈彦谦（866~925），毗陵（今江苏常州）人。少负壮节，有理繁治剧之才。行密定江表，召为润州（今江苏镇江）司马；徐温镇浙右，以机务为寄。彦谦亦坦然不疑，言行计从，人莫能间。历任金陵大都督府右司马、镇海军节度判官、楚州团练使等，顺义五年（925）卒，年六十，对曰：金陵昔为王者都，今实近畿关辅也。作镇于彼，其谁不往。温从之，迁彦谦金陵大都督府右司马，营度外城、府署，三年而毕，上经费之籍。"

　　（宋）《九国志》卷三："（徐）温以金陵形胜之地，乃大城升州，建大都督府，十四年（917），温徙治金陵。"

　　（宋）司马光《资治通鉴》卷二七一："后梁贞明六年920年，杨吴武义二年，吴金陵城成，陈彦谦上费用册籍。徐温曰：'吾既任公，不复会计！'悉焚之。"注：司马光（1019~1086），字君实，陕州夏县（今山西夏县）人。宝元元年（1038）

戊寅科第六名进士，授华州判官。历任苏州判官、将作监主簿、权知丰城县事、大理寺评事、国子学直讲、馆阁校勘、同知太常寺礼院、郓州典学、并州通判、开封府推官、起居舍人、知制诰、天章阁待制兼侍讲、龙图阁直学士、翰林学士、御史中丞、枢密院副使、端明殿学士知永兴军、尚书左仆射、资政殿学士知陈州府、门下侍郎等。元祐元年（1086）九月初一，卒，年六十八。赠太师、温国公，谥：文正。博学强识，以文载道，著有《资治通鉴》《司马文公集》等。

（宋）《资治通鉴》卷二七八："后唐长兴三年932年，杨吴太和四年，吴徐知诰广金陵城周围二十里。"

（宋）《资治通鉴》卷二九四："后周显德六年（959），唐主李璟（916~961），字伯玉，徐州彭城（今江苏徐州）人。初名徐景通，徐知诰（李昪）长子，李昪称帝建立南唐后，易名李瑶。保大元年（943）嗣位，改名李璟。在位期间，妄起干戈，宠信佞臣，致使国势渐微。后周显德五年（958），败于后周，去帝号，称国主，改名李景。史称南唐中主遣其子纪公从善李从善（940~987），字子师，中主李璟第七子。器度凝远，初封纪国公，进封韩王。国亡入宋后，降为南楚国公，授南神武大将军，改右千牛卫上将军。雍熙四年（987）卒，年四十八与钟谟钟谟（？~960），字仲益，会稽（今浙江绍兴）人。侨建康，少爽悟，博学属文，颖脱时辈。元宗李璟宠用之，拔自下位，迁吏部郎中。累官至礼部侍郎判尚书省。建隆元年（960）正月，赐死于饶州（今江西上饶）俱入贡，上柴荣（921~959），邢州龙冈（今河北邢台）人。后周太祖郭威（904~954）养子，显德元年（954）继帝位。在位期间，整肃吏治，革除弊政，均定田赋，整顿禁军，致力于国家统一，亲征南唐，西败后蜀，北击契丹，平定北汉。惜英年早逝，庙号周世宗问谟曰：'江南亦治兵，修守备乎？'对曰：'既臣事大国，不敢复尔。'上曰：'不然，向时则为仇敌，今日则为一家。吾与汝国大义已定，保无它虞。然人生难期，至于后世，则事不可知。归语汝主，可及吾时完城郭，缮甲兵，据守要害，为子孙计。'谟归，以告唐主。唐主乃城金陵，凡诸州城之不完者茸之，戍兵少者益之。"

　　（宋）马令《南唐书》卷四："显德六年（959），天子周世宗柴荣使人谓国主中主李璟曰：'吾与汝大义已定，终虑后世不容汝。可及吾世，修城隍，治要害，为子孙计。'国主因营缉诸城。"注：马令（生卒不详），北宋阳羡（今江苏宜兴）人。其祖马元康世居金陵，多知南唐故事，旁搜旧史遗文，并集诸朝野之能道其事者，未及撰写，遽然去世。马令承袭其祖未竟之志，纂成《南唐书》三十卷。全书史料丰富，叙述详备，中多"旧史遗文"均为正史所无，具有很高的史料价值。

　　（宋）文莹《玉壶清话》卷十："世宗周世宗柴荣既罢兵，使钟谟以诚来谕曰：'吾与江南大义已定，固无他虑，然人命不保，江南无备已久，后之人将不汝容，可及吾之世，缮修城隍，分据要害，为子孙之计宜矣。'璟得命，乃修建康诸郡城池，毁者坚之，甲卒寡者补之。"文莹（生卒不详），字道温，钱塘（今杭州）人。北宋儒僧，初居西湖菩提寺，后云游四方近二十余年，终老于荆州金銮寺，主要活动于宋真宗至神宗期间，工诗善文，著有《湘山野录》《续录》《玉壶清话》等。

　　（宋）陆游《南唐书》卷三："甲戌岁974年，北宋开宝七年，冬十月，国主李煜（937~978），字重光，号钟隐，李璟第六子，南唐后主。工书画，精音律，怠于政事，醉心诗词，世称"千古词帝"又遣起居舍人潘慎修潘慎修（937~1005），字成德，泉州莆田（今福建莆田）人。仕南唐，历任秘书省正字、水部郎中、起居舍人；仕宋，历任右赞善大夫、太常博士、湖州知府、梓州知府、仓部郎中、考功部郎中、右谏议大夫、翰林侍读学士等。儒雅酝藉，博涉文史。善弈棋，著有《棋说》贡买宴帛万匹，钱五百万，筑城聚粮，大为守备。"

　　（宋）《景定建康志》卷二十："建康府城，周二十五里四十四步，上阔二丈五尺，下阔三丈五尺，高二丈五尺，内卧羊城阔四丈一尺，皆伪吴顺义（921~927）中所筑也。六朝旧城在北，去秦淮五里，故淮上皆列浮航，缓急则撤航为备。吴沿淮立栅，前史所谓'栅塘'是也。至杨溥杨溥（900~938），杨行密第四子，初封丹阳郡公。武义二年（920），继吴王位。翌年（921），改元顺义。顺义七年（927），即吴国皇帝位，改元乾贞。天祚三年（937），禅位徐知诰（李昇）。被尊为让皇帝。越年，卒，谥：睿皇帝时，徐温改筑，稍迁近南，夹淮带江，以尽地利。城西隅据石头冈阜之脊，其南接长干山势，又有伏龟楼在城上东南隅。自开宝开宝八年，975年克复，升州城郭，皆因其旧。绍兴初（1131），略加修固。乾道五年（1169），留守史正志史正志（1119~1179），字志道，号乐闲居士、柳溪钓翁、吴门老圃，祖籍江都（今江苏扬州），寓居丹阳（今江苏镇江）。绍兴二十一年（1151）进士，授歙县尉。历任枢密院编修官、司农寺丞、江西路转运判官、建康留守、成都知府等。著有《史氏菊谱》因城坏复加修筑，增立女墙。景定元年（1260），大使马光祖马光祖（1200~1274），字华父，号裕斋，婺州金华（今浙江东阳）人。宝庆二年（1226）丙戌科进士，授新喻主簿。后历任余干知县，处州、镇江、隆兴、太平、临安、建康、江陵等府知府、户部尚书、浙西安抚使、江东安抚使，宝章阁、端明殿、资政殿学士，参知政事、知枢密院事等。其间，三任建康（今南京）知府，终始一纪，威惠并行，百废无不修举以开濠之土培厚城身，创硬楼四所，一百七十八间。又于栅寨门创瓮城及硬楼七间，闪门六扇，皆裹以铁圈；门一座，址以石；武台二座，铁水窗二扇。"注：周应合（1213~1280），原名弥垢，字淳叟，号溪园，洪州武宁（今江西武宁）人。淳祐十年（1250）庚戌科进士，廷见时，宋理宗赵昀（1205~1264）赐名"应合"，授江陵府学教授。历任实录院修撰、史馆检阅、江东安抚使司干办公事兼明道书院山长、御史中丞、饶州通判、宁国知府、华州云台观察使、直贤院学士等。景定二年（1261），应江东安抚使马光祖之请，编撰《景定建康志》五十卷。善诗文，有《溪园集》《洪崖集》，惜佚。

（元）《至正金陵新志》卷一："旧建康府城形势图考图阙。建康旧府城，周二十五里四十四步，上阔二丈五尺，下阔三丈五尺，高二丈五尺；内卧羊城阔四丈一尺，皆杨吴顺义（921~927）中所筑也。六朝旧城在北，去秦淮五里，故淮上皆列浮航，缓急则撤航为备。孙吴沿淮立栅，前史所谓'栅塘'是也。至吴王杨溥时，徐温改筑，稍迁近南，夹淮带江，以尽地利。城西隔据石头冈阜之脊，其南接长干之势，又有伏龟楼在城上东南隅。宋开宝（968~975）以来，

城皆因旧。凡八门，由尊贤坊今白下路东口东出，曰：东门
今白下路东端；由镇淮桥南出，曰：南门今中华门；由武卫桥
今侯家桥西出，曰：西门今汉西门；由清化市今估衣廊而北，曰：
北门今北门桥南；由武定桥溯秦淮而东，曰：上水门今东水
关；由饮虹桥今新桥沿秦淮而西出折柳亭今生姜巷之前，曰：
下水门今西水关；由斗门桥今鼎新桥路与升州路十字路口西出，
曰：龙光门今水西门；由崇道桥今仓巷桥西出，曰：栅寨门今
铁窗棂。"注：张铉（生卒不详），字用鼎，元河南江北行中书省
汝宁府光州（今河南潢川）人，寄籍陕西关中。学问老成，词章典雅；
博物洽闻，做事不苟。泰定四年（1327），任奉元路（今陕西西安）
学古书院山长。至正三年（1343），应江南诸道行御史台礼聘，主
纂《至正金陵新志》。五月初十日到局修撰，十月十五日成书，计
十五卷，逾八十万字。翌年（1344）三月付梓，五月印成。

　　（元）孔克齐《至正直记》卷一："地理之应，亦有
可验者。若金陵之钟阜龙蟠，石城虎踞，真帝王之居也。
此汉末诸葛武侯诸葛亮（181~234），字孔明，瑯玡阳都（今
山东沂南）人。幼孤，随叔父至南阳，隐居隆中，读书躬耕，建安
十二年（207），受刘备'三顾茅庐'之邀，协助刘备建立蜀汉政权，
功拜丞相，封武乡侯，领益州牧。建兴十二年（234），病殁于五丈
原（今陕西眉县西南）军中，葬定军山之言，必有得于地理之形
势者。自吴而至六朝，皆常都之。然旧都距秦淮十八里此处
应为五里，迫倚覆舟山即今南京小九华山紫微之形也。南唐新
城在秦淮河上，即今之集庆府城也。地势不及六朝远矣。"
孔克齐（1318~？），字肃夫，号行素、静斋，别号阙里外史，山

东曲阜人，孔子第五十五世孙。幼年随其父孔文升（1265~1351）举家徙居集庆路溧阳（今江苏溧阳），及长，以文章著，历任集庆路学教授、黄冈书院山长、国史院编修等。至正末，避居四明（今浙江宁波）之东湖，所著《至正直记》四卷，是元代重要的史料笔记。入明后，终老溧阳。

　　（明）陈沂《金陵世纪》卷一："南唐城。初，伪吴杨行密子溥在唐末取升州，后将徐温自领升州，改筑城郭，比六朝宫城近南，截青溪水于内外，贯秦淮于城中。西据石头，为二门，即今石城、三山；南接长干，即今聚宝门；东以白下桥为限，即今大中桥，为东门；北以玄武桥为限，即今北门桥，为北门。石晋天福元年（936），伪吴天祚二年（936），温假子知诰改姓李，名昪，篡吴，国号：唐，为都城。宋、元城，皆因之。"注：陈沂（1469~1538），字宗鲁、鲁南，号石亭，祖籍浙江鄞县，生于金陵，遂入上元籍。正德十二年（1517）丁丑科殿试第二甲第五十七名进士，授翰林院编修，进侍讲。历官江西布政使司参议、山东布政使司左参议、太仆寺卿等。博学多才，涉猎广泛。著有《金陵世纪》《金陵古今图考》等。

　　（明）孙应岳《金陵选胜》卷二："南唐城，杨吴顺义中筑，徐温改筑。西据石头，即今石城、三山二门；南接长干，今聚宝门；东以白下桥为限，今大中桥；北以玄武湖为限，今北门桥。遗迹历历，皆可睹记。"注：孙应岳（生卒不详），字游美，号梦观居士，大庚（今江西大余）人。宏览博物，娴古文词。万历三十七年（1609）己酉科江西乡试举人，屡试不售，以贡士荐选刑部司务（从九品）。天启初年（1621），迁南京国子监博士（从七品）。南雍任职之暇，遍览金陵名胜。翌年（1622），历时十阅月，完成《金陵选胜》十二卷。

（明）《万历应天府志》卷二一："南唐都城，周二十五里四十四步，杨吴顺义（921~926）中筑。初，六朝旧城在北，去秦淮五里，故淮上皆立浮航，缓急则撤航为备，孙吴沿淮立栅。吴王溥时，徐温改筑，稍迁近南，夹淮带江，以尽地利。西据石头，今石城、三山二门。南接长干，今聚宝门。东以白下桥为限，今大中桥。北以玄武桥为限，今北门桥。所跨水皆所筑城濠也。有上下水门，以通淮水出入，今通济、三山二水门。宋、元皆因之。"注：（明）《万历应天府志》，程嗣功修，汪宗伊、王一化等纂。◎程嗣功（1526~1588），字汝懋，号午槐，南直隶歙县（今安徽歙县）人。嘉靖二十六年（1547）丁未科殿试第三甲第七十四名进士，授武康知县。历任南京兵部主事、贵州布政司副使、广东布政使、应天府尹、南京户部右侍郎等。万历五年（1577），主修《应天府志》三十三卷。◎汪宗伊（1510~1586），字子衡，号少泉，湖北崇阳县人。嘉靖十七年（1538）戊戌科殿试第三甲第二十三名进士，授修水知县。历任浮梁（今江西景德镇）知县、南京吏部文选郎、光禄寺卿、应天府尹、南京大理寺卿、右都御史、户部侍郎、吏部尚书等。节用耿直，才学渊博。著有《少泉诗集》，主修《崇阳县志》，主撰《应天府志》等。◎王一化（生卒不详），字绍周，号裔昌，南直隶泰兴（今江苏泰兴）人。贡生，博通经史，初任南京国子监学录，后选任应天府学教授。参与撰写《应天府志》。

（明）《万历上元县志》卷六："南唐城，伪吴将徐温筑。

比六朝宫城近南，截青溪水于内外，贯秦淮于城中。西据石头，南接长干，东限白下桥，北抵玄武桥。有上下水门，以通淮水出入。后李昪篡吴，国号唐，为都城。宋、元城，皆因之。"（明）《万历上元县志》，程三省修，李登总纂、盛敏耕、陈桂林合撰。◎程三省（生卒不详），字师曾，号确庵，叙州富顺（今四川富顺）人。隆庆四年（1570）庚午科四川乡试举人，授资州内江教谕。万历十三年（1585），迁江西南丰知县，修《南丰县志》；万历二十年（1592），调任南直隶上元县知县，修《上元县志》，翌年冬，志成。一心一德，功莫大焉。万历二十二年（1594），调任户部云南清吏司主事。◎李登（1519~1604），字士龙、舜庸，号如真，上元（今南京）人。嘉靖四十四年（1565）乙丑科选贡，充太学生。隆庆元年（1567），授河南新野知县；万历四年（1576），调任江西崇仁县教谕。数年后去官归里，不再出仕。居家三十年，万历二十一年（1593）、二十六年（1598）分别总纂上元、江宁二县志。善书法，著有《六书指南》《摛古遗文》等，卒年八十六岁。◎盛敏耕（1546~1598），字伯年，号壶林、壶轩，上元（今南京）人。少有风貌，博闻强识。其父盛时泰（1529~1578），著名方志学家，堪称家学渊深。布衣终生，居恒悒悒。参与撰写《上元县志》《江宁县志》。◎陈桂林（生卒不详），字孟芳，江宁（今南京）人。县学诸生，学优行端；博雅多才，闻名坊间，应邀参与撰写《上元县志》。

　　（明）顾起元《客座赘语》卷一："南唐都城，南止于长干桥，北止于北门桥。盖其形局，前倚雨花台，后枕鸡笼山，东望钟山，而西带冶城、石头，四顾山峦，无不攒簇，中间最为方幅。而内桥以南大衢直达镇淮桥与南门，诸司庶府，拱夹左右，垣局翼然。当时建国规摹，其经画亦不苟矣。"顾起元（1565~1628），字太初、邻初、瞒初，号遁园居士，江宁（今南京）人。万历二十六年（1598）戊戌科殿试第一甲第三名进士（探花），授翰林院编修。历官南京国子监祭酒、詹事府少詹事、吏部左侍郎兼侍读学士等。后辞官，居家著述，朝廷七征不起。卒，谥：文庄。学贯古今，著作颇丰，有《蛰庵目录》《客座赘语》《金陵古金石考》《说略》《懒真草堂集》等。

（清）吴任臣《十国春秋》卷三："太和四年（932）春二月，徐知诰作礼贤院于府舍。秋八月，知诰广金陵城，周围二十里。"注：吴任臣（1628~1689），字志伊，号托园，兴化府平海卫（今福建莆田）人。寄籍仁和（今浙江杭州），遂补仁和县学廪生。康熙十八年（1679），举博学鸿儒科，授翰林院检讨，充《明史》纂修官。博学多才，治学严谨，著作丰厚，有《十国春秋》《周礼大义》《南北史合注》《托园诗文集》等。

（清）《江南通志》卷三十："南唐都城，在上元县。杨吴顺义（921~927）中筑。初，六朝旧城在北，去秦淮五里。及徐温改筑，近南。西据石头，南接长干，东至白下桥，北临珍珠河，设东西二水门，贯淮水于城中。内有子城，周四里，是为金陵府，南唐因之建都。宋初，置升州治，陆游《笔记》云：李璟所作都城，高三丈，因江山为险固，濠堑重复，可坚守。至绍兴（1131~1161）间，已二百余年，所损不及十之一。"注：（清）《江南通志》二百卷，赵宏恩修，黄之隽撰。◎赵宏恩（1686~1759），字芸书，一作芸堂，汉军镶红旗人。康熙六十一年（1722）岁贡生，捐纳湖广襄阳道。历任湖南按察使、四川布政使、湖南巡抚、两江总督、工部尚书、汉军都统、左都御史等，授太子少傅，谥：明武。◎黄之隽（1668~1748），初名兆森，字若木、石牧，号㿈堂，晚号石翁、老牧，松江华亭（今上海松江）人，祖籍安徽休宁。康熙六十年（1721）辛丑科殿试第二甲第二名进士，授翰林院编修。历任福建提学、右春坊右中允等，后坐事罢官。性喜藏书，工诗善文，著述甚富，有《㿈堂集》《香屑集》《江南通志》等。

　　（清）《嘉庆新修江宁府志》卷八："《南唐书》：烈主纪十一年（914），城升州；十四年（917），城成。温来观，喜其制度壮丽，徙治焉。武义二年（920），改金陵府，后又改为江宁府。既建都，改为都城。《十国春秋》注引《凤皇台纪事》：六朝旧城近覆舟山，去秦淮北五里。至杨吴改筑，跨秦淮南北，周回二十五里。度其形势，南止于长干桥，北至北门桥，西带冶城、石头，东止于通济门处。宋建康府城，即南唐都城。"注：（清）《嘉庆新修江宁府志》，吕燕昭修，姚鼐主纂。◎吕燕昭（生卒不详），字仲笃，号玉照，河南新安人。乾隆三十六年（1771）辛卯科河南乡试中举，授甘泉（今江苏江都）知县。历官海门厅海防同知，通州、海州、苏州、凤阳、江宁等府知府，署理江南盐巡道兼署粮道等，授朝议大夫。才思敏捷，善文能诗，除主修《江宁府志》外，有《福田诗文集》存世。◎姚鼐（1732~1815），字姬传，号惜抱，安徽桐城人。乾隆二十八年（1763）癸未科殿试第二甲第三十五名进士，授翰林院庶吉士。历任山东、湖南乡试主考官，会试同考官，刑部郎中等。后辞官南归，专心治学，两次任江宁钟山书院山长达二十二年之久。嘉庆十六年（1811），应府台吕公燕昭之聘，主纂《江宁府志》。博览群书，通经明道，著有《九经说》《古文辞类纂》《惜抱轩诗文集》等。

（清）陈文述《秣陵集》卷五："杨吴三门。杨吴太和五年（933）应为太和四年（932年），徐知诰城升州，广金陵旧城二十里。明初，改建都城，惟南门、大西、水西三门仍其旧，更名聚宝、石城、三山。则自燕子矶溯江西上，雉堞参差，尚可想见南唐旧迹。"注：陈文述（1771~1843），原名文杰，字隽甫，号谱香。后改名文述，字退庵，号云伯，别号颐道居士，浙江钱塘（今浙江杭州）人。嘉庆五年（1800）庚申恩科杭州乡试中举，翌年（1801）赴京参加会试。居京五载，三试不第，遂以举人入仕。历任全椒、繁昌、常熟、江都、仪征、崇明等地知县，多惠政，有善声。工诗能文，博雅绮丽，著有《颐道堂集》《秣陵集》《西泠怀古集》等。

（清）甘熙《白下琐言》卷二："盖三山、聚宝、通济三门，杨吴始行创筑，收淮水于城内，逮明初开拓城基，周围四十余里，惟此三门因其旧址而重建之耳。"注：甘熙（1797~1852），字实庵，号石安，晚号二如居士，江宁（今南京）人。道光十八年（1838）戊戌科殿试第三甲第十三名进士，初授知县，旋改礼部郎中，官至户部广东司道员。潜心研读，勤事著述，有《白下琐言》《桐荫随笔》《重修灵谷寺志》等。

（清）《同治上江两县志》卷五："杨吴跨淮立城，周回二十里。《五代史》：梁贞明六年（920），徐温遣陈彦谦城金陵。后唐长兴三年（932），徐知诰复广金陵城周二十里。为八门，东、西、南、北四门外，溯淮水而东者为上水门，沿淮水而西者为下水门。西之南曰：栅寨门。又西南为龙光门。有伏龟楼，《建康志》：在城东南隅。范成大范成大（1126~1193），字致能，号石湖居士，平江府吴县（今江苏苏州）人。绍兴二十四年（1154）甲戌科进士，授徽州司户参军。历官枢密院编修官、秘书省正字、吏部员外郎、处州知府、中书舍人知静江府、敷文阁待制、四川制置使、参知政事、资政殿学士等。卒赠少师、崇国公，谥：文穆。著有《石湖集》《吴船录》《揽辔录》《吴郡志》等。《吴船录》：金陵山只三面，至此则形势回互，与淮水团圞应接。游金陵者，不至伏龟，如未始游焉。今废。"（清）《同治上江两县志》，莫祥芝、甘绍盘合纂。◎莫祥芝（1827~1890），字善征，号九茎，别号拙髯，布依族，黔南独山（今贵州独山）人。咸丰元年（1850），以庠生选候补县丞，后随湘军东下，任署理怀宁（今安庆）知县。同治六年（1867），任上元知县，历任通州知州、上海知县、直隶太仓州知州等。光绪十五年（1889），卒于太仓州任所。性豪放，工八法，每官一地，尤注修志。有《上江两县志》《通州志》等。◎甘绍盘（1818~？），字玉亭，号愚亭，安徽桐城人。监生，师事方东树（1772~1851，字植之）。同治元年（1862）夏，入曾国藩幕，赴安徽舒城散赈。二年（1863）夏，以府经历身份被委赴赣查检江西厘务。精果耐劳，不惮琐屑。曾国藩屡荐于朝廷，同治五年（1866）八月二十九日奉上谕：以知县留于江苏，遇缺即补。九年（1870），任兴化知县。十二年（1873），任江宁知县，参修《上江两县志》。光绪元年（1875），任崇明知县。四年（1878），辞职归里，未再出仕。

　　（民国）《新京备乘》上卷："金陵旧城，宋、元因杨吴所筑，跨秦淮南北，周回二十里，南近聚宝山。明初建都，升为应天府，乃益扩而大之，东连钟山，西据石头，南阻长干，北带后湖，内则皇城名内城奠焉。有门十三建于洪武二年九月，成于六年八月，惟南门、水西、旱西三门，因宋、元之旧，更其名曰：聚宝、三山、石城。"注：（民国）《新京备乘》，陈迺勋、杜福堃合著。◎陈迺勋（1870~？），字述庐，湖南长沙人。侨居南京，精于财税，历任江苏吴江税务所所长、候补知事、代理靖江税务、江苏第三专税局税务、武进营业税征收主任、江苏省财政厅税务委员等。公务之余，尤喜搜集金陵掌故，辑成《金陵故事札记》稿本。◎杜福堃（1882~？），字霭簃，北京大兴人。京师大学堂毕业，历任临时参议院秘书、吉林省公署科长、江苏省公署咨议、江苏省第一商品陈列所所长、江苏省立第五工场场长，以及川沙、南汇、江阴、江浦等县知事。久居金陵，熟稔方志，受其儿女亲家陈迺勋之嘱，将《金陵故事札记》稿本整理而补缀之，遂成是书。且议定书名曰：《新京备乘》。

　　（民国）《首都志》卷一："杨吴时，跨淮立城，周围二十五里，凡八门。内为子城，盖稍迁近南矣。南唐都城，因杨吴之旧，改子城曰宫城。宋室南渡，号子城曰皇城。略加修治，规画不改。"注：（民国）《首都志》，主编：叶楚伧、柳诒徵；编纂：王焕镳。◎叶楚伧（1887~1946），名宗源，字卓书，笔名楚伧，江苏吴县人。苏州高等学堂毕业，南社诗人，早年参加同盟会。1912年起，先后在上海创办《太平洋报》《生活日报》，参与《民立报》笔政，出任《民国日报》总编辑。1924年起，先后当选国民党第一、二、三、四、五、六届中央执行委员、常务委员，并先后出任江苏省政府主席、国民党中央宣传部部长、国民党中央工人部部长、国民政府行政院副院长等职。公余尤喜诗文，著有《世徽楼诗集》《楚伧文存》《古戍寒笳记》《金阊之三月记》《首都志》等。◎柳诒徵（1879~1956），字翼谋，号劬堂，晚号龙蟠迂叟、盋山髯，江苏镇江人。光绪二十二年（1896）考入县学，后复就读于三江师范学堂、江阴南菁书院、江宁钟山书院。卒业后，以教书为业，先后任教于北京明德大学、南京高等师范、河海工程学校、东南大学、北京女子大学、国立中央大学等院校。曾任江苏省立国学图书馆馆长、国民政府考试院委员、江苏省参议员、中央研究院院士等。1949年后，居沪，任上海市文物保管委员会委员，执教于复旦大学。著有《中国文化史》《国史要义》《国学图书馆小史》《劬堂读书录》《六朝太学考》《首都志》等。◎王焕镳（1900~1982），字驾吾，号觉无、因巢，江苏南通人。1924年毕业于东南大学文史地部，先后任江苏省立国学图书馆保管编辑部主任、浙江大学图书馆馆长、杭州大学中文系主任、浙江省政协常委、浙江省文史研究馆馆长等职。著有《先秦寓言研究》《韩非子选注》《老子韵读》《墨子集诂》，以及编纂《首都志》《明孝陵志》等。

　　（民国）朱偰《金陵古迹图考》第八章："南唐都城，城周三（二）十五里，比六朝都城近南，贯秦淮于城中。西据石头，即今旱西、水西二门；南接长干，即今中华门；东门以白下桥为限，即今大中桥；北门以玄武桥为限，即今北门桥。桥所跨水，皆昔所凿城濠也。南唐都城实为今日南京之基础，盖繁华之区、人烟稠密之地，皆在于此。"注：朱偰（1907~1968），字伯商，浙江海盐人。北京大学毕业，

1929 年赴德留学，获哲学博士学位。1932 年归国，历任中央大学经济系教授、系主任，国民政府财政部专卖司长、关务署副署长等职。新中国成立后，先后担任南京大学经济系教授、系主任，江苏省文化局副局长，江苏省文管会、图书馆委员会副主任，南京历史学会理事等。著有《金陵古迹图考》《建康兰陵六朝陵墓图考》《元大都宫殿考》《明清二代宫苑建置延革考》《北京宫阙图说》《南京名胜古迹》《大运河的变迁》等。

《南京史话》八："南唐的首都，这座金陵城的形势是：前倚雨花台，后枕鸡笼山，东望钟山，西带石头城。其位置比南朝的建康城更向南移，把秦淮河下游两岸的商业区和居民区都包入城内。其范围：南到今中华门当时叫南门，北到今珠江路估衣廊北口的北门桥当时的北门所在，东到今白下路底的大中桥当时东门所在，西到今水西门当时叫龙光（西）门和汉西门当时的西门，在今汉中门稍南，也就是明代南京城的南部和西部的基础。这个区域在六朝时本来已经人烟稠密，从南唐起又有了进一步的发展。"注：《南京史话》，蒋赞初撰。蒋赞初（1927~2024），江苏宜兴人。1946 年考入中央大学，1950 年南京大学毕业后，分配至南京博物院工作。1957 年调回南京大学历史系考古专业任讲师，1981 年评为副教授，1985 年评为教授。资深文物考古专家，主要从事考古学与历史研究，曾任江苏省文管会委员、南京历史学会名誉会长。著有《南京史话》《长江中下游历史考古论文集》等。

《南京建置志》第五章第三节："南唐都城，呈方形，东侧从今雨花门沿城墙向北，过今东水关以西，开凿东城濠，即今大中桥向北河道，过复成桥、玄津桥天津桥、今逸仙桥，再向北至竺桥。然后西折，沿珠江路南侧杨吴城濠河南岸，过太平桥、浮桥、北门桥南，西向沿干河沿、五台山（北）麓，并以乌龙潭为护城河之一段，从乌龙潭南岸折至汉中门。其西垣及南段，明代南京城垣均与之重合。"注：《南京建置志》，南京市地方志编纂委员会编纂。主编马伯伦，副主编刘晓梵。◎马伯伦（1930~2023），河北省昌黎县人。民国时期中央大学法学院院长马洗繁（1894~1945）之子。南京市地方志编纂委员会办公室原研究员、副编审，著有《南京历史上的十五次建都》《南京建置志》等。◎刘晓梵，1956年生，亦名小凡，江苏盐城人。南京市地方志编纂委员会办公室原年鉴处处长，与人合著有《南京旧影》《南京建置志》等。

　　《南唐伏龟楼遗址及南唐城垣遗迹展览馆》："江宁路3号，地处武定门城墙段东南隅，该处原有超出断残城垣约1米高的土坡。2001年5月，施工人员在清土过程中，发现古建筑遗址。现场城砖排列有序，且规模巨大。经南京市文物局清理出土（发掘）后的现状：该古建筑遗址长15.85米，残宽7.61米，现高1.6米。北端墙体，保存完好；南端、西端，早期遭受较严重的损坏；东端，距明城墙近1米；南端一侧，被由东向西折的明城墙叠压在下。古建筑基础，均由青灰色的长方形砖每两层交缝平铺，共砌筑21层。砖与砖之间，用黄泥粘接……该建筑遗址具有南唐时期的风格特征，文物部门初步判断其时代上限为南唐。结合五代南唐城垣史的考察，该位置地处南唐城东南隅，是南唐及宋代著名的城垣附属设施——伏龟楼遗址。"注：《南唐伏龟楼遗址及南唐城垣遗迹展览馆》发表于 2006 年《江苏地方志》第三期，作者：杨献文、金戈。◎杨献文，1951 年生，江苏南京人。历任南京市秦淮区政府办公室秘书、区文化局副局长、区地方志办公室主任等职。善八分书，好古能文，编纂有《秦淮区志（2000 年版）》《乌衣巷史话》等。◎金戈，1966 年生，江苏南京人。历任南京市秦淮区地方志办公室副主任、区文化局副局长、区档案馆副馆长等职。与人合著有《记忆 1865》《秦淮区历史文化图录》《金陵世家》等。

城濠

　　南唐都城之城濠（护城河），开凿于杨吴顺义年间（921~927）筑金陵城垣时期，筑城掘濠，期年功成，故史称杨吴城濠。城濠周长四千七百六十五丈有奇，以深丈五、阔三十丈为率。东北承引孙吴开凿之青溪及潮沟来水，西北拥南朝刘宋之乌龙潭为堑，东南以张昭所创之娄湖及梁武帝开凿之舰澳为用，西南携落马涧同流。其余四方，北面城濠为杨吴筑城时开凿，而东、南、西三面，则依梁武帝开掘之缘淮塘扩延掘凿，与秦淮相连，一举多得，自成水系。即自乌龙潭东流，至竺桥转而向南流，至伏龟楼又

杨吴城濠与青溪在竺桥交汇

转向西流，至凤台山复向北流，至石头城与乌龙潭水汇合后，径北流入大江。其间，运渎、潮沟、青溪、秦淮、落马涧诸水，相继流入，河宽堑深，回互环合。平时行舟，战时防御；通江入海，蔚为大观。濠上筑桥有三：北曰玄武桥，即今北门桥；东曰白下桥，即今大中桥；南曰长干桥，至今仍袭其名。宋元因之，多有疏浚。四百余年，长流不息。

明朝都城倍于南唐，杨吴城濠亦被新筑之东水关一截为二，东水关迤北至乌龙潭之城濠，尽圈城内，称旧城濠亦称杨吴城濠，日渐萎缩；迤南径西绕城入江之城濠，悉数为用，称外濠即护城河亦称外秦淮河，深阔依旧。城内濠上增筑桥梁数座，曰：复成桥、玄津桥、竺桥、太平桥、浮桥、通贤桥等，城外濠上新筑桥梁有二：曰三山桥，亦称觅渡桥即今水西门外大桥；曰石城桥，亦称旱西门桥即今汉中门外大桥。入清以后，城内濠水无源可寻，衰微之势已成，遂使北门桥以西至乌龙潭段之城濠干涸消歇，空留"干河沿"地名至今。清末民初，战乱频仍。城内濠水虽流淌不废，然杂树野草夹岸丛生，荒凉凄清，杨吴城濠之名，几被世人遗忘。民国时期，治理乏善可陈，唯城内濠上增筑逸仙桥，城外濠上增筑雨花桥而已。

新中国成立后，尤其是改革开放以来，历经千年沧桑的杨吴城濠得到全面的疏浚、整治、出新。沿河植树种草，造景建园，亭榭栈道，随岸点缀。清风过处，碧波粼粼，树影摇曳，绿草茵茵，十分宜人。城内濠上新筑桥梁有：洪武北路桥、太平北路桥、东箭道桥、毗卢寺桥等；城外

杨吴城濠北段（从太平北路桥向东拍摄）

濠上新筑桥梁有：红旗桥、饮马桥、凤台桥、集庆门大桥、凤凰桥、清凉门大桥、草场门大桥、定淮门大桥等。现存的杨吴城濠河道，西起广州路南的干河沿，循珠江路南侧平行向东，过北门桥、洪武北路桥_{古运渎即明进香河今潜河之水入焉}、通贤桥、浮桥_{珍珠河即古潮沟水入焉}、太平北路桥、东箭道桥、太平桥、竺桥，携明御河_{古青溪东来之水向南}，过毗卢寺桥、逸仙桥、玄津桥、复成桥_{明玉带河水经半边桥入焉}、大中桥，至东水关，此城内濠流也；出东水关，携外秦淮河九龙桥东来之水，沿明城垣外侧南流，过红旗桥_{节制闸东来淮水入焉}，至城垣东南隅伏龟楼遗址转而向西，经雨花桥、长干桥、饮马桥_{落马涧南来之水入焉}，至凤台桥转而北流，过集庆门大桥、三山桥、凤凰桥、石城桥，径北流经清凉门大桥、草场门大桥、定淮门大桥至三汊河大桥入江，此城外之濠流即外秦淮河也。除干河沿至乌龙潭及乌龙潭至外秦淮河两段杳无踪迹外，其余各段均较好保存，实幸事也。

史志记载：

（南朝·陈）顾野王《舆地志》卷一五："◎青溪，（吴大帝）凿东渠，名青溪，通城北堑、潮沟，泄玄武湖水，南流接于秦淮。◎潮沟，吴大帝孙权（182~252），字仲谋，吴郡富春（今浙江富阳）人。三国时期吴国建立者，黄龙元年（229）称帝于武昌（今湖北鄂州市），国号吴，旋迁都建业（今江苏南京）。神凤元年（252）逝于建业，追尊为吴大帝所凿，以引湖接青溪抵秦淮，西通运渎，北连后湖。◎乌龙潭，宋元嘉末（453），有黑龙见于玄武湖侧。今潭近湖所，疑即当时龙见之处。◎娄湖，娄侯张昭张昭（156~236），字子布，彭城（今江苏徐州）人。少好学，善隶书。东汉末，渡江南下，任孙策（175~200年，字伯符，孙权之兄）幕下长史，授抚军中郎将。后辅立孙权，拜辅吴将军，封娄侯所创，因名之。宋时为苑。◎舰澳，梁武帝萧衍（464-549），字叔达，小字练儿，南兰陵（今江苏常州）人，生于秣陵同夏里光宅寺（今江苏南京城内东南隅）。天监元年（502）建立梁朝，自称皇帝。尊儒崇佛，数次舍身同泰寺。太清三年（549），侯景（503~552年，字万景，鲜卑化羯人）作乱，攻入建康（今江苏南京），萧衍年迈体衰，智穷力竭，困顿无援，饿死台城。谶号：武帝所开，在光宅寺东二百五十步。其寺武帝旧宅，帝从城归宅，仪仗舟车，骈蚁塞路，开以藏船。"注：顾野王（519~581），字希冯，吴郡吴县（今江苏苏州）人。博通经史，擅长丹青。仕梁，任太学博士；仕陈，历国子博士、黄门侍郎、光禄大夫等。太建十三年（581）卒，诏：赠秘书监、右卫将军。著有《舆地志》《玉篇》等。

（唐）姚思廉《梁书》卷二："（天监）九年（511）春正月庚寅，新作缘淮塘，北岸起石头今清凉山西麓，迄东冶今通济门桥北；南岸起后渚篱门今小营珠江路口，迄三桥今江宁路老虎头。"注：姚思廉（557~637），字简之，吴兴武康（今浙江湖州）人。陈亡后，随父迁居长安，故《新唐书·姚思廉传》称其为京兆（今陕西西安）人。精于史籍，勤学寡欲，著作丰厚。仕陈，任衡阳王法曹参军、会稽王主簿；仕隋，任汉王府行参军、掌记室，河间郡司法；仕唐，任秦王府文学、著作郎、弘文馆学士、太子洗马，贞观九年（635），拜散骑常侍，赐爵：丰城男，卒赠：太常卿，谥号：康。著有《梁书》《陈书》等。

（唐）许嵩《建康实录》卷二："赤乌四年（241）冬十一月，诏：凿东渠，名青溪，通城北堑潮沟。潮沟亦帝所开，以引江潮。"卷十七："天监九年（511），新作缘淮塘，北岸起石头，迄东冶；南岸起后渚篱门，连于三桥。"注：许嵩（生卒不详），唐润州句容（今江苏句容）人，祖籍高阳（今河北蠡县），徙颍川（今河南禹州）。东汉中平年间（184~189），黄巾起义，动乱频仍。许氏先人举族自中原南迁丹阳郡句容，遂定居焉。许嵩生平无考，其父许临（662~714），官至曹州刺史。据（唐）

贺知章（659~744）所撰《许临墓志》记载：许临，字思颂，颍川人。恭敬忠信，惟公立身，以银青光禄大夫任曹州刺史，持节曹州诸军事。生有八子，嵩、崑、岗、嶷、岸、嶔、巇、岌，许嵩为长子。唐开元二年（714），许临53岁，卒于任所。据此推算，其时许嵩年龄应在30岁左右。《建康实录》叙事止于唐肃宗至德年间（756~757），则成书时许嵩应已年过七旬矣。《新唐书·艺文志》云："许嵩《建康实录》二十卷。"《全唐文》卷三九五："嵩，肃宗时人。"

（宋）张敦颐《六朝事迹编类》卷五："◎青溪。《建康实录》：吴赤乌四年（241）冬，凿东渠，名为青溪。《寰宇记》云：青溪在县东六里，阔五丈，深八尺，以泄真（玄）武湖水。《舆地志》云：青溪发源钟山，入于淮，连绵十余里。◎潮沟。《舆地志》：潮沟，吴大帝所开，以引江潮。《建康实录》云：其北又开一渎，北至后湖，以引湖水，今俗呼为运渎。其实，自古城西南行者，是运渎；自归善寺即今北京东路南京市政协所在地门前东出青溪者，名潮沟。其沟向东已湮塞，西则见通运渎。按：《实录》所载，皆唐事。距今数百年，其沟日益湮塞，未详所在。今府城东门外，西抵（杨吴）城濠，有沟东出，曲折当报宁寺亦名半山寺，在今半山园21号南京海军指挥学院内前，里俗亦名潮沟。此近世所开，非古潮沟也。"注：张敦颐（1097~1184），字养正，新安婺源（今江西婺源）人。绍兴八年（1138）戊午科进士，授南剑州教授；升宣城倅（州副），摄郡事。历任左奉议郎、江东安抚使司干办公事、舒州知府、衡阳知府。著有《柳文音注编年》《六朝事迹编类》《衡阳图志》等。

（宋）《景定建康志》卷一六："◎武胜桥。在府治亲兵教场，即北门桥。◎白下桥。一名上春桥，在城东门外，其侧有白下亭。◎长干桥。在城南门外，五代杨溥城金陵，凿濠引秦淮绕城，西入大江，遂立此桥。"卷一八："◎娄湖。在城东南一十五里，周回一十里，灌田二十顷，水流入舰澳。《舆地志》云：娄湖苑，吴时张昭所创，有湖以溉田，宋时筑为苑。张昭封娄侯，故谓之娄湖。◎舰澳。在城南一十里，水出娄湖，下入秦淮，深丈余，冬春不涸。事迹：《舆地志》云：梁武帝所开，在光宅寺东南二百五十步，其寺武帝旧宅。帝从城归宅，仪仗舟车骈戟塞路，开以藏船。◎乌龙潭。在城北钟山乡永庆寺其址即今五台山体育馆处之前，水旱祈祷屡应。按《舆地志》云：宋元嘉末（453），有黑龙见于元武湖侧，今潭近湖，所疑即当时所见之处。◎落马涧。一名南涧，在江宁县南五里，东北流入（杨吴）城濠。"卷二十："绕城浚濠四千七百六十五丈有奇，以深丈五，阔三十丈为率。城之外，濠之里，皆筑羊马墙，其长如濠之数。"

（元）《至正金陵新志》卷四："◎武胜桥。在今台治东北亲兵教场，即北门桥。◎白下桥。一名上春桥，在城东门外，其侧有白下亭。◎长干桥。在城南门外，五代杨溥城金陵，凿濠引秦淮绕城。咸淳乙丑元年，1265年，马光祖新创。"卷五："◎娄湖。在城东南一十五里，周回一十里，溉田二十顷，水流入舰澳。◎落马涧。一名南涧，在江宁县南五里，东北流入城濠。◎（杨吴）城濠。绕城，阔二十五丈，周四十五里。其水引钟山南源，即古青溪经流故迹，绕城东北，复南出月子河即今月牙湖水自后标营铜管闸入城西行，至复成桥南，汇入杨吴城濠的明御河亦称玉带河，过秦淮，南经伏龟楼，而西接大城港今南京建邺区大胜关即其地。其在西北者，亦与古青溪故道通，流自西入秦淮。◎乌龙潭。在城北钟山乡永庆寺之前，水旱祷祈屡应。◎舰澳。在城南十里，水出娄湖，下入秦淮，深丈余，冬春不涸。"

（明）《洪武京城图志》："桥梁：◎大中桥。即古之白下桥也。在通济门里，今名大中桥。◎长安桥。在聚宝门今中华门外，古长干桥。五代杨溥城金陵，凿濠引秦淮绕城，今名长安桥。◎玄津桥。在皇城西、复成桥北，国朝新建。◎竹（竺）桥。跨青溪水上，在皇城西南（北），对柏川桥今庭市桥，北通太平门。◎复成桥。在玄津桥南，既坏而复成之，因以名焉。◎北门桥。在洪武街今珠江路旧北门口。"注：《洪武京城图志》作者王俊华（1323~1403），字仁仴，浙江宁海人。文学行谊，执教为生。洪武七年（1374），乡荐入仕，任衢州、绍兴等府学教授。二十六年（1393），授承胜郎，任右春坊右赞善。二十八年（1395），受命编纂《洪武京城图志》一卷。

（明）《金陵古今图考》境内诸水图考："自北门桥东南，至于大中桥，截于通济城内，旁入秦淮。又自通济城外，与秦淮分流，绕南经长干桥，至于三山水门外，与秦淮复合者，杨吴之城濠也。"

（明）《金陵世纪》卷三："◎南唐城濠。东自大中桥，北通玄津，西绕北门桥，又南自通济门以外，缘城而西，过聚宝桥今长干桥又北流，自三山水门，与秦淮合者，是也。◎竹（竺）桥。在玄津桥北，一通大内，一通古杨吴城濠。◎大中桥。东通西长安街、崇礼街今大光路，西通里仁街今白下路，西南大中街今建康路，东北西华门街今中山东路中段，南通通济街今龙蟠中路七里街段。古白下桥，南唐东门之桥，所谓当江浙诸郡之冲，饮万马于秦淮，给诸屯馈饷，京都之要冲。今列肆于桥两闇，旅市桥辐辏处。◎复成桥。在大中桥之北。◎玄津桥。在复成桥北，西华门之前。◎新浮桥。在国学成贤街南。◎北门桥。南唐北门桥，宋名武胜桥。◎通贤桥。北门桥之东。◎聚宝桥。在聚宝门今中华门外，即南唐之长干桥。◎石城桥。在石城门今汉西门城堡外之北。◎三山桥。在三山门今水西门广场外之西。"

（明）《金陵浚河赋》（节录）："伪吴治府兮为金陵，南唐凿濠兮城名升。东尽白下兮北武胜，南接长干兮西石城。宋凿护龙兮带溪水，周绕虹桥兮潮沟逦。"注：《金陵浚河赋》作者：张梦蟾（生卒不详），字云明，南直隶寿州（今安徽寿县）人。嘉靖四十年（1561）辛酉科乡试举人，万历二年（1574）甲戌科殿试第三甲第二百二十名进士，授顺天府固安县知县。累官至南京工部都水司郎中、国子监祭酒等。

（明）《万历应天府志》卷一五："杨吴城濠。杨溥城金陵时所开，自北门桥东流，历珍珠桥折南，截于通济城，支流与秦淮合。又自通济门外西南流，绕聚宝门今中华门外，纳重驿今雨花桥即其址、涧子落马涧上桥诸桥水，遂从西北至三山门今水西门复与秦淮合，以达于江。"

　　明《正德江宁县志》卷二："大城港今大胜关，纳大江东流，有麾扇渡其址在今赛虹桥以南。又东有瓦屑坝即今赛虹桥。其东南会聚宝门今中华门城濠，纳重译桥、落马涧诸水；其西北会石城淮水，又北为三汊河，至龙江关外出大江。"

卷五："◎长安桥。在聚宝门今中华门外，旧名长干桥，疑干、安音误。五代杨溥城金陵，凿濠，引秦淮绕城西入大江。桥跨濠上，国朝因之，而规制为益宏健云。◎重译桥。在长安桥东，金陵故老相传：即古乌衣巷口。◎来宾桥。即古望国门桥，在驯象街，近桥有来宾楼，因名。◎善世桥。在来宾桥西南，跨跃马涧。◎涧子桥。在来宾桥北，水流入城濠。◎三山桥。在三山门今水西门外。◎石城桥。在石城门今汉西门外。"注：（明）《正德江宁县志》，王诰修，刘雨纂。◎王诰（生卒不详），字承恩，霸州保定（今河北保定）人。廉素有才，由贡生被荐入仕，授承直郎，任凤翔县主簿。历官盱眙、山阳、怀宁等县知县。正德十年（1515），调任江宁知县；十四年（1519），以私俸开局修编《江宁县志》，策励特行，百凡经画，曲尽其成，循吏也。◎刘雨（生卒不详），字润之，应天江宁（今江苏南京）人。府学生员。学问博洽，才华出众。正德十四年（1519），应江宁知县王诰邀请，以其此前所编《南京志》草稿为底本，仅45天即纂成《江宁县志》，该《志》叙事不窘于仓卒，平实鲜谬，可以侪前修，可以启后世，堪称"良志"也。

　　（明）《万历上元县志》卷三："杨吴城濠。杨吴城金陵时所开，自北门桥东流，历珍珠桥，折南截于通济城，支流与秦淮合。又自通济城外西南流入江宁界，至三山门，复与秦淮合。"卷四："◎大中桥。旧名白下桥，一名长春桥。青溪此处，旧有大桥、中桥，故撮名曰：大中桥。乃南唐东门桥，当江浙诸郡之冲。饮马于秦淮，给诸屯馈饷，京都之要冲也。◎复成桥。在大中桥北。◎玄津桥。在复成桥北，西华门之前。◎竹桥。在玄津桥北，一通大内，一通古城濠。◎新浮桥。在国学成贤街南，近易为石桥。◎北门桥。南唐北门之桥，古清化市桥，宋名武胜桥。◎通贤桥。在北门桥东。◎三山桥。在三山门今水西门外。◎石城桥。在石城门今汉西门外。"

（明）《客座赘语》卷十："◎自杨吴夹淮立城，即今自通济门起，西至石城门皆是。其城之东堑皆通淮水，即今通济门外，上至南门一带是也。其西南边江以为险。◎桥名：北门桥，旧名武胜；大中桥，旧名白下，又名上春桥；南门外桥，五代杨吴名长干桥。"

（明）周晖《金陵琐事》卷三："北门桥。一名草堂桥。桥洞中有石刻'草堂桥'三字。"注：周晖（1546~1627），字吉甫、吉父、漫士，号鸣岩山人，上元（今南京）人。诸生一世，终身不仕；博学多通，旁及时事。著有《金陵琐事》《续金陵琐事》《二续金陵琐事》。

（清）《嘉庆新修江宁府志》卷七："杨吴城濠。在上元、江宁之境，今自干河崖（沿）南转出北门桥。按：旧志叙杨吴城濠，皆自北门桥始。今考其形，自北门桥而上有沟名干河崖（沿）者，亦杨吴之旧迹也。今河虽涸竭，而水发时则经焦状元巷焦竑（1540~1620），字弱侯，号漪园、澹园，南京人。明万历十七年已丑科殿试第一甲第一名（状元），居此巷，因名。该巷位于珠江路西端北侧，南起珠江路，北至同仁街。1994年，建同仁大厦，拆无存。**小桥流出，其故道，殊未湮云。**"

　　（清）《白下琐言》卷七："后湖之水，乃随龙养性之源，由北水关入城，经秦淮出西关，以达诸江，此自然之性也。癸巳道光十三年，1833年疏河，通北门桥，以利舟楫，当干河沿处建一小亭，家大人取张二水张瑞图（1570~1644），字长公，号二水，明晋江（今福建晋江）人。万历三十五年（1607）丁未科殿试第一甲第三名进士（探花），授翰林院编修。官至礼部尚书、建极殿大学士。以擅书名闻当时，其书法笔势生动，峻崛奇逸，妙趣横生，与董其昌（字玄宰，号思白，1556~1636）齐名，世称"南张北董"书'见山'亭二字额之，其旁有不二庵。"

　　（清）《同治上江两县志》卷四："淮水、城濠相会处，其在城外者亦杨吴城濠水。自明祖朱元璋截濠筑城，濠分为二，在通济门外者，与城内淮水分流，径聚宝桥古长干桥，杨溥建，咸淳（1265~1274）中，马光祖修，又曰长安，康熙甲辰（三年，1664）修之。乾隆十年（1745），邑人孔毓文等复募修，今渐圮矣。**南合落马涧水**《建康志》：本南涧也。宋孝武讨元凶，元凶军败，人马倾落涧中，故名。旧有南涧寺，何尚之（382~460，字彦德，安徽霍山人。南朝刘宋大臣，官至侍中、左光禄大夫、中书令）宅在焉。宋曰跃马涧，有南涧楼，见王安石诗。今重译在扫帚巷，古东市口、**就湾**一曰灞湾，在小市口、**善世**近三里店，明弘治（1488~1505）间修，郑纪（1438~1513，字廷纲，号东园，福建莆田人。明天顺进士，官至户部尚书）记之。坎地得石，云：庆元二年（1196）丙辰三月，建跃马涧桥，知官事赐紫史志纯、副知官程应泽，并劝缘司库工人姓名、**来宾**在西街古望国门桥，即西市口西，即大市也。有来宾楼，因名、**涧子**在窑湾，涧水入濠处**诸桥所跨，是也。濠水又西径觅渡桥**即三山门外桥，旧名三山，康熙丁未（六年，1667）修。嘉庆元年（1796），里人谈觐光祖蕙，捐银一万四千两重修，知府许兆椿〔许兆椿（1747~1814），字茂堂，号秋岩，湖北云梦人。乾隆三十七年（1772）壬辰科殿试第二甲第九名进士，授翰林院庶吉士。累官至刑部侍郎、漕运总督等〕撰记。同治十年（1871），又修与城内之淮水复合。杨吴城濠水，自北门桥东流折而北，进香河之水入焉，又东流径浮桥，北珍珠河之水亦入焉。"

（清）顾云《盋山志》卷一："乌龙潭，在盋山前。相传晋时有黑龙见，或曰刘宋时，故名。明潘之恒潘之恒（1536~1621），字景升，号鸾啸生、冰华生，安徽歙县人，侨寓南京。两试国子学未遂，故绝意仕途，潜心研究古文、诗词、戏曲。著有《亘史》《鸾啸小品》《涉江集》等尝言：潭深莫测，广百余寻，长竟三里。南唐后主自珍珠河泛舟至清凉山，即此道。"注：顾云（1852~1905），字子鹏，号石公，上元（今南京）人。诸生，嗜友，体丰，豪饮，能诗，著有《盋山志》《盋山诗文录》等。其宅院位于乌龙潭畔之龙蟠里，名深柳读书堂。

（清）《光绪续纂江宁府志》卷八："杨吴北城濠水，源小仓诸山即今五台山北麓丘峦，自见山亭、不二庵两处遗址应在今干河沿以西，均无存，历武胜桥今北门桥而东合于青溪焉。"注：（清）《光绪续纂江宁府志》，蒋启勋、赵佑宸修，汪士铎等纂。◎蒋启勋（生卒不详），字鹤庄，安陆府竟陵（今湖北天门）人。咸丰十年（1860）庚申恩科殿试第三甲第七十名进士，授吏部主事，补稽勋郎中。历官河南道御史、江宁盐巡道、镇江知府、江宁知府、苏州知府、湖南衡永郴桂兵备道等。◎赵佑宸（1827~？），字粹甫，号蕊史，明州鄞县（今浙江鄞县）人。咸丰六年（1856）丙辰科殿试第二甲第三名进士，选翰林院庶吉士，授编修。历官江宁盐巡道、镇江知府、江宁知府、直隶大顺广道、大理寺卿等。善诗，有《平安如意室诗抄》。◎汪士铎（1802~1889），字振庵，号梅村、悔翁，江宁（今南京）人。道光二十年（1840）庚子科江南乡试举人，四赴礼部应试，均名落孙山。咸丰三年（1853），离宁往鄂，游幕湖北。同治三年（1864），返宁，授徒为生。精研史志勘舆，一生著作颇丰，有《悔翁笔记》《水经图注》《南北史补志》《汉志志疑》《续纂江宁府志》等。

（民国）陈诒绂《钟南淮北区域志·水渎》："杨吴城濠水，自北门桥东流折而北，进香河之水入焉。城濠水又东流经浮桥北，珍珠河之水入焉。城濠水又东迤南经竹桥，明御河水自东来注之。又南过大中桥入于淮。"注：陈诒绂（1873~1937），字稻孙、蛰斋，号无何居士，南京人。诸生，方志家陈作霖（1837~1920）长子。教书为生，晚年闭门著述，撰有《钟南淮北区域志》《石城山志》《金陵园墅志》《金陵陵墓志》《金陵艺文志》等。

（民国）《新京备乘》卷上："杨吴城濠。唐升州治，在秦淮以北。杨吴跨淮筑城，扩而大之，贯秦淮于中，西据石城即今汉西、水西二门之间，俗呼鬼脸城，**南接长干**即今聚宝门外，**东连白下桥**即今大中桥，**北限玄武桥**即今北门桥，桥所跨水，皆所凿城濠也。其水大抵引城南秦淮、城东青溪诸水，合而成河，环绕都城而北注今北水关所引西来之水已断，土人谓之干河沿，故专以北面所受之水为濠水正干。自北门桥东流折而北，进香河之水入焉进香河，明初所开，又东流经浮桥北，珍珠河即古潮沟之水入焉，又东迤南经竹桥在驻防城以北，明御河水洪武初开自东来注之，又南过大中桥入于淮。"

（民国）《首都志》卷五："杨吴城濠水。自北门桥东流，折而北，受进香河之水；又东经浮桥，珍珠河之水，自此来会；又东迤南，径竹桥至复成桥，明御河水自东来注之；又南过大中桥，至东水关，与淮水合。"

（民国）《金陵古迹图考》第八章："余尝由五台山北行诣鼓楼，中绝大壑，丘陵升降，形胜天然，想必为前代之城濠。"

《南京建置志》第四章第三节："南唐时，都城的西、南二面，以外秦淮为护城河；东面则另开城濠，连通孙吴所凿的东渠青溪；北面的护城河，过今太平桥、浮桥、通贤桥、北门桥向西，顺干河沿，沿五台山北麓，连乌龙潭西出，亦汇外秦淮河入长江。"

《南京历代运河》："杨吴城濠。南唐都城北面的护城河，现称内秦淮河北段。其位置由今天的竺桥，经今天的太平桥（又称京市桥）、太平北路桥、浮桥、通贤桥、北门桥，向西过中山路涵洞，顺干河沿二号桥，沿五台山北麓，入乌龙潭，西出汇入外秦淮河；东面的护城河，现称内秦淮河东段。经今天的竺桥、逸仙桥、天（玄）津桥、复成桥、大中桥向南，在通济门东水关附近与内秦淮河汇合，然后，继续向南过武定门，至南京城东南角止；南面的护城河，属于今天外秦淮河的一段。它由南京城墙东南角向西，经过中华门外长干桥，至南京城墙西南角凤台桥为止；南唐都城西面、南面和东面南段的杨吴城濠，构成了今天南京的外秦淮河。迄今为止，杨吴城濠除了干河沿至乌龙潭段干涸外，其余各段都较好地保存下来。"注：《南京历代运河》，南京出版社出版，卢海鸣编著。卢海鸣，1964 年 9 月生，南京人，青少年生长于芜湖。南京大学考古专业硕士、六朝史博士，历任南京市地方志办公室主任科员，南京出版社编审、研发部主任，南京出版社副社长、社长，南京出版传媒集团总经理等职，学识深厚，著述等身，著有《六朝都城》《南京民国建筑》《南京明清建筑》《南京历代名号》《南京历代运河》等数十本著作。

卷二

宫城宫濠

宫城

南唐宫城，原系徐知诰出任升州刺史修建的府舍，位于都城中央。天祐十四年（917），大都督徐温将都督府迁至金陵，命右司马陈彦谦扩建升州府治所，改为大都督府署。武义二年（920），府署建成。太和三年（931），徐知诰再镇金陵，于府治中即大都督府，亦称都统府建礼贤院，并拓建府城城垣。太和五年（933），缮府治为宫，以马步都虞侯蔡弘业为宫城营奉使；另使都教练使孔昌祚孔昌祚（生卒不详），入宋以后，历任左领军卫将军、甲仗宫城营造使、泗州刺史等。负责在六朝古台城旧址建都统府署。建成的都统府有房屋二千四百间，环一千五百步，穷极土木之功。而改建成的宫城呈方形，周长四里二百六十五步，高二丈五尺，下阔一丈五尺。

宫城四至：东至今广艺街、火瓦巷一线，西至今中山南路西侧一线，南至今内桥白下路、建邺路一线，北至今羊皮巷、户部街一线。

宫城城门：北面不设城门，东、西二面分别设东、西华门（宋）陆游《南唐书》卷一："升元二年（938）六月庚辰，月入太微，西华门，犯右执法。"，南面设三门：正中为朝元门（宋）陆游《南唐书》卷一："升元元年（937）十月丙戌，改齐明门为朝元门。"，西侧为保德门（宋）陆游《南唐书》卷一："升元四年（940）冬十月乙巳，诏幸东都，命齐王璟监国；庚戌，帝自保德门御舟。"，东侧为镇国门。（宋）郑文宝《江南余载》卷上："保大末（957），太弟（李景遂，李昇第三子）恳乞就藩。燕王宏冀（李弘冀，李璟长子）为皇太子，以令旨牓子逼逐昭庆宫（即东宫）僚。太弟始自镇国门上马就道。"卷下："朝元门三桥龙跃，镇国、天津（今内桥）、二曲尺，跨水覆屋。旧制：文武大臣，带平章事者，许乘马行过镇国、天津二桥，百官皆就二曲尺下马。"

宫中殿宇：多系原都统府治厅堂，均不改作，但加鸱尾栏槛而已。有崇英殿、兴祥殿、凝华内殿、积庆殿等。升元四年（940），改崇英殿为延英殿，凝华内殿前为升元殿、后为雍和殿，兴祥殿为昭德殿，积庆殿为穆清殿。又有万寿殿、清辉殿、澄心堂、百尺楼、绮霞阁、德昌宫等，其中，德昌宫系内府库藏收贮之所，规制甚盛。此外，尚有勤政殿、武功殿、南薰阁、天泉阁、便殿、玉烛殿、前殿、朝堂、内殿，

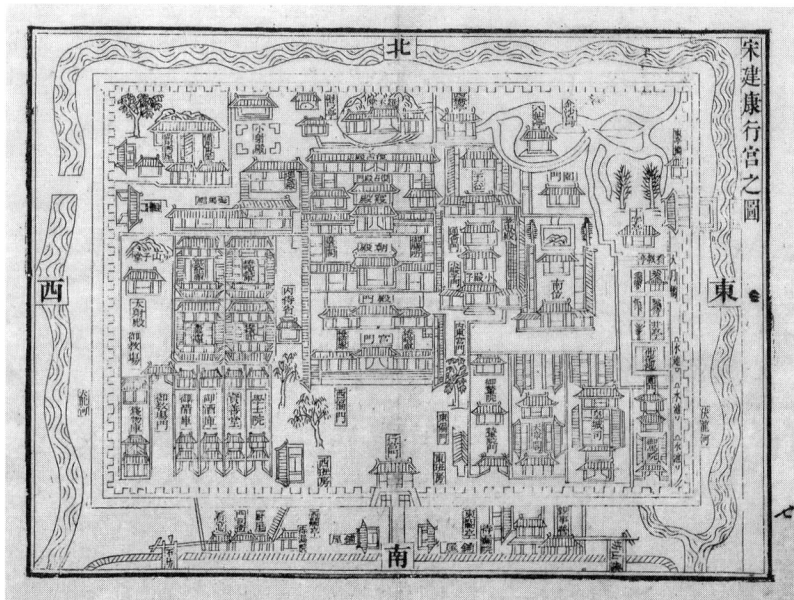

南唐宫城在北宋成为行宫，行宫周围的护龙河依然流水不断（《宋建康行宫之图》）

还有逐年兴建的小殿、龟头殿、寿昌殿、光政殿、集英殿、集贤殿、宣政院、昭庆宫、碧落宫、仪仗院、保和堂、移风殿、瑶光殿、延春殿、武德殿、柔仪殿、潜龙殿、涵虚阁等。

开宝八年（975）十二月，南唐亡国。宋帝诏置升州，原南唐宫城辟为州治驻所。天禧二年（1018）二月，诏以升州为江宁府，仍以升州府为治所。庆历八年（1048）正月，江宁府治遭火，知府李宥李宥（生卒不详），字仲严，潍州昌乐（今山东昌乐）人。大中祥符五年（1012）壬子科进士，授火山军判官。历任集贤殿校理、蕲州知府、提点荆湖刑狱、利州转运使、工部侍郎、知制诰、江宁知府。因江宁府失火，获谴，降为秘书监，致仕。卒年六十二岁惧有兵变，阖门不救，一府尽焚，仅剩原南唐宫城玉烛殿残垣一隅；二月，新任知府张奎张奎（988~1052），字仲野，单州临濮（今山东鄄城）人。大中祥符五年（1012）壬子科进士，授并州推官。历任合肥知县、侍御史，邢州、庆州、江宁等地知府，京东、河东、陕西转运使，枢密院直学士等重新修缮府舍，择材简料，期月而成。建炎二年（1126）五月，诏改江宁府为建康府。绍兴二年（1132），上命江东安抚使李光李光（1078~1159），字泰发、泰定，号转物居士，上虞（今浙江上虞）人。崇宁五年（1106）丙戌科进士，授太常博士。历任秘书省少监、宣州知府、龙图阁直学士、建康知府、江东安抚使、吏部尚书、礼部尚书、参知政事、资政殿学士等。卒谥：庄简，有《庄简集》存世即建康府旧治修建行宫；三年（1133），迁建康府治于行宫东南隅今内桥以南、中华路东侧的锦绣坊、王府园。建成的行宫富丽堂皇，有朝殿、寝殿、复古殿、罗玉堂等殿宇庭堂近四十幢，后宫御花园之楼台亭阁一应俱全，较之南唐宫城及殿宇更加庄严气派。同年，诏令设立行宫留守，由江东安抚司兼任其职；每岁四季月头，留守司属官派专人入宫点视查检。此后的 140 余年间，先后有 68 名南宋封疆大吏兼任行宫留守，故行宫管理一直有条不紊，缮护如初。德祐元年（1275）正月二十四日，元军攻占建康前夕，沿江制置使赵溍赵溍（？ ~1279），字元晋，号冰壶，潭州（今湖南长沙）人。抗金名将赵葵（1181~1261）长子，历任淮东统领兼镇江知府、沿江制置使兼建康知府、行宫留守、江西制置使等。祥兴二年（1279 年，至元十六年），崖山兵败死难，葬海旁山上。善文能诗，著有《养疴漫笔》、**咨议官李应龙**李应龙（生卒不详），丹徒（今江苏镇江）人，赵葵参谋官镇江府都统制李虎之子，淳祐十年（1250）庚戌科进士、**制置司机宜丘应甲**丘应甲（生卒不详），闽福清（今福建福清）人，淮东安抚司干办丘升（？～1238）之子，景定三年（1262）壬戌科进士裹带行宫公帑金帛，弃城仓皇而走。至此，行宫遂成空城一座。

至元十二年1275年，即南宋德祐元年二月二十七日，元**丞相伯颜**伯颜（1236~1295），蒙古八邻部人。元初大将，历任中书左丞相、同知枢密院事、中书右丞相、金紫光禄大夫、知枢密院事等。卒赠太师，开府仪同三司，追封淮安王，谥：忠武率部入城，于建康府署玉麟堂设江南行省，并犒赏所部将士。建康宣抚司则设于行宫内直殿。至元十五年（1278），拆除行宫所有殿宇，将砖瓦木材悉数运往大都（今北京），供造元朝皇宫。以行宫基址属行台财赋提举司，任民赁佃，辟为蔬圃。行宫阙门为军总铺警火所驻地。

明代立都，府名应天。中城兵马司设于行宫基址，四周人烟辏辐，聚居日众。昔时蔬圃，尽成巷陌。且有闻人居于其间，故街巷多因之而名焉。如卢妃巷、三元巷、程阁老巷《同治上江两县志》卷五："◎卢妃巷。《金陵诗汇》：明世宗（即嘉靖帝朱厚熜）妃卢氏所居，故名。一名美人巷，见《应天志》。旧有致园，全椒江氏所创。园中石，甚奇，见王嘉言《缄庵诗钞》。今废。◎三元巷。《帝里人文略》：尹三元凤，家在白下桥西。今三元巷，疑因其旧居得名。◎程阁老巷。明阁老程国祥居此，故名。见《白下琐言》等巷名，除卢妃巷易名洪武路外，三元巷和程阁老巷一直沿用至今。

逮至清代，尚有民居倚旧宫墙造屋，亦属奇哉。特别值得一提的是，2004年11月至12月，在今洪武路与程阁老巷交界道口西南侧建筑工地，距今地表1.7米至2.1米深处，发现大面积唐末五代夯土层和上自杨吴、南唐，下至北宋、南宋，沿用数百年的大型建筑基址。规模大，等级高，正与史乘所载南唐宫城相吻。所谓"风雨沧桑，令人唏嘘"也。

史志记载：

宫址

（宋）《资治通鉴》卷二六九："贞明三年（917）夏四月，吴升州刺史徐知诰治城市府舍甚盛。五月，徐温行部至升州，爱其繁富。润州司马陈彦谦劝温徙镇海军治所于升州，温从之。徙知诰为润州团练使。"

（宋）《钓矶立谈》："（徐温）自京口往视其（徐知诰）所为，见其城隍浚整，楼堞完固，府署中外肃肃，咸有条理，遂自徙治而居之。"

（宋）《九国志》卷二："◎温徐温迁金陵，制宫室府署，命祐陈祐董其事。◎迁彦谦陈彦谦金陵大都督府右司马，营度外城、府署，三年而毕。"

（宋）《资治通鉴》卷二七一："贞明六年（920）五月，温自金陵入朝，议当为嗣者。十一月，吴金陵城成，陈彦谦上费用册籍。"

（宋）《资治通鉴》卷二七六："天成二年（927）冬十月辛丑，吴大丞相、都督中外诸军事、诸道都统、镇海宁国节度使兼中书令、东海王徐温卒。十一月丙子，加徐知诰都督中外诸军事。"

（宋）《资治通鉴》卷二七七："◎长兴二年（931）十一月乙未，吴中书令徐知诰表称：'辅政岁久，请归老金陵。'乃以知诰为镇海宁国节度使，镇金陵，余官如故，总录朝政如徐温故事；十二月癸亥，徐知诰至金陵。◎长兴三年（932）二月辛未，吴徐知诰作礼贤院于府舍，聚图书，延士大夫。"

（宋）《资治通鉴》卷二七八："◎长兴四年（933）五月，吴宋齐丘劝徐知诰徙吴主都金陵，知诰乃营宫城于金陵。◎清泰元年（934）春正月甲午，吴徐知诰别治私第于金陵；乙未，迁居私第，虚府舍以待吴主。"

（宋）《资治通鉴》卷二七九："清泰元年（934）二月癸酉，吴主诏徐知诰还府舍。甲申，金陵大火；乙酉，又火。知诰疑有变，勒兵自卫。己丑，复入府舍。"

（宋）《资治通鉴》卷二八十："天福元年（936）春正月，吴徐知诰始建大元帅府，以幕职分判吏、户、礼、兵、刑、工部及盐铁。十一月癸巳，吴主诏齐主徐知诰置百官，以金陵府为西都。"

（宋）《资治通鉴》卷二八一："天福二年（937）春正月，知诰始建太庙、社稷，改金陵为江宁府，牙城曰宫城，厅堂曰殿。……二月戊子，吴主使宣阳王璪如西都，册命（知诰）齐王；王受册，赦境内。……丙寅，吴主命江夏王璘奉玺绶于齐。冬十月甲申，齐王诰即皇帝位于金陵，大赦，改元升元，国号唐。……宫室、乘舆、服御皆如故，宗庙、正朔、徽章、服色悉从吴制。……唐主宴群臣于天泉阁。"

（宋）陆游《南唐书》列传卷第二："烈主镇金陵，时用宋齐丘议，迎吴让皇，都金陵，缮府治为宫，马步都虞侯蔡弘业为宫城营奉使。徙都统府于古台城，使都教练使孔昌祚营之。都统府成，凡二千四百间，环一千五百步。"

（宋）陆游《南唐书》列传卷第十五："烈主辅吴，吴都广陵今江苏扬州，而烈主居建业今江苏南京，大筑其居，穷极土木之工。"

（宋）佚名《五国故事》卷上："知诰自以取国艰难，乃志勤俭，金陵虽升都邑，但以旧衙署为之，唯加鸱尾栏槛而已。"

（宋）马令《南唐书》卷一："即金陵使府为宫，唯加鸱尾栏槛而已，终不改作。"

（宋）文莹《玉壶清话》卷九："丁酉（937）十月，徐知诰受吴禅，奉吴主为让皇，改年升元，追尊考温徐温武皇帝，子璟李璟为吴王。以建康今南京为西都，广陵今扬州为东都。即金陵使府为宫，但加鸱尾栏楯而已，终不改作。"

（宋）《景定建康志》卷一："行宫，在天津桥今内桥之北，御前诸军都统制司在今新街口之南，周四里二百六十五步，高二丈五尺，下阔一丈五尺，绍兴二年（1132），即旧子城南唐宫城基增筑。"卷二十一："南唐宫，即皇朝旧府治，中兴修为行宫。考证《五代史》：'清泰元年（934），吴徐知诰治私第于金陵。乙未，迁居于私第，虚舍以待吴王。吴王诏知诰还府舍。甲申，金陵大火；乙酉，又火。知诰疑有变，勒兵自卫。己丑，复入府舍。天福二年（937），徐知诰建太庙社稷，牙城曰宫城，厅堂曰殿。'《南唐书》云：'先主建号，即金陵府为宫，惟加鸱尾栏槛而已，终不改作。'《江南野录》云：'初，台殿阁各有鸱吻。自乾德之后，天王使至，则去之；还则复用，至是遂除。'《通鉴长编》曰：'庆历八年正月壬午，江宁府火。初，李璟在江南大建宫室府寺，其制皆拟帝京。时营兵谋乱，事觉伏诛。既而火，知府李宥惧有变，阖门不救，延烧几尽，惟存一便厅，乃旧玉烛殿也。'"

（元）《至正金陵新志》卷十二："◎宋行宫，即旧建康府治，高宗绍兴二年（1132），修为行宫。行宫，在天津桥今内桥北，御前诸军都统制司今新街口南。宫门，在宫南，皇城南门北。寝殿，在宫之中。朝殿，在寝宫南。复古殿，在寝殿后。罗木堂，在复古殿后。御膳所，在朝殿左。进食殿，在复古殿西南。直笔阁，在朝殿右。内东宫，在宫左南，位右。孝思殿，在内东宫后。资善堂，在学士院右。南位，在内东宫左，御苑右。大射殿，在御教场北。小射殿，在复古殿西北。天章阁，在皇城门内，宫门外东南隅，与学士院相对。学士院，在皇城门内，宫门外西南隅，与天章阁相对。御教场，在军器库南。走马廊，在进食殿西南隅。御苑，在皇城东门内，御马苑之北，南位左。

八仙台，在御苑东北。凉馆，在御教场内，元（祥）符间（1008~1016），元时敏作记，刻石在学士院。高斋，在宫东北隅，庆历间（1041~1048），胡宿作记，刻石在学士院。御辇院，在天章阁后。御马院，在皇城司左。军器南北两库，在走马廊前。御酒库，在资善堂右。御醋库，在御酒库右。钱物库，左御教场门右。内侍省，在宫右，军器库左。皇城司，在天章阁左。皇城，周四里二百六十五步，高二丈五尺，下阔一丈五尺，绍兴二年（1132），即旧子城南唐宫城基增筑。皇城南门，正对天津桥，御街一直。皇城东门，对后军教场，城上有看教楼，前有日华桥。皇城西门，对江宁县前大街，前有月华桥。东待漏院，在皇城门外左。西待漏院，在皇城门外右。东阙亭，在东待漏院左。西阙亭，在西待漏院右。亲事营，在东待漏院左。◎南唐旧子城，内有玉烛殿基。《五代史》：清泰元年（934），吴徐知诰治私第金陵。乙未，迁居私第。虚府舍以待吴王。甲申，金陵大火；乙酉，又火。知诰疑有变，勒兵自卫，己丑，复入府舍。天福二年（937）知诰建太庙社稷，牙城曰宫城，厅堂曰殿，及建号，即金陵府为宫，惟加鸱尾、栏槛，终不改作。"

（明）《洪武京城图志》官署："五城兵马司。中城，在今内桥北，六朝（南唐）旧内门基。"

（明）《客座赘语》卷一："南唐故宫，在今内桥北，上元县中兵马司卢妃巷是其地。相传内桥为宫之正门所直，南宋行宫亦在此地，改内桥为天津桥。"

（明）《金陵古今图考》："内桥之北，东尽升平桥，西尽大市桥，北至小虹桥，此宫城之限。"

（明）《金陵世纪》卷一："南唐宫，在今内桥北。《五代史》：清泰元年（934），吴徐知诰治私第于金陵，乙未迁居于私第，虚舍以待吴王。吴王诏知诰还府舍。甲申大火，乙酉又火，知诰疑有变，勒兵自卫，己丑复入府舍。天福二年（937），知诰建太庙、社稷，牙城曰：宫城；堂曰：殿。《南唐书》：即金陵府为宫，惟加鸱尾而已，终不改作。《江南野录》：初，台殿各有鸱吻。乾德（919~924）以后，天王使至，去之；还，复用。《通鉴长编》：庆历八年（1048），江宁府火。初，李璟大建宫室府寺，皆拟帝京。时营兵谋乱，伏诛。既而火，知府李宥惧有变，阖门不救，延烧几尽。惟存一便殿，乃旧玉烛殿也。"

（清）《十国春秋》卷三："太和五年（933）月，宋齐丘宋齐丘（887~959），字子嵩，豫章（今江西南昌）人。历仕杨吴与南唐，与徐知诰过从甚密，累官至左右仆射平章事劝徐知诰徙帝都金陵，知诰乃营宫城于金陵。"

（清）顾祖禹《读史方舆纪要》卷二十："子城，周四里有奇，亦曰牙城。有东西南三门，而无北门。李氏从而都之，晋天福二年（937），徐知诰篡立，改牙城曰宫城，大抵承杨吴之旧。宋南渡后，虽设行宫留守，而无所增加。宋于子城内置升州治，后为建康府治。绍兴二年（1132），以府治为行宫，增筑子城曰皇城，而规模皆如旧制。"注：顾祖禹（1631~1692），字复初，一字景范，南直隶无锡县（今江苏无锡）人。少承家学，博览群书；熟谙经史，尤好远游；终生不仕，隐居著述。年二十九动笔，撰《读史方舆纪要》，历三十年始成。全书130卷，280多万字，内容丰富，考证翔实。《清史稿》有传。

（清）《秣陵集》卷五："南唐故宫遗址。又建宫城于天津桥北，即南唐宫是也，在今内桥北，上元县治卢妃巷、广储仓等地皆是。"

（清）《白下琐言》卷三："卢妃巷为南唐宫址，南宋为行宫。中有老王府，皆成菜圃。巷名卢妃，其称名必有所自始，特为南唐为南宋，无从考矣。"

（清）《同治上江两县志》卷五："◎卢妃巷。《金陵诗汇》：明世宗即嘉靖帝朱厚熜妃卢氏所居，故名。一名美人巷，见《应天志》。旧有致园，全椒江氏所创。园中石，甚奇，见王嘉言《缄庵诗钞》。今废。◎三元巷。《帝里人文略》：尹三元凤，家在白下桥西。今三元巷，疑因其旧居得名。◎程阁老巷。明阁老程国祥居此，故名。见《白下琐言》。"

（清）《光绪续纂江宁府志》卷八："内桥，南唐之天津桥也。街北卢妃巷、广艺街、上元县西，至跑马巷，为南唐宫城，南宋行宫地。"

（民国）《金陵古迹图考》第八章第二节："南唐宫城四至，可得而考者如左：南至虹桥，即今内桥；东至东虹桥，即今升平桥，桥北犹有沟渠遗迹；西至西虹桥，即大市桥，亦曰羊市桥；北至小虹桥，今卢妃巷北口，近户部街处，犹有石桥一道，半没淤泥中。"

《南京建置志》第四章第三节："南唐建国后，以金陵府衙城为宫城，厅堂改称殿，宫城内有兴祥等殿。"

《南唐宫城考略》："2004 年 11 月至 12 月，南京市博物馆考古队，对洪武路与程阁老巷交界道口西南侧工地的地下遗存，进行了抢救性发掘。在距今地表 1.7 米至 2.1 米处，发现大面积夯土遗迹，以及从五代沿用至南宋时期的大型建筑基址。已经揭露的基址范围：南北长 55 米以上，东西宽 30 米以上，规模大，等级高，无疑与南唐宫城有关，也证实了这一带为南唐宫城所在地。"注：王志高，1968 年生，安徽东至人。1990 年，北京大学考古系毕业，分配至南京市博物馆，任考古部副主任。2012 年 10 月，调至南京师范大学，任文博中心主任、教授。所撰《南唐宫城考略》，收入南京市博物馆编《学耕文获集——南京市博物馆论文选》，江苏人民出版社 2008 年 8 月版。

殿堂

（宋）《南唐近事》："◎烈主尝昼寝，梦一黄龙缭绕殿槛，鳞甲炳焕，照耀庭宇。殆非常状，逼而视之，蜿蜒如故。上既寤，使视前殿，即齐王凭槛而立，侦上之安否。◎一日，诸阁老待漏朝堂，语及林泉之事。◎元宗引贾崇贾崇（生卒不详），初为侍卫军都虞侯，累迁至东都营屯使。保大十五年（957），后周世宗南征，贾崇尽焚广陵城内庐舍，逃归金陵。中主作责，罪流抚州见于便殿，责其奔溃之由。◎（元宗）夏日御小殿，欲道服见诸学士。◎张易张易（生卒不详），字简能，莱州掖县（今山东莱州）人，祖籍魏州元城（今河北大名）。苦学自励，豪举尚气，升元二年（938）南归，授校书郎、大理评事。仕南唐三主，历官上元令、水部员外郎、歙州通判、赞善大夫、刑部郎中、判大理寺、宣歙招谕使、东宫左庶子、右谏议大夫、勤政殿学士，判御史台。卒年六十一为太弟宾客，方雅真率，而好乘醉凌人，时论惮之，尝侍宴昭庆宫。◎（木平和尚）常出入宫禁中，他日，从上登百尺楼。"

（宋）《钓矶立谈》："后主天性喜学问，尝命两省丞、郎、给谏、词掖，集贤、勤政殿学士，分夕于光政殿，赐之对坐，与相剧谈，至夜分乃罢。"

（宋）陈彭年《江南别录》："烈主日于勤政殿视政，有言事者，虽徒隶必引见，善揣物情，人不能隐；千里之外，如在目前。"注：陈彭年（961~1017），字永年，抚州南城（今江西抚州）人。少以文学知名，南唐后主召入宫，令子仲宣与之游。入宋后，从徐铉学，雍熙二年（985），中进士，咸平三年（1000），召试学士院，为秘书丞，迁直秘阁。官至刑部侍郎、参知政事。著作多佚，唯存《江南别录》传世。

（宋）郑文宝《江南余载》："◎烈主夜坐南薰阁，召见道士王栖霞。◎元宗宴于别殿，宋齐丘已下皆会，酒酣，出内宫声乐以佐欢。◎保大末，太弟恳乞就藩，燕王宏冀为皇太子，以令旨牓子逼昭庆宫僚，太弟始自镇国门上与就道。◎德明宫，本南唐烈主之旧宅，在后苑之北，即景阳台之故址。◎元宗罢朝，多御延英殿，听公卿奏事。因即其处为阁，甚壮，有司请置额名，上以生月在孟春，御题为千春。◎李建勋罢相，元宗于西苑天全阁别置厅院待之，命右仆射孙晟同寓直焉。◎魏进忠，不知何许人。徐玠称其有飞炼之术，上闻于烈主。俄擢为延英殿使，宠锡甚厚，诏以延英殿为飞炼所。"注：郑文宝（953～1013），字仲贤、伯玉，汀州宁化（今福建宁化）人。太平兴国八年（983）癸未科进士，官至陕西转运使、兵部员外郎。善诗工琴，文章清丽，著有《江表志》《南唐近事》《江南余载》等。

（宋）佚名《五国故事》卷上："◎景李璟在位，尝构一小殿，谓之龟头，居常处之以视事。◎尝于宫中以销金红罗幕其壁，以白银钉玳瑁而押之，又以绿钿刷隔眼，糊以红罗。种梅花于其外，又于花间设彩画小木亭子，才容二座，煜李煜与爱姬周氏对酌于其中，如是数处。"注：作者为宋代人，佚名。《五国故事》出自（清）鲍士恭《知不足斋丛书》。剑光阁钞本。

（宋）马令《南唐书》卷四："建隆二年（961）秋七月，国主李璟之丧至自豫章今南昌，群臣请殡别宫，世子李煜手札不许，辞甚哀切，乃殡于万寿殿，遣使入朝，乞追复帝号。"卷五："◎乾德二年（964）春正月，始用铁钱，以铁钱使、户部侍郎韩熙载为兵部侍郎、勤政殿学士。初，烈主将殂，谓元宗曰：'德昌宫泉布亿万缗，以给军用。吾死，善修邻好。北方有事，不可失也。'◎乾德五年（967）春，命两省侍郎、谏议大夫、给事中、中书舍人，集贤、勤政殿学士，分夕于光政殿宿直，国主李煜引与谈论，或至夜分。"卷六："（昭惠周后）沐浴正衣妆，自内含玉，殂于瑶光殿之西室，时乾德二年十一月甲戌也，享年二十九。"卷七："邓王从益，元宗第八子也。警敏有文，初封舒王，进王邓。开宝初（968），出镇宣州，后主率近臣饯绮霞阁，自为诗序以送之。"卷十：

"元宗即位，时特置宣政院于内廷，命梦锡常梦锡专掌。"
卷十八："召鲁崇范试东宫，授太子洗马。元宗即位，尤重之，
除东宫使。"卷二十五："烈主受禅，吴朝老将唯周本为元勋，
烈主患其难制，因其劝进至金陵，曲宴便殿。"

　　（宋）陆游《南唐书》本纪卷第一："◎升元元年（937）
冬十月丙戌，改齐明门为朝元门。◎升元三年（939）二月
己卯，帝御兴祥殿。◎升元四年（940）十一月乙丑，以西
都崇英殿为延英殿，凝华内殿前为升元殿、后为雍和殿，
兴祥殿为昭德殿，积庆殿为穆清殿。◎升元七年（943）二
月庚午，帝崩于升元殿，年五十六。帝临崩，谓齐王璟曰：
'德昌宫储戎器金帛七百万，汝守成业，宜善交邻国，以
保社稷。'"本纪卷第二："建隆二年（961）秋八月丁未，
殡李璟棺于宫中万寿殿。"本纪卷第三："◎勤政殿学士钟
蒨，朝服坐于家，乱兵至，举族就死不去。光政（殿）使、
右内史侍郎陈乔请死，不许，自缢死。◎又置澄心堂于内苑，
引能文士及徐元机、元榆、元枢兄弟居其间。"列传卷第一：
"烈主优容之，尝夜宴天泉阁。"列传卷第二："◎烈主
常召宗周宗及宋齐丘、马仁裕宴于崇英院，欢宴道旧为乐，
它将相，莫得预。◎后主立，迁（徐锴）屯田郎中、知制诰、
集贤殿学士。既久处集贤（殿），朱黄不去手，非暮不出。"
列传卷第四："复置宣政院于内廷，以梦锡常梦锡专掌密命。"
列传卷第六："◎后主立，始迁高越御史中丞、勤政殿学
士、左谏议大夫兼户部侍郎，修国史。◎（李璟）听朝之
暇，多开延英殿，召公卿议当世事。"列传卷第十二："元

宗于宫中作大楼百尺楼，召近臣入观，皆叹其宏丽。"列传卷第十三："后昭惠国后周氏卧疾，已革，犹不乱，亲取元宗所赐烧槽琵琶及平时约臂玉环，为后主别。乃沐浴妆泽，自内含玉，卒于瑶光殿，年二十九。"列传卷第十五："升元二年（938），（高丽）遣使来贡方物，烈主御武功殿，设细仗，见其使。自言代主朝觐，拜舞甚恭。宴于崇英殿，出龟兹乐，作番戏，召学士承旨孙忌侍宴。"

（宋）刘道醇《圣朝名画评》卷三："李煜集英殿，盛有熙徐熙画。"注：刘道醇（约1028~1098），一名道成，北宋大梁（今河南开封）人。知画理，精鉴识。提出"六要""六长"绘画及品鉴理论。著有《圣朝名画评》《五代名画补遗》，前者成于嘉祐二年（1057），后者成于嘉祐四年（1059）。

（宋）郭若虚《图画见闻志》卷六："李后主才高识博，雅尚图书；蓄聚既丰，尤精赏鉴。今内府所有图轴暨人家所得书画，多有印篆，曰：内殿图书、内合同印、建业文房之宝、内司文印、集贤殿书院印、集贤院御书印。又有澄心堂纸，以供名人书画。"注：郭若虚（1030~1085），北宋并州(今山西太原)人。仕宦世家，荫补授泾州通判，熙宁三年（1070）调任供备库使，官至西京左藏库副使。酷嗜绘事，精于鉴赏，著有《图画见闻志》。

（宋）陶毂《清异录》卷上："◎唐保大二年（944），国主幸饮香亭，赏新兰，诏苑令取泸溪美土，为馨列侯雍培之具。◎锦洞天。李后主每春盛时，梁栋、窗壁、柱栱、阶砌，并作隔筒，密插杂花，榜曰：锦洞天。◎紫风流。

庐山僧舍有麝囊花一蘂，色正紫，类丁香，号紫风流。江南后主诏：取数十根植于移风殿，赐名蓬莱紫。"卷下："◎江南烈主素俭，寝殿烛不用脂蜡，灌以乌臼子油，但呼与白。◎李煜伪长秋周氏，居柔仪殿。有主香宫女，其焚香之器曰：把子莲、三云凤、折腰狮子、小三神、卍字金、凤口婴、玉太古、容华鼎，凡数十种，金玉为之。"注：陶穀（903~970），字秀实，邠州新平（今陕西邠县）人。十余岁，能属文，起家校书郎、单州军事判官。历官数朝：后晋，任知制诰、仓部郎中；后汉，任给事中；后周，任吏部侍郎；入宋，官至户部尚书。嗜学强记，博通经史，著有《清异录》。

（宋）徐铉《骑省集》卷十四："维显德六年（959）太岁已未九月癸卯，朔，四日丙午，文献太子李弘冀（933~959），元宗李璟长子，显德四年（957），立为太子。显德六年（959）七月构疾，九月丙午卒，谥：文献薨于东宫延春殿。"注：徐铉（917~992），字鼎臣，广陵（今江苏扬州）人。仕杨吴，为校书郎；仕南唐，官至吏部尚书、左仆射、参知左右内史事；仕宋，官至散骑常侍。善诗能文，著有《稽神录》《骑省集》《吴录》《江南录》等。

（宋）《骑省集》卷二："《陪王庶子游后湖涵虚阁东宫园》：悬圃清虚乍过秋，看山寻水上兹楼。轻鸥的的飞难没，江叶纷纷晚更稠。风卷微云分远岫，浪摇晴日照中洲。跻攀况有承华客，如在南皮奉胜游。"

（宋）《景定建康志》卷二一："百尺楼，南唐宫中有百尺楼、绮霞阁。"卷二二："罗江（红）亭。考证《古今诗话》云：'李煜作罗江（红）亭，四面栽红梅，作艳曲歌之。’”

　　（元）《至正金陵新志》卷十二："◎百尺楼。南唐宫中有百尺楼、绮霞阁。《类说》云：唐主于宫中作高楼，召群臣观之。◎南唐澄心堂。李后主藏书籍、会文士，撰述之所。◎红罗亭。《古今诗话》：南唐后主作红罗亭，四面栽红梅，作艳曲歌之。《景定志》作罗红亭。◎南唐月台。胡宿《高斋记》云：子城南唐宫城东北趋钟山为便，南唐李氏因城作台望月，人呼为月台。◎南唐旧子城。内有玉烛殿基。《五代史》：清泰元年（934），吴徐知诰治私第金陵，乙未，迁居私第，虚府舍以待吴王。甲申，金陵大火；乙酉，又火。知诰疑有变，勒兵自卫。己丑，复入府舍。天福三年（938），知诰建太庙、社稷，牙城曰宫城，厅堂曰殿。及建号，即金陵府为宫，惟加鸱尾栏槛，终不改作。升元三年（939），御兴祥殿，复李姓，为考妣发丧。四年（940），以西都崇英殿为延英殿，凝华内殿前为升元殿、后为雍和殿，兴祥殿为昭德殿，积庆殿为穆清殿。时以建康为西都，广陵东都也。又有万寿殿、清辉殿，有澄心堂、百尺楼、绮霞阁。德昌宫，系内府库藏、收贮之所，规制甚盛。唐亡，宋以为升州、江宁府治。庆历八年（1048）正月，江宁火，知府李侑惧有变，阖门不救，延烧几尽。惟存一便殿，乃旧玉烛殿也。高宗赵构南渡后，以府治为行宫。至元十五年（1278），拆其材瓦赴北，以地属财赋提举司。民佃为圃，其宫殿、府寺、台榭遗址犹存。阙门，今为军总铺警火之所。"

　　（明）孙应岳《金陵选胜》卷四："◎百尺楼。南唐主于宫中创高楼，召群臣观之，众皆叹美。◎澄心堂。李后主藏经籍、招文士，撰述之所。澄心堂纸极佳，至今犹仿之。"卷十二："江南府军中，书画至多。其印记有：建康文房之印、内合同印、集贤殿书院印，以墨印之，谓之金图书。"注：孙应岳（生卒不详），字游美，号梦观居士，大庚（今江西大余）人。万历三十七年（1609）己酉科顺天乡试中举，授刑部司务，迁南京国子监博士。宏览博物，才高数奇，天启二年（1622），撰成《金陵选胜》十二卷。

（明）毛先舒《南唐拾遗记》："◎李后主坐碧落宫，召冯延巳论事。◎江南后主患清暑阁前草生，徐锴令以桂屑布砖缝中，宿草尽死。谓《吕氏春秋》云：桂枝之下无杂木，盖其味辛螫故也。"毛先舒（1620~1688），字稚黄，仁和（今浙江杭州）人。诸生，不求仕进，善诗能文，尤著音韵。著述宏富，有《东苑文钞》《东苑诗钞》《声韵丛说》《南唐拾遗记》《家人子语》《南曲正韵》等。

（清）《十国春秋》卷三："太和四年（932）春二月，徐知诰作礼贤院于府舍。"卷十五："◎升元二年（398）六月庚辰，月入太微，西华门，犯右执法。是月，高丽使正朝广评侍郎柳勋律贡方物，帝御武功殿，设细仗受之，命学士承旨孙晟宴其使于崇英殿，奏龟兹乐，作番戏以为乐。◎升元三年（399）二月己卯，帝御兴祥殿，改国号曰：大唐，复姓李氏。"

（清）《秣陵集》卷五："◎南唐故宫遗址。六朝旧城，近覆舟山，去秦淮五里。至杨吴改筑，跨秦淮南北，周围二十五里。南止长干桥，北至北门桥，西带冶城、石头，东止通济门。又建宫城于天津桥北，即南唐宫是也。内有百尺楼、澄心堂、小金山、摩诃池、瑶光殿、柔仪殿、红罗亭、饮香亭。◎元宗于宫中作百尺楼，群臣叹其宏丽。◎红罗亭，在南唐宫中，后主建，四面栽红梅，作艳曲歌之。◎澄心堂，在南唐宫之左，后主建，藏书撰述之所。"

（清）金鳌《金陵待征录》卷二："◎殿：宣政、潜龙、武功、光政、勤政、集贤、崇英改延英、兴祥改昭德、凝华改升元、雍和凝华后殿、穆清即积庆、万寿金陵已上十二殿，并（在）南唐。◎堂：正阳、澄心，南唐。◎楼：百尺，南唐。◎阁：绮霞、天泉、涵虚已上三阁，并（在）南唐、千春。南唐元宗即延英殿置，以生日在孟春也。"注：金鳌（1814~？），字伟军，江宁（今南京）人。道光二十年（1840）庚子岁贡生，性亢直，学博洽，著有《金陵待征录》《金陵志地录》《秋花谱》《墨石词》等。

（清）《白下琐言》卷六："由四象桥转西，抵升平桥今白下路中段南侧，沿河一带石岸整齐，谓之晒场其地现已建为高楼。旧为邑人陈万顺后宅，不通行人。前门在中正街今白下路，有广厦数百间，聚族而居。陈在京开绸缎庄，家素封，其地为晒谷之所，对岸为旧内城墙，屹立如屏，或谓背有依靠，旺气大聚。乾隆间，有司以城砖为工程修造之用，拆毁一空，其家顿败，析为数姓，开门行走，遂成通衢。"

（清）《同治上江两县志》卷二下："◎升元三年（939）春二月己卯，帝徐知诰御兴祥殿，改国号曰：唐，复姓李，更名昪。十二月丙申，还宫，是岁改崇英殿曰延英，凝华内殿前曰升元、后曰雍和，兴祥殿曰昭德，积庆殿曰穆清。◎升元七年（943）春二月庚午，帝李昪殂于升元殿。◎保大二年（944）秋八月，帝李璟幸饮香亭观兰。◎建隆二年（961）夏六月乙未，国主李璟殂。八月，国主李璟梓宫至金陵；丁未，殡于万寿殿。◎乾德二年（964）冬十一月，国后周氏殂于瑶光殿西室。◎乾德五年（967）春，命两省侍郎、谏议、给事中、中书舍人，集贤（殿）、勤政殿学士，更直光政殿。又：置澄心堂于内苑清辉殿后，引文士居之，中书密旨皆由以出。"

（民国）《金陵古迹图考》第八章第二节："南唐宫廷体制，不易考见，据《五代史》《十国春秋》《南唐书》诸史籍，宫殿之可考者，列举如左：南唐宫、崇德宫、避暑宫、德昌宫、延英殿、升元殿、雍和殿、昭德殿、穆清殿、光政殿、瑶光殿、玉烛殿、柔仪殿、移凤殿、清辉殿、百尺楼、红罗亭。"

《百里秦淮话沧桑》发现篇："公元937年，即徐知诰后改名李昪称帝的同年，改所筑牙城江宁府治为宫城。城周长四里二百六十五步约2618米，城高二丈五尺约7.68米，有东、西、南三门。宫城内先后建有延英殿、雍和殿、昭德殿、穆清殿、瑶光殿、柔仪殿、清晖殿，以及澄心堂、绮霞阁、红罗亭、饮香亭、小金山、摩珂池等建筑和景观。"注：《百里秦淮话沧桑》，南京市政协文史（学习）委员会编，南京出版社出版发行，2004年9月第1版。

宫濠

南唐宫濠，初名护龙河。北宋时期，改名伏龙河。及至南宋高宗赵构，诏命于南唐宫城基址建行宫后，复称护龙河焉。东、北、西三面宫濠之水，有三源：东引青溪，北接运渎，西北承辛水河。三水汇通，环护宫城。南面宫濠以青溪、运渎为用，内桥以东之青溪，东流至淮清桥，入内秦淮河；内桥以西之运渎，西流至栅寨门今铁窗棂涵洞口，入杨吴城濠即外秦淮河。北高南低，长流不息。护龙河宽十二丈，河上有桥八：东曰日华桥、东虹桥即升平桥；西曰月华桥、西虹桥亦名大市桥、羊市桥；南曰镇国桥、天津

小虹桥（选自《金陵古迹名胜影集》）

桥即内桥,亦称虹桥、御桥、二曲尺桥;北曰小虹桥亦名飞虹桥。河上诸桥,多为覆屋廊桥,造型宏丽,堪称一景。

　　宫濠流域:自今内桥向东,至升平桥南今白下路中段南侧河岸,转而北上,越白下路,沿广艺街、火瓦巷东侧青溪之水自东北入焉向北,越户部街,至延龄巷南口,转向西流。循淮海路南侧运渎及城北诸水入焉西行,越洪武路、中山南路,至明瓦廊北口辛水河之水自西北入焉,转而南流,循明瓦廊、大香炉东侧南行,越建邺路,流入运渎,东行至内桥。环毂绾带,碧水长流,此南唐宫濠护龙河流域之概貌也。

　　北宋因之,无改其旧。南宋改建行宫时,宫濠得以重新疏浚,河岸以砖石甃砌,别显气派。元代,亦曾疏浚南濠,然护龙河东、北、西三面则日渐湮塞,断续无时。明代,仅东虹桥、西虹桥处尚存若干石砌河岸痕迹,其余,或潜民居之下,或自干涸成池,全无旧貌。清代,护龙河东、北、西三面尚有旧迹可寻,雍正十一年(1733),著名天文勘舆学家刘湘煃刘湘煃(生卒不详),字允恭,江夏(今湖北武汉)人。精于天文、数学、勘舆,磊落负奇,善谈经世,喜游好友,不屑为举子业。晚岁归家,杜门著书,优游以老。著有《五星法象》《各省北极出现地图说》《恒星经纬表根》《读史方舆纪要订正》等客游江南,应江南河道总督高斌高斌(1683~1755),字右文,号东轩,奉天辽阳(今辽宁辽阳)人。原为内务府汉族包衣,其女受宠册为乾隆嫔妃后,抬入满洲镶黄旗,赐姓高佳氏。历任内务府主事,苏州、江宁织造,广东、浙江、江苏、河南布政使,江南河道总督、吏部尚书、直隶总督、文渊阁大学士等。

乾隆二十年（1755）三月，卒于任，谥：文定。入祀京师贤良祠
之约请，撰《上元水利》，其中，《上元城内沟渠考》，
十分详尽地记述当时南京城北地区河道的走向，深受金陵
士绅的一致认可。《嘉庆江宁府志》《同治上江两县志》《光
绪续纂江宁府志》等，均大篇幅引用该文内容，其文中有
关护龙河的考察记述，准确细致，为后世辨识认定南唐宫濠，
提供了重要的依据。

　　民国时期，学者朱偰曾在羊皮巷户部街口发现一残损
石桥，判断为南唐北濠上的小虹桥，近人多引之。1985年夏，
南京市博物馆考古队在建邺路北侧张府园小区一建筑工地
0.5米以下，发现一段建筑遗存，长15米，高2.46米，由

鸽子桥下的护龙河

多层石条组成，应为南唐宫城护龙河西段的一处驳岸，是南京城内首次发现南唐宫濠遗迹。1990年4月，在上述遗址北侧，又发现一段88米不砌筑整齐的条石驳岸。1997年春，在原河道东侧进行了局部考古钻探，探知有150多米基本完整的条石驳岸。1999年秋，又在钻探点北侧开掘深6米、宽6.5米、长19米的探方，所获与之前发现一致，从而确定了南京护龙河实际走向与史籍所载基本相符。现内桥以东的青溪和内桥以西的运渎，为南唐护龙河南濠，已越千年，至今流淌依然。逝者如斯，令人感叹。

护龙河南段（从内桥向东拍摄）

史志记载：

（宋）《江南余载》卷上："国中有称冤者，多立于御桥今内桥下，谓之拜桥。"卷下："朝元门三桥龙跃。镇国、天津、二曲尺，跨水覆屋。旧制：文武大臣带平章事者，许乘马行过镇国、天津二桥；百官，皆就二曲尺下马。"

（宋）《玉壶清话》卷十："徐常侍铉仕江南日，当直澄心堂，每襆被入直，至飞虹桥，马留不进，裂鞍断辔，箠之流血，掣辔却立。"

（宋）江少虞《宋朝事实类苑》卷五九："徐常侍铉仕江南日，尝直澄心堂。每襆被入直，至飞虹桥，马辄不进，裂鞍断辔，捶之流血，掣缰却立。"注：江少虞（生卒不详），字仲虞，常山（今浙江衢州）人。政和八年（1118）戊戌科进士，授天台学官。历任建、饶、吉三州知府，累官至司农寺卿。所著《宋朝事实类苑》七十八卷，采摭浩博，良益于史。历时14年，于绍兴十五年（1145）梓印成书。

（宋）陆游《入蜀记》："建康行宫，在天津桥北，桥琢青石为之，颇精致，意其南唐之旧也。"

（宋）《景定建康志》卷一："护龙河，分青溪之水，自东虹桥下流入河，绕皇城东、北、西之三隅至西虹桥下，与青溪水复合为一。"卷一六："◎天津桥，在行宫前，旧名虹桥。◎日华桥，在行宫城东华门，跨伏龙河。◎月华桥，在行宫城西华门，跨伏龙河。景定二年（1261），马公光祖重建。◎东虹桥，在行宫之左，府治之北。景定二年（1161），马公光祖重建，自书桥榜。◎西虹桥，在景定桥旧名清化桥,俗呼闪驾桥,今名鸽子桥北,运司江南东路都转运司,在行宫西,绍兴八年（1138）建东。景定二年（1161），马公光祖重建，自书桥榜。◎广富桥，在月华桥北，跨伏龙河。景定二年（1161），马公光祖重修。◎飞虹桥，南唐有虹桥、小虹桥、飞虹桥，皆傍宫桥也。◎今宫城西北兴严寺寺址在今丰富路中段东侧前有沟，迤逦至清化市今大香炉西侧东，乃古运渎。但自此西南悉堙塞，不复可辨。虽东南为宫城西堑，疑非古迹。然由宫墙堑至清化桥今鸽子桥西折，过钦化桥今笪桥，再南则运渎旧迹复见。"卷一八："青溪。杨溥城金陵，青溪始分为二：在城外者，自城濠合于淮，今城东竹桥今竺桥西北接后湖者，青溪故迹固在；但在城内者，悉皆堙塞，惟上元县治今白下路中段北侧南，迤逦而西，循府治今东锦绣坊王府园东南出，至府学今建康路中段北侧墙下，皆青溪旧曲，水通秦淮。◎运渎，在今上元县今白下路中段北侧西北一里半。今所凿城在西门近南即栅寨门，今涵洞口，其水东行，过小新桥今鼎新桥而南，经斗门桥，流入秦淮。又东北过西虹桥桥在今张府园，循宋行宫城西，迤逦向北，乃其故道。其自闪驾桥亦名清化桥，今名鸽子桥经天津桥今内桥而东者，合于秦淮。"

　　（元）《至正金陵新志》卷四："◎天津桥，宋行宫前，旧名虹桥。◎日华桥，在宋行宫城东华门，跨伏龙河。◎月华桥，在宋行宫城西华门，跨伏龙河。◎东虹桥，在行宫之左，今台治其址在今东锦绣坊王府园之北。马光祖书榜。◎西虹桥，在景定桥今鸽子桥北，今龙翔寺其址在今王府大街与丰富路之间东。马光祖书榜。咸氏云：桥北皆南唐以来废宫桥，若小虹、飞虹之属是也。◎广富桥，在月华桥北，跨伏龙河。景定二年（1161），马光祖重修。◎飞虹桥，南唐有虹桥、小虹桥、飞虹桥，皆傍宫墙也。"卷五："◎护龙河，即旧子城即南唐宫城外三面濠也。阔十二丈，其水自东城濠入。绕东面者，即古青溪一曲；在西北者，接潮沟、运渎、珍珠河。◎至元五年（1339）己卯，行台大夫忽剌哈赤，令有司开浚天津桥今内桥下古沟，东起青溪，西抵栅寨门今铁窗棂涵洞口，至石头城下，水道复通，公私便之。"

（明）《洪武京城图志》桥梁："◎内桥，旧名天津桥，又名虹桥，即六朝（南唐）旧内门也，在宋行宫前。今名内桥，在中城兵马指挥司西南。◎大市桥，在中城兵马司西，旧名西虹桥，今名大市桥。◎会同桥，在大市桥南，旧名闪驾桥，宋名景定桥，今名会同桥，跨运渎水。◎升平桥，旧名东虹桥，在上元县其址在今白下路中段北侧西，今名升平桥。"

（明）《万历上元县志》卷三："护龙河，宋凿，即旧子城外三面濠。今自升平桥达县上元县治，其址在今白下路中段北侧后，至虹桥即内桥西南，出大市桥而止。"卷四："◎日华桥，在宋行宫东，跨护龙河。◎月华桥，在宋行宫西。◎内桥，在御街之北，宫前桥也。◎升平桥，在内桥东北，宋东虹桥。◎大市桥，在内桥西北，即宋西虹桥。◎飞虹桥，在卢妃巷今洪武路。"

（明）《金陵古迹图考》境内诸水图考："自升平桥

达于上元县后，至虹桥，南接大市桥者，护龙河之遗迹也。"

（明）《客座赘语》卷一："南唐故宫，在今内桥北，上元县、中兵马司、卢妃巷，是其地。相传内桥为宫之正门所直，南宋行宫亦在此地，改内桥为天津桥。而桥北大街，东西相距数百步，有东虹、西虹二桥。东虹，自上元县左、北达娃娃桥，有石嵌古河遗迹；西虹，在卢妃巷大西，穿人家屋而北达园地，亦有石嵌河迹。土人言：此南唐护龙河是也。自卢妃巷北，直走里许，又有一桥，亦名虹桥，而东虹、西虹两桥北达之水，环络交带，俱绾毂于此。想当日，宫内小河，四周相通，形迹显明。第近多埋塞，不复流贯耳。"

（明）《金陵世纪》卷三："◎内桥，御街之北，宫前桥也。◎飞虹桥，宫傍桥也。◎日华桥，行宫东，跨伏龙河。◎月华桥，行宫西。◎东虹、西虹二桥，一在行宫左，一在行宫右。◎秦淮与青溪相接处，其流通内桥、景定今鸽子桥，经清平桥今四象桥绕旧内宫墙，南流入淮。"

（清）《读史方舆纪要》卷二十："护龙河，在上元县治东北，引而南，合于青溪水，宋凿。《志》云：即故子城三面濠，今埋废逾半矣。"

（清）《秣陵集》卷五："建宫城于天津桥北，即南唐宫是也。在今内桥北上元县治，卢妃巷、广储仓等地皆是。左有东虹桥，今升平桥也；右有西虹桥，今大市桥也，此护龙河也。由卢妃巷北行里许，又一桥，亦名虹桥。而东、西二虹桥北达之水，绾带于此。其前则东南达四象桥入淮，西南达运渎。"

（清）《白下琐言》卷一："南唐护龙河，自升平桥，经上元县之左，东边一带水道，各志历历言之，而西者独略。今羊市桥畔，上踞屋舍，下穿沟渠，后为张府园、裕民坊，皆系菜圃。其地有河身一段，长十余丈，宽二三丈，清水一泓，资以灌溉；两旁石岸犹存，乃西护龙旧址也。《客座赘语》载：'西虹在卢妃巷之西，穿人家屋而北达园地，有石嵌河迹。'正指此。"卷三："鸽子桥在笪桥东，旧名闪驾，景定二年，马光祖重建，更名景定。其北为鸽子市，见《金陵世纪》，故今名鸽子桥。桥北当街又有一桥，名羊市，亦名大市。此乃后人更易，其实为宋之西虹桥也。"

（清）《嘉庆新修江宁府志》卷七："刘湘煃《城内沟渠考略》：自内桥而东，则水东流。而铁塔仓山今五台山之水，自董家桥穿街东经园上今上海路与汉中路十字路口东南，循丰府巷今丰富路之南而东流又穿两小巷，于民居内东穿高井大街今鼎新桥北直街之漾米桥。而王府巷今王府大街东北叶家桥以东之水，皆会焉。又东循明瓦廊今明瓦廊北端石鼓路而东，或出街外，或入民居。又东穿白塔大街今大香炉北端之北首入民居，又东出园上。沿途阻碍秽恶不堪，而新街口南之水，至破布营今破布营抄纸巷一线东与之相会。又东而南，由园上经永安桥，又南而东入民居。经小宰猪桥，又经园上，循羊皮巷街南而东入民居，东穿卢妃巷大街今洪武路，经大虹桥南唐宫北濠上桥而东。而老王府巷位于今淮海路西段至中山东路西段之间之水，东南流至大街，循大街南流，在民居内，将至大虹桥之水合焉。自虹桥东流，循户部街南、宰牛巷位于今小火瓦巷四十八村北，皆在民居之内东流。而土街口位于今新街口以东至上乘庵南头东南之水，及邮政街位于今中山东路与洪武路十字路口以东抄纸巷北端内之水，则由铁汤池位于今中山东路与洪武路十字路口东南东南穿街，经诸塘又穿街，经龚家桥又穿街，经诸塘而东南，至户部街西小石桥穿街，而南入民居，与虹桥之水合流。而东出宰牛桥，桥虽小而水长盈，至桥东而党公巷位于今游府西街东段之水自北入焉。又同入民居而南流，经王景亮王景亮（？ ~1646），原名王佩，字武侯，苏州吴江人。崇祯六年（1633）癸酉科乡试中举人，崇祯十六年（1643）癸未科殿试第三甲第一百七十三名进士，授中书舍人。甲申（1644）之变后，径投南明弘光政权，官至监察御史、太仆寺少卿、南直隶巡抚等。隆武二年（1646）八月，在浙江衢州遭清军围堵，拒降，自经殉国官房之内南出，至书院钟山书院位于今小火瓦巷东段南侧后，而五圣堂位于今小火瓦巷与火瓦巷十字路口西北小桥之水自西入焉。又东流抵花牌楼大街位于今常府街西口，循街而南，经民居出街，循书院东墙而南。而制府署今长江路东段总统府前之水，则由离子巷今利济巷大阳沟今大阳村之五老桥南流，经寿星桥，再南穿常府大街，顺街西折入小巷，经小桥西南九莲塘，又西循倒回子巷。顺巷而南，经倒回子桥，又南经下卫桥。经大塘西转，由苍桥而会宰牛桥之水，于书院之东合流。南经钱厂桥，而西南绕书院前。经六水桥，而西方庵位于今小火瓦巷与马府西街之间北之水，由通忠桥循龙王庙西，而南经大塘，又傍民居之后，而东流会于六水桥之西，合流，南经娃娃桥。此盖古之护龙河久而湮者也。"

（清）《同治上江两县志》卷四："南唐宫城南濠：东曰升平桥即东虹桥，中曰虹桥亦名天津桥、内桥，西曰西虹桥即大市桥，亦曰羊市桥；宫城东濠：曰护龙河自升平桥以北，即青溪之流也，有青平桥疑即门楼桥，日华桥；其西曰：飞虹桥、月华桥；北为广富桥今皇甫桥。又东南经四象桥至淮青桥与淮水合。"卷二八："娃娃桥及卢妃巷，皆有石刻古河遗迹字，此护龙河也。"

（清）《光绪续纂江宁府志》卷八："◎内桥，南唐之天津桥也。街北卢妃巷、广艺街、上元县西至跑马巷，为南唐宫城、南宋行宫地。自升平桥距于东，大市桥距于西，则南唐及南宋行宫外护龙河之故道也。◎辛水河，乃城内西北诸山水，自永庆寺西迤逦由候驾、易驾、漾米诸桥分二支，北支入北门桥水，南支至大市桥入运渎。"

（清末民初）陈作霖《运渎桥道小志》："青溪水自内桥来会之，为运渎东源，西流过鸽子桥，羊市桥之水入焉……护龙一曲，细仅如沟，既过内桥，乃始名渎桥。昔在南唐宫城内，故谓之内桥……与鸽子桥错综而列者，为羊市桥，一名大市桥。桥下所跨之水，则护龙河之北折处，故又谓之西虹桥。城东北诸沟之水，皆汇于是。"注：陈作霖（1837~1920），字雨生，号伯雨、可园，江宁（今南京）人。光绪元年（1875）乙亥科江南乡试举人，诗词方志，无所不擅。著有《金陵通纪》《金陵通传》《凤麓小志》《东城志略》《可园诗话》《炳烛里谈》《运渎桥道小志》等。

（民国）《金陵古迹图考》第八章第二节："今卢妃巷北口，近户部街处，犹有石桥一道，半没淤泥中。一沟自西而东，可五六丈，遗迹犹存。然芜草丛生，沟亦垂垂干矣。以地望考之，南向正对内桥，土人称曰虹桥，盖正南唐北护龙河之遗址也。"

《百里秦淮话沧桑》发现篇："南唐遗址护龙河。1985年夏，在张府园小区北侧的江苏省农业银行大厦建筑工地地表0.5米以下发现一段建筑遗存，长15米，高2.46米，由多层石条组成。石条长约1.6米，宽0.65米，厚0.27米。有关专家认为，该处属于文献记载的南唐宫城故地，石条的大小、材质、打制方法与南唐二陵的石条十分相似，应为南唐宫城护龙河西段的一段河道驳岸遗存，系南京城内首次发现的与南唐宫城有关的遗迹。1990年4月，在上述遗址的北侧又发现一排砌筑整齐的条石驳岸，长达88米，两岸条石保存均较完整，分4~7层叠压。石条有不同尺寸，大的长1.8米，宽0.85米，厚0.4米；小的长0.7米，宽0.32米，厚0.3米。石条下方布满密集的木桩，排列整齐。石条局部还开有梯形下水道，以作散水之用。在河道中发掘出大量宋、元、明、清时期的瓷片、陶瓦当、石柱础等遗物。1997年春，又在原河道东侧进行了局部考古钻探，探知河道石条驳岸保存基本完整，长达150米以上。1999年秋，又在原河道遗址北侧开探沟一条，长19米，宽6~6.5米，深度6米，所探知的情况与上述情况一致。综合以上历次发掘、探查的情况可知，南唐西护龙河河道走向略呈南北向，方向200

度，即南偏西20度。"

《南京历代运河》："护龙河，又名伏龙河，即南唐宫城的护城河。如今，南唐护龙河除了南段以外，均荡然无存。我们依据历史上的桥名，尚可推定当年护龙河东西南北四面的河道。南段护龙河的标志物是今天的内桥，即南唐宫城南门外的虹桥。北宋改建称蔡公桥，南宋以南唐旧宫作为行宫，又改名天津桥。这段护龙河，至今依然存在。宫城北面的小虹桥，亦称飞虹桥、红桥，跨北面护龙河。如今，水道与桥梁完全湮没。今洪武路北口、羊皮巷至户部街一带，是南唐北段护龙河上的小虹桥所在地。宫城东面的升平桥，即东虹桥，位于今白下路11号门前，今南京市第三中学西南侧。明朝礼部纂修《洪武京城图志·桥梁》记载：'升平桥，旧名东虹桥，在上元县西，今名升平桥。'由此可以推测：东段护龙河的位置，在今太平南路一线以西。宫城西面的西虹桥，明代叫大市桥，亦名羊市桥，在今鸽子桥北。其位置在今张府园一带。"

卷三

街市坊里

街市

南唐江宁府城内之街市里坊，基本沿袭晚唐升州府城的设置，其地名或始自六朝，或名于隋唐，亦有南唐建都江宁府新设之名。其中，大街四条，唯御街有名，另外之宫前大街、北门大街、西大街，则史载无名。今取《南京建置志》所拟，记述如下：（一）内桥至南门今中华门的御街今中华路。（二）东门今白下路东端至西门今汉西门城堡的宫前大街今白下路、建邺路、朝天宫西街、堂子街一线。（三）景定桥今鸽子桥至玄武桥今北门桥的北门大街今木料市、大香炉、明瓦廊、新街口、估衣廊、北门桥一线。（四）龙西门今水西门至御街今三山街口的西大街今升州路。贯穿南北，纵横东西，此城内街坊里巷之经纬也。

　　其时，江宁城内的商业手工业十分发达，贸易市场与专门商铺，遍及城内街衢。宫城以南，秦淮两岸，尤为突出，市肆相连，繁荣活跃。牛市、马市、谷市、蚬市、鱼市、纱市、盐市、建康市、金陵市、清化市、东市、西市、凤台市、鹭洲市、东口市、西口市，夹淮而设，品类众多；银行、花行、鸡行、染肆、药肆、酒肆、伞店、笔墨庄、香店、卜卦、质铺等，沿街开店，鳞次栉比。上至达官贵人，下至士绅将卒，率多射利钻营。梁王徐知谔徐知谔（905~939），徐温第六子，杨吴时代理金陵尹。南唐立国，初封饶王，进封梁王，镇润州，兼中书令。好奇货宝物，所蓄不可计放荡狎昵，不喜政事，代其兄徐知询徐知询（约891~934），徐温第二子，温暴卒，知询袭爵。后为烈主所遣，移镇江西，卒于任任金陵府尹时，见经商利丰，遂于牙城即南唐宫城之西设市肆，亲自作买卖，专营珍宝。侍中周宗周宗（约876~956），字君太，其籍贯有三说：一秣陵（今南京），一广陵（今扬州），一涟水。初为徐知诰侍从，机警善言，深受重用，历官都押牙、内枢使、同平章事、侍中等，以司徒致仕。有二女，均为李煜之后依仗皇亲威势，大肆贩卖羊马，家财日阜。大学士韩熙载韩熙载（902~970），字叔言，潍州北海（今山东潍坊）人。后唐同光四年（926）进士，后南投杨吴，初为校书郎，历滁、和、常三州从事。南唐烈主召为秘书郎，屡官中书舍人、户部侍郎、吏部侍郎、秘书监、兵部尚书、勤政殿学士承旨、光政殿学士承旨、中书侍郎等。卒赠右仆射，同平章事。谥：文靖别出心裁，不仅开设制墨作坊，还在凤台里官邸迎街破墙开店，名曰"自在窗"，令婢女唤卖。如此噱头，一时传为笑柄。即使是普通军吏百姓亦热衷经商求富，如：文士周则经营伞业，军使吴宗嗣质铺放贷，军吏徐彦成贩木秦淮，庶民杜鲁宾专营药肆，其中，织染业尤著，知名的品牌有：金陵绢、天水碧等，林林总总，不一而足。如此以手工业及商业潺杂形成的市肆，历经宋元四百年至明代，南京城内的街市，已然发展成各行各业竞相鼎盛的繁荣大市场。

南唐御街，系南京城南地区的中轴线，历经宋元、明清、民国，风雨千年，一直存续至今。2007 年 4 月，考古人员在今内桥以南，中华路北段东侧，发现南唐御街及街边排水沟渠。沟渠底宽 0.9 米，砖砌，砖侧面有模印"显德六年""四年"等纪年铭文。"显德"系后周年号，是南唐后期奉后周为正朔所用之纪年。此正与史乘所载之南唐御街相吻。

史志记载：

（宋）《江南余载》卷上："国中有称冤者，多立于御桥今内桥之下，谓之拜桥。"

（宋）《南唐近事》："程员举进士，将逼试，夜梦乌衣吏及门告员，曰：'君与王伦、廖衢、陈度、魏清，并已及第。'员梦中惊喜，理服驰马，诣省门，见杨遂、张观、曾颐立街中，谓曰：'坊在鸡行（街），何忽至此？'员怅然而觉，秘不敢言。"

（宋）《资治通鉴》卷二七九："清泰二年（935）秋七月，

吴润州团练使徐知谔，狎昵小人，游燕废务，作列肆于牙城即金陵府衙，升元元年（937）改作南唐宫城西，躬自贸易。"

（宋）《五国故事》卷上："◎伪侍中周宗，既阜于家财而贩易，每自淮上通商，以市中国羊马。◎建康染肆之榜，多题曰：天水碧天水碧，因煜之内人染碧，夕露于中庭，为露所染，其色特好，遂名之。"

（宋）马令《南唐书》卷二："镐边镐（生卒不详），小名康乐，江宁（今南京）人。南唐将领，初随烈主，为通事舍人。中主嗣位后，历任行营招讨、屯营都虞侯、信州刺史、湖南安抚使、潭州节度使等、思礼严恩（生卒不详），字思礼，保大初（943）任洪州营屯都虞侯，寻迁海州刺史擒遇贤张遇贤（？~943），循州博罗（今广东博罗）人，县吏出身。南汉大有十五年（942），祯州（今广东惠州）发生民变，被推拥为"中天八国王"。翌年（943），兵败被执，押至金陵，旋诛于市及贼副黄伯雄、谋主僧曹景全，斩于建康市。"

（宋）陆游《南唐书》本纪卷第二："保大元年（943）冬十月庚戌，有星孛于东方。擒遇贤及其党黄伯雄、曹景全，斩于金陵市。"

（宋）《清异录》卷下："◎韩熙载留心翰墨，四方胶煤多不合意，延歙匠朱逢于书馆旁烧墨供用，命其所曰：化松堂。◎韩熙载家故纵姬侍，第侧建横窗，络以丝绳，为观觇之地。初惟市物，后或调戏，赠与所欲如意，时人目为：自在窗。◎江南周则，少贱，以造雨伞为业。◎徐铉兄弟工翰染，崇饰书具，尝出一月团墨（盒），曰：'此价值三万。’”

（宋）《景定建康志》卷一六："《镇市》：◎有小市、牛马市、谷市、蚬市、纱市等十一所，皆边淮列肆禅贩焉。内：纱市在城西北耆阇寺前；又：有苑市在广莫门内路东；盐市在朱雀门西。今银行、花行、鸡行、镇淮桥、新桥、笪桥、清化市，皆市也。◎东口市，在城南长干桥下东，今乌衣巷口是；西口市，在城南长干桥下，今西街口是。《街巷》：◎古御街。今自天津桥今内桥直南夹道，犹有故沟，皆在民居，即古御街也。"

（宋）徐铉《稽神录》卷二："◎军使吴宗嗣者，尝有某府吏从之贷钱二十万，月计利息。◎建康有鬻醯（卖醋）者某，蓄一猫，甚俊健，爱之甚。辛亥岁（951）六月，猫死，某不忍弃，犹置坐侧。数日腐且臭，不得已携弃秦淮中。◎建康有乐人，日晚如市。"卷三："◎军吏徐彦成，恒业市木。◎广陵有贾人，以柏木造床，凡什物百余事，制作甚精，其费已二十万，载之建康，卖以求利。"卷四："近岁，建业有妇人，背生一瘤，大如数斗囊，中有物如茧粟甚众，行即有声，恒乞于市。"卷六："建康江宁县廨其址在今花露岗南麓之后，有酤酒王氏，以平直称。"《稽神录（拾遗）》："◎金乡徐明府者，隐而有道术，人莫能测。河南刘崇远，崇龟刘崇龟（生卒不详），字子长，滑州胙（今河南延津）人。唐咸通六年（865）进士，历官起居舍人、礼部员外郎、吏部郎中、御史中丞、左散骑常侍、集贤殿学士、户部侍郎、检校户部尚书、广州刺史、清海军节度使、岭南东道观察处置使等从弟也，有妹为尼，居楚州。常有一客尼寓宿，忽病劳，瘦甚且死。其姊省之，众共见病者身中有气如飞虫，入其姊衣中，遂不见。病者死，姊亦病，俄著刘氏，举院皆病，病者辄死。刘氏既巫，崇远求于明府，徐（明府）曰：'尔有别业在金陵，可致金陵绢一匹，吾为尔疗之。'◎建康人杜鲁宾，以卖药为事。尝有客自称豫章今江西南昌人，恒来市药，未尝还直。杜又尝治舍，有卖土者，自言金坛县人，来往甚数。杜亦厚资给之。治舍毕，卖土者将去，留方寸之土，曰：'以此为别。'遂去，不复来。其土坚致，有异于常。杜置药肆中，不以为贵。"《稽神录（补遗）》："建业市，有卜者，忽于紫薇宫题壁，云：'昨日朝天过紫薇，玉坛风冷杏花稀。碧桃昵我传消息，何事人间更不归。'自是绝迹，人皆言其上升。"

　　（宋）吴淑《江淮异人录》卷下："钱处士，天祐末（906）游于江淮，尝止于金陵杨某家。初，吴朝以金陵为州，筑城西接江，东至潮沟。钱指城西荒秽之地，劝杨买之。杨从其言。及建为都邑，而杨氏所买地正在繁会之处，乃构层楼为酒肆焉。"注：吴淑（947~1002），字正仪，润州丹阳（今江苏镇江丹阳）人。幼俊爽，属文敏速，南唐进士，徐铉之婿。仕南唐，以秘书郎直内史。入宋，任大理评事，迁职方员外郎。著有《事类赋》《谑名录》《江淮异人录》等。

　　（元）《至正金陵新志》卷四："《镇市》：◎又有小市、牛马市、谷市、蚬市、纱市等十一所，皆边淮列肆禅贩焉。内：纱市在城西北耆阇寺前。又：有苑市在广莫门内路东；盐市在朱雀门西。《宋书》有建康市，《南唐书》有金陵市，至今有清化市、马帛市。而自昔言者，则以东市、西市、凤台、鹭洲四坊之建为市，盖即鱼市、今银行、花行、鸡行、镇淮桥、新桥、笪桥，皆市也。◎清化市，今在北门内罗帛（地），或云：萝蔔，即路学街。◎鱼市，前志不载所在。◎花市，今层楼街，又呼花行街，有造花者。◎东口市，在城南长干桥下东，今乌衣巷口是。◎西口市，在城南长干桥下，今西街口是。《街巷》：◎古御街。今自天津桥今内桥直南夹道，犹有故沟，皆在民居，南唐御街也。◎鸡行街。《庆元志》：鸡行街，自昔古繁富之地，南唐放进士榜于此。◎银行街。《戚氏续志》云：银行，今金陵坊银行街，物货所集。"

（明）《客座赘语》卷四："徐常侍铉无子，其弟锴有后，居金陵摄山前，开茶肆，号徐十郎。"

（明）《正德江宁县志》卷五："《市镇》：◎新桥市，在县西南，通饮虹桥，即古鱼市。《建康志》：鱼市，在东市、西市、凤台、鹭洲四方之会，今新桥十字街口即其地。◎三山街市，在县北，俗名果子行。由街中分，北属上元，南属江宁。◎东口市，在县南，聚宝门外长干里东，东通重译桥。◎西口市，在县南，聚宝门外长干桥南，今西街口是。《衢道》：◎古御街，在县东明清江宁县署在今长乐路西端北侧，街中与上元分界。◎三山街，西通三山门今水西门，故名。在县北，中亦与上元分界，北属上元，南属江宁，即古承贤坊。◎保宁街，旧通保宁寺，故名。在饮虹桥东南，即旧保宁坊。◎竹街，在县南，临秦淮，即古滨江坊，又名盐渚，旧置盐市于此。今东通朱雀街，西通饮虹桥，路北有巷，通古花行。◎沙河街，俗呼沙窝，在秦淮南岸，对竹街，即古永安坊。◎聚宝街，在县聚宝门外，即古长干里。"

（明）《金陵世纪》卷二："◎南唐御街，在天津桥南，直对镇淮桥，至南门，台省相列，夹以深渠。东西有锦绣坊。今内桥直对聚宝门者，乃南唐御街也。◎大市，天津桥西北，旧有今无。◎南市，斗门桥东，旧为酒楼歌馆。◎笪桥市，即北市楼之东，南唐有新桥、笪桥，市最盛。◎北门桥市，洪武街今珠江路西，南唐北门街处，故桥犹名清化坊市。◎布市，评事街南口。◎网巾市，有三：一在大中桥东，一在大市桥，一在北城豆市。◎晚市，定淮门内，回龙桥侧，居民至暮方集。◎米市，有二：一在新街口，一在南门外。◎鸽子市，景定桥今鸽子桥北，旧名羊市。◎马市，三山街南口。◎猪市，府治今中华路北段西侧府西街西。◎西口市，聚宝门外，竹木柴薪诸物所聚，一名小市口。◎纱市，在城西北耆阇寺前。◎盐市，在朱雀门西。◎银行，即今银作坊。◎花行，在层楼巷。◎鸡行，古放榜处。◎果子行，斗门桥东，诸果萃聚处。◎帽儿行，景定桥今鸽子桥东南。◎竹木行，在武定桥西，临秦淮，竹木所聚。◎花铺廊，古御街东。◎鼓铺廊，古御街东。◎表背铺廊，鼓铺转东。◎鞍子铺廊，在三山街北口。◎手帕铺廊，内桥西。◎包头铺廊，朝天宫之东南。◎麻铺廊，笪桥西。◎纸铺廊，笪桥南。◎锡铺廊，上浮桥北。◎象牙铺廊，上元县西南，制象牙物。◎扇铺廊，大中桥西、大功坊今瞻园路西口北二处。◎草帽铺廊，鼎新桥西北。◎香蜡铺廊，笪桥南，市杂物。◎生药铺廊，在下街口今鼎新桥北。"

（明）《正德江宁县志》卷三："◎《铺行》：缎子、表绫、丝棉、布绢、零布、绒线、改机、腰机、包头有机户，有铺户、手帕同上、纻丝、罗、纱并机户、绉纱、打线、荷包、油灰、枕顶、故衣、重纸、抄纸、零纸、纸扇、扇面、扇骨、表褙、经书、画、冥衣、纸马、翠花、染纸、花盝、卖铁、铁锅、倒金、金箔、金线、打银、笔、倾银、卖铜、打铜、铜钱、碎铜、底皮、船板、打锡、酒坊、磨坊、柴炭、墨、铁锁、琉璃、打刀、香蜡、杂物、油坊、桐油、果子、停场、油烛、生漆、靴、医药、生药、皮熟、颜料、卖纱、厨子、销金、活猪、活羊、鸡鹅、干鱼、盐、染坊、木匠、瓦匠、鲜鱼、草席、卖木、卖竹、斜木、木桶、包索、盒箱、甑、卓器、冠带、头巾、网巾、僧帽、裁缝、茶食、打绦、天平、米豆、料砖、麻、伞、铜锭铰、纸金银锭，以上俱铺户。◎《应天府江宁县为民情事》：该本县主簿何达奏，永乐十三年（1415）二月二十三日早，行在户部尚书夏元吉夏元吉（1366~1430），字维洁，湘阴（今湖南湘阴）人。以乡荐入太学，选入禁中，授户部主事，历官户部右侍郎、户部尚书。卒，谥：忠靖。预修两朝实录，有《夏忠靖公集》于奉天门伏奉圣旨：'那军家每（们），既在街市开张铺面做买卖，官府要些物料，他怎么不肯买办？凭户部行文书，去着应天府知道，若有买办，但是开张铺面之家，不分军民人等，一体着他买办。

敢有违了的，拿来不饶。钦此。'"

（明）《万历上元县志》卷四："《镇市》：◎长安市，在大中桥西。◎三牌楼市，在鼓楼北。◎南市，在斗门桥东，旧为歌馆酒楼，即宋安远楼基。◎北市，有楼在南乾道桥今红土桥东南，即宋和熙楼基。◎笪桥市，即北市东南，唐有新桥市，桥市最盛。◎北门桥市，洪武街今珠江路西南，唐北门街处。◎晚市，定淮门内回龙桥侧，居民至暮方集。◎鸽子市，景定桥今鸽子桥北，旧名羊市。◎马市，三山街南口。《衢巷》：◎古御街，在今内桥南，直抵聚宝门今中华门。南唐御街，即古御街。◎里仁街，在大中桥西。◎存义街，在里仁街西。◎时雍街，在存义街西。◎和宁街，在时雍街西。◎中正街，在和宁街西。◎广艺街，在县治明清上元县署在今白下路中段北侧西，旧名细柳坊，一名武胜坊。◎大市街，在县治西，本名石城坊，一名敦化街。按：以上街道即南唐宫城前大街之衍名，今仅广艺街名尚存。"

《南京建置志》第五章第三节："南唐的御街，在六朝古御街之西侧，从宫城正门前虹桥向南至镇淮桥，即今内桥向南之中华路一条街。御街两侧开御沟，御街路面铺砖。由宫城前面的东西大街向东，过东虹桥直达东门，即为今白下路，在南唐时是主要街道之一；向西，经宫城前过西虹桥，横贯东西，直至都城西门为城西大街。即沿今建邺路，经朝天宫西街、堂子街、柏果树，直达西门。这条城西大街与东大街相连，贯通南唐都城的东西两城门。另外，由龙光门即明代的三山门，今水西门所在向东，即今日的升州路，亦是南唐时的古街道。由宫城过西虹桥向北折，即为南唐时通向城北的主要干道。即沿今日的木料市、大香炉、明瓦廊，然后在陆家巷一带西折又北拐，由丰富路经糖坊桥、估衣廊，而达北门。城北门，当时称玄武门，门外有护城河大桥——北门桥，亦称武胜桥。今日的北门桥，即是旧桥故址。"

《南唐宫城考略》："2007年4月，南京市博物馆考古人员在今内桥东南、中华路东侧的中华广场工地，发现南唐时期的御街及其东侧路沟。路沟砖砌，底宽90厘米。不少沟砖的侧面模印有'显德六年''四年'等纪年，可证此路沟砌筑于南唐晚期。且此路沟距今中华路东侧人行道路牙19.6米，说明南唐时期御街较今日中华路为宽。"

坊里

除众多的商贾市肆，江宁府城内主要是平民居住的坊里，共有坊二十按：《景定建康志》载坊三十五，《至正金陵新志》载坊四十，《至正金陵新志》所引《乾道志》载坊数为二十，今取《乾道志》数，曰：嘉瑞坊、长乐坊、翔鸾坊、武定坊、承贤坊、舜泽坊、建业坊、兴政坊、雅政坊、凤台坊、滨江坊、永安坊、敦教坊、钟山坊、招贤坊、玄德坊、修文坊、来苏坊、金陵坊、清化坊；里十八按：《景定建康志》仅载长干里、凤凰里，《至正金陵新志》除载长干里、凤凰里外，复引《庆元志》所载城内里十六，合之为十八，今取《至正金陵新志》所载合数，曰：长干里、凤凰里、化义里、建兴里、定阴里、建康里、齐平里、南塘里、翔阴里、桐下里、娄侯里、崇孝里、翔鸾里、滨江里、舜泽里、嘉瑞里、斗场里、延贤里。此外，还有数处著名的巷子，曰：国子监巷、乌衣巷、孔子巷、运巷、刁家巷、五房六房巷等。其中，乌衣巷、孔子巷、运巷为沿用的古巷；国子监巷、刁家巷、五房六房巷为南唐建都后新设之巷。

南唐自诩大唐之裔，建国之初，以孝为国本，在辖境内大力提倡忠孝，褒扬笃行孝义之家风，庶使民风向善。此外，李昇还制定法律"升元格"，严惩刁猾，险恶之徒，偃息逃匿，不敢试法。是时，江淮无事，累岁丰稔，兵食盈积，故境内数十年中，治平如砥。在偌大都城内的街坊里巷中居住的众多士庶工商、各行各业寻常百姓人家，大多过着"黎明即起，白日营生，近晚归宅，入夜就寝"的生活，平淡祥和，各行其是。居有定所，衣能御寒，一日三餐，以素为主，辅以荤腥，佐以茶点，堪称惬意自在。当时的素菜有：茄子、莴苣、笋、藕、葱、韭、萝卜、菘大白菜、苋菜、菌蕈、蒜、菠菜、蒌蒿等，荤菜有：鸡、鸽、鹅、鸭、鹌鹑、羊、鹿、鳗鱼、鲤鱼、鳖、鳜鱼、鲫鱼、白鱼、鳊鱼、鲟鱼、河鲀、虾、蟹、螺蛳、蛙等，水果有：梨、枇杷、甘蔗、枣、樱桃、葡萄、西瓜、石榴等，有茶有酒，还有各种小吃：面条、馄饨、各色应时糕点，如：爽团、云英饼、花糕、鹭鸶饼、天喜饼等，一应俱全。尤其是"建康七妙"独具匠心，享誉当时。这些味美的荤素食品中，有部分在明代列入贡品，绝大部分流传千年，至今仍是南京市民餐桌上占有主要地位的美味佳肴，实在令人赞叹不已。

　　宋元以降，府城之内的街巷坊里，大部袭用南唐地名。逮至明朝，重筑应天府城及皇城，重新命名城内厢坊，南唐都城内原来的坊里旧名，遂尽废无存。然南唐建置的主要街衢依旧基本保持，仅数易街道名称而已。

史志记载：

　　（宋）《景定建康志》卷一六："《坊里》：◎钟山坊，在行宫前东夹道。◎石城坊，在行官前西夹道。◎东锦绣坊，在御街左。◎西锦绣坊，在御街右。◎状元坊二：一在御街左，东锦绣坊南；一在府学南。◎报恩坊，在御街右，西锦绣坊南。◎安乐坊，在御街右，报恩坊北。◎金泉坊，在御街右，报恩坊南。◎嘉瑞坊，在御街左，状元坊南。◎舜泽坊，在御街右，金泉坊南。◎金陵坊，在御街右，舜泽坊南。◎建业坊，在御街右，镇淮桥西北。◎长乐坊，在御街左，镇淮桥东北。◎招贤坊，在府治其址即今王府园，下同南。◎经武坊，在府治左。◎武胜坊，在府治东北。◎细柳坊，在都统司后，军寨前。◎青溪坊、九曲坊，并在府治东。◎嘉会坊，在总领所前。◎尊贤坊，在明道书院之右。◎东市坊，在鱼市东。◎凤台坊，在鱼市南。◎西市坊，在鱼市西。◎鹭洲坊，在鱼市北。◎长春坊，在东市之东。◎宽征坊，在西市之南。◎清化坊、钦化坊，并在西市之北。◎朝宗坊、佳丽坊，并在西市之西。◎保宁坊，在保宁寺前。◎广济坊，在广济仓南，近水西门。◎武定坊，在镇淮桥东南。◎崇胜坊，在镇淮桥西南。◎长干里，在秦淮南。◎凤凰里，在今保宁寺后。《街巷》：◎孔子巷，在青溪侧，大仁寺前西南，古长乐桥东一里。◎国子监巷，今镇淮桥北，御街东，旧比较务即其地。◎乌衣巷，在秦淮南……今城南长干寺北有小巷曰：乌衣。去朱雀桥不远。◎运巷，在今天庆观即今朝天宫相接。"

（元）《至正金陵新志》卷四："《街巷》：◎国子监巷，今镇淮桥北，御街东，旧比较务即其地。南唐跨有江淮，鸠集典坟，特置学宫，滨淮开国子监。里俗呼为国子监巷，又呼草巷。◎乌衣巷，在秦淮南。向今城南长干寺北，有小巷曰：乌衣，去朱雀桥不远。◎运巷，在今永寿宫即今朝天宫相接，今俗呼为黄泥巷。◎刁家巷，《庆元志》：南唐刁彦能刁彦能（890~957），上蔡（今河南上蔡）人。南唐大臣，官至抚州节度使子孙居此巷，因名。今不闻此巷。◎五房六房巷，《庆元志》：在府治门对南直街东西。绍兴初，高宗驻跸，三省枢密院吏所居。《咸氏志》：杭州亦有此巷，以居吏，故云房。或疑高宗留此不久，当知（为）南唐。《坊里》：◎金华坊，《庆元志》：其地今上元县治东北。◎翔鸾坊，《南唐近事》：卢绛寓居翔鸾坊。◎康乐坊，《庆元志》：城东半山寺处，旧名康乐坊。◎赤兰坊，见赤兰桥，《杜祭酒别传》曰：桓宣武馆于赤兰桥南延贤里。今城南有赤兰坊、桥。◎钟山坊，在宋行宫前东夹道。◎石城坊，在宋行宫前西夹道。◎东锦绣坊，在御街左。◎西锦绣坊，在御街右。◎状元坊二，一在御街左，东锦绣坊南；一在府学今夫子庙南。◎报恩坊，在御街右，西锦绣坊南。◎安乐坊，在御街右，报恩坊北。◎金泉坊，在御街右，报恩坊南。◎嘉瑞坊，在御街左，状元坊南。《咸氏志》：金泉坊南。◎舜泽坊，在御街右，金泉坊南。◎金陵坊，在御街右，舜泽坊南。◎建业坊，在御街右，镇淮桥西北。◎长乐坊，在御街左，镇淮桥东北。◎招贤坊，在今台治其址即今王府园，下同南。◎经武坊，今台治左。◎武胜坊，今台治东北。◎细柳坊，在旧都统司后，军寨前。◎青溪坊、九曲坊，并在台治东。◎嘉会坊，在旧总领所前。◎尊贤坊，在明道书院之右，即主簿巷。◎东市坊，在鱼市东。◎凤台坊，在鱼市南。◎西市坊，在鱼市西。◎鹭洲坊，在鱼市北。◎长春坊，在东市之东。◎宽征坊，在西市之南。◎清化坊、钦化坊，并在西市之北。◎朝宗坊、佳丽坊，并在西市之西。◎保宁坊，在保宁寺其址即今殿高巷前。◎广济坊，在旧广济仓南，近水西门。◎武定坊，在镇淮桥东南。◎崇胜坊，在镇淮桥西南。《庆元志》载六朝及唐里名有：翔鸾、滨江、舜泽、嘉瑞，凡四；与《乾道》坊名同，盖坊，故里也。《乾道》所载四厢二十坊曰：左南坊四，曰：嘉瑞、长乐、翔鸾、武定；右南坊九，曰：承贤、舜泽、建业、兴政、雅政、凤台、永安、敦教；左北坊二，曰：钟山、招贤；右北坊五，曰：玄德、修文、来苏、金陵、清化。其时，城内分四厢，犹今之隅。厢有厢官，掌民讼。如：鸡行街，今在西南隅，旧志云：在右南厢，是也。《戚氏》云：以上坊者，与《乾道》不同者置。初以一城分四厢，四厢街巷总分二十坊，后复各以其坊之街或巷，揭以坊名，今尚存焉。旧志所云：嘉瑞、长乐等坊，皆旧坊也。至今，里巷祷祀言所居坊，则尚举二十坊之名，以翔鸾观之，则知来远矣。《景定》皆弗录，今并存之。◎长干里，在秦淮南。◎凤凰里，在今保宁寺后。《庆元志》载六朝及唐里名十六，曰：化义里、建兴里、定阴里、建康里、齐平里、南塘里、翔阴里、桐下里、娄侯里、崇孝里、翔鸾里、滨江里、舜泽里、嘉瑞里、斗场里、延贤里。"

（宋）龙衮《江南野史》卷一："是时，江淮无事，累岁丰稔，兵食盈积……先主李昪身长七尺，姿貌瑰特；目瞬如电，语音厚重；望之惬人，与语可爱。少遭迍难，长雁兵革。民间疾苦，无细大，皆知之。刺建康，有处士汪召符汪召符（生卒不详），一说名汪台符，歙州（今安徽歙县）人。博贯经籍，有王佐杂霸之才。太和六年（934）赴金陵，面见辅政徐知诰，陈民间利害之说，大率以富国阜民为务，知诰善之。遭宋齐丘所忌，被害于石头城蚵蚾矶（今南京草场门外鬼脸城西侧）下上书，陈《九患利害之说》，皆亲阅览，穷究臧否；不耻下问，禀而行之。自登位之后，遣官大定，检校民田高下、肥硗，皆获允当，人绝怨咨，输赋不稽。然而，仁孝之诚，颇动天地。时饶州余干民母，因抱携其孙，失手坠地，其子怒拔刀斫之，刃且未及，自腰而下，忽陷于地。先主遂命作阔刃铲之。"卷九："洎升元年中，更定民田，诸般物产，高下各为三等，私额民获。均输令，为田定制，及使民入米请盐，罢其科征别籍。薄征商旅，货鬻则收，否则听往，舟无力胜，郡县奚胥，降而有限，以致民生数十年小康者，赖由召符之言也。"注：龙衮（1094~？），字君章，吉州永新（今江西永新）人。自幼勤学，博通经史；七举不第，潜心读书。所著《江南野史》，记南唐逸闻轶事颇详，故后世史家多引其文。

（宋）《钓矶立谈》："◎烈主每言：百姓皆父母所生，安用争城广地，使之肝脑异处、膏涂草野……于时，中外寝兵，耕织岁滋，文物彬焕，渐有中朝之风采。◎烈主初造唐，劳心五十余年，须发为之早白，其所以侧席倾迟天下之士，盖可谓无所不至者矣。当是时，天下瓜裂，中国衣冠，多依齐台，以故江南称为文物最盛处。"

（宋）《湘山野录》卷上："伪吴故国五世同居者七家，先主昇为之旌门间，免征役。尤著者江州陈氏，乃唐元和按：此处'元和'（806~820）显系笔误，应为'贞元'（785~804）无疑中给事陈京陈京（？~805），字庆复，颖川（今河南禹州）人。

大历元年（766）进士，授太子正字。历官咸阳尉、太常博士、左补阙、考功员外郎、司封郎中、给事中、秘书少监等之后，长幼七百口，不畜仆妾，上下雍睦。凡巾栉榍架及男女授受通问婚葬，悉有规制。食必群坐广器，未成人者别一席。犬百余只，一巨船共食，一犬不至，则群犬不食。别墅建家塾，聚书延四方学者，伏腊皆资焉。江南名士，皆肄业于其家。"

（宋）《南唐近事》："◎《升元格》：'盗物三缗者，处极法。'庐陵村落间有豪民，暑雨初霁，曝衣篚于庭中，失新洁衾服不少许，计其资直不下数十千。居远僻，远人罕经行，唯一贫人邻垣而已。周访踪状，必为邻人盗之，乃诉于邑。邑白郡，郡命吏按验，归罪于贫人，诈服为盗。诘其赃，即言：散鬻于市。盖不胜捶掠也！赴法之日，冤声动人。长吏察其词色似非盗者，未即刑戮。遂具案闻于朝廷，烈主命员外郎萧俨萧俨（902~978），字茂辉，庐陵（今江西吉安）人。幼举童子试，为秘书省正字，事南唐三帝，历任大理寺司直、刑部员外郎、刑部郎中、大理寺卿、给事中等。秉身方直，弹奏不阿，断事明允，清廉如水。入宋，以老病居乡里。卒时，竟无一金复之。俨持法明辩，甚有理声。受命之日，乃绝荤茹，斋戒理棹，冥祷神祇。昼夜兼行，伫雪冤枉。至郡之日，索案详约始末，迄无他状。俨是夕复焚香于庭，稽首冥祷，愿降儆戒，将行大辟。翌日，天气融和，忽有雷雨自西北起至失物之家，震死一牛。尽剖其腹，腹中得所失衣物，乃是为牛所噉，犹未消溃。遂赦贫民，而俨骤获大用。◎陈诲陈诲（？~962），字巨训，小名阿铁，建州建安（今福建建瓯）人。

初事闽国王延政（？ ~951），有战功。后投南唐，授剑州刺史，以功迁建州节度使兼侍中。建隆三年（962）七月，病卒，谥：忠烈嗜鸽，训养千余只。诲自南剑牧拜建州观察使，去郡前一月，群鸽先之富沙即建州城外富沙驿，旧所无孑遗矣。又，尝因早衙，有一鸽投诲之怀袖中，为鹰鹯所击故也。诲感之，自是不复食鸽矣。◎李徵古李徵古（？ ~958），袁州宜春（今江西宜春）人。升元末（942），第进士，出入宋齐丘门下，官至枢密副使、袁州刺史、洪州节度副使等。交泰元年（958）十二月，削夺官爵，赐自尽于洪州（今江西南昌）宜春人也，少时贱游，尝宿同郡潘长史家……来年至京，一举成名，不二十年，自枢密副使除本州刺史。离阙日，元宗赐内库酒二百瓶。"

（宋）《江南余载》卷下："唐末，有御厨庖人，随中使至江南。闻崔胤崔胤（853~904），字昌遐，清河武城（今河北故城）人。乾宁二年（895）进士及第，累官至御史中丞，四次拜相。天复三年（903），与朱温（852~912）勾结，尽诛宦官，自任判六军十二卫事。翌年（904），被朱温杀死诛北司，遂漂浮不归，留事吴。至烈主受禅，御膳宴饮皆赖之，有中朝之遗风。其味有：鹭鸶饼、天喜饼、驼蹄馂、云雾饼。"

（宋）《清异录》卷上：《果》："◎建业野人种梨者，诧其味曰：蜜父；种枇杷者，恃其色曰：蜡兄。◎甘蔗盛于吴中，亦有精粗。如昆仑蔗、夹苗蔗、青灰蔗，皆可炼糖；桄榔蔗乃次品。◎新罗使者每来，多鬻松子，有数等：玉角香、重堂枣、御家长、龙牙子，惟玉角香最奇，使者亦自珍之。◎果中子繁者，惟夏瓜、冬瓜、石榴，故嗜果者目瓜为：

百子瓮。◎冯瀛王冯道（882~954），字可道，号长乐老，瀛州景城（今河北沧州）人。唐天祐初（904），幽州节度使燕王刘守光（？~914）辟为麾下掾属。历仕后唐、后晋、后汉、后周四朝十帝，官至宰相，位极三公。卒，封瀛王，谥：文懿。有《冯道集》爽团法：弄色金杏，新水浸没，生姜、甘草、草丁香、蜀椒、缩砂、白豆蔻、盐花、沉檀、龙麝，皆取末如面，搅拌，日晒干，候水尽味透，更以香药铺糁，其功成矣。宿酲未解，一枚可以萧然。◎郑文宝郑文宝（953~1013），字仲贤、伯玉，汀州宁化（今福建宁化）人。生平见《殿堂》条目下注云英麨，予得食，酷嗜之。宝赠方：藕、莲、茭、芋、鸡头、荸荠、慈姑、百合，并择净肉烂蒸之，风前吹㬠少时，石臼中捣极细，入川糖蜜熟再捣，令相得，取出作一团，停冷性硬，净刀随意切食。糖多为佳，蜜须合宜，过则大稀。"《蔬》："◎葱，和美众味，若药剂必用甘草也，所以，文言曰：和事草。◎南方韭，多须，叶短阔而圆。◎保大（943~957）中，村民于烂木上得菌，几一担，状如莲花叶而色赤黄，因呼：题头菌。◎江右多菘菜即今大白菜，鬻笋者恶之，骂曰：心子菜，盖笋奴菌妾也。◎石发，吴越亦有之，然以新罗今朝鲜半岛者为上，彼国呼为：金毛菜。◎菌蕈，有一种食之令人得干笑疾，土人戏呼为：笑矣乎。◎蒜，五代宫中呼：麝香草。◎钟谟钟谟（？~960），字仲益，会稽（今浙江绍兴）人。少年爽悟，侨居建康；博学属文，颖脱时辈。元宗李璟宠用，拔之下位，历官尚书郎、翰林学士、户部侍郎、礼部侍郎、判尚书省等，建隆元年（960）正月，赐死于饶州嗜菠薐菜即今菠菜，文其名曰：雨花菜。又以蒌蒿今名芦蒿、菜菔即今萝卜、菠薐为：三无比。◎瓟，少味无韵，荤素俱不相宜，俗呼：净街槌。"
《禽》："◎郝轮陈别墅，畜鸡数百。外甥丁权伯劝谕轮：'畜一鸡，日杀小虫无数，况损命莫知纪极，岂不寒心？'轮曰：'汝要我破除蔎本，虽亲而实疏也。'◎豪少年尚畜鸽，号：半天娇。人以其蛊惑过于娇女艳妖，呼为：插羽佳人。
◎陈乔 陈乔（？～975），字子乔，庐陵玉笥（今江西峡江）人。自幼敏悟，耽玩文史，以荫授太常寺奉礼郎。历官尚书郎、中书舍人、吏部侍郎、翰林学士承旨、门下侍郎兼枢密使等，金陵城破时殉国、张泌张泌（928～996），字子澄，常州人，祖籍滁州。保大十年（952）进士，授句容尉。历官考功员外郎、中书舍人、监察御史。入宋后，历任谏议大夫、户部郎中、史馆修撰等之子，秋晚并游玄武湖。时群鸥游泛，泌子曰：'一轴内本潇湘。'乔子俄顾卒吏云：'此白色水禽，可作脯否？'佥议云：'张泌子，半茎凤毛；陈乔男，一堆牛屎。'乔子从是得'陈一堆，白鸥脯'之名。
◎腽肭脐即海狗肾，不可常得。野雀久食，积功固亦峻紧，盖家常腽肭脐也。◎世谓鹅为：兀地奴，谓其行步蹒跚耳。
◎御史符昭远符昭远（生卒不详），陈州宛丘（今河南淮阳）人。后周皇帝柴荣（921～959）之皇后符金玉（931～956）五弟，外戚入仕，历官许州衙内指挥使、侍卫将军、监察御史等。与《清异录》作者陶毅（903～970）相契，有诗互酬曰：鸭颇类乎鹅，但足短耳，宜谓之：减脚鹅。◎韩中书韩熙载（902～970），字叔言，潍州北海（今山东潍坊）人。后唐同光（923～925）进士，旋投江南，历仕南唐三帝，累官至中书侍郎、光政殿学士承旨俾舒雅舒雅

（923~1009），字子正，歙州（今安徽歙县）人。南唐保大八年（950）庚戌科状元，授翰林院编修，官至礼部郎中。入宋，历任将作监丞、秘书阁校书、职方员外郎、舒城太守、直昭文馆、刑部郎中等作《鹤赋》，有曰：眷彼轩郎，治兹松府。◎鹑，捕之者多论网而获，故雌雄群子同被鼎俎。世人文其名为：族味。◎南唐王建封王建封（生卒不详），上元（今南京）人。少从军，以任侠骁勇知名。保大三年（945），元宗取建州，建封为先锋桥道使，克城，第赏，拜信州刺史。保大五年（947），召为天威军都虞侯。后因上书干国政，犯武臣谋权之忌，流放池州，途中赐死不识文义，族子有《动植疏》，俾吏录之。其载鹄事，以传写讹谬，分一字为三，变而为人、日、鸟矣。建封信之，每人日开筵，必首进此味。"《兽》："◎冯翊今陕西大荔产羊，膏嫩第一。言饮食者，推冯诩白沙龙为首。◎道家《流书》言：獐、鹿、麂，是玉署三牲，神仙所享，故奉道者不忌。◎伪唐陈乔，食蒸肫，曰：此糟糠氏面目殊乖，而风味不浅。"《鱼》："◎江南紫微郎熙载，酷好鳗鲡，庖人私语曰：韩中书一命二鳗鲡。◎鲤鱼，多是龙化，额上有真书王字者，名王字鲤，此尤通神。◎伪德昌宫使刘承勋刘承勋（生卒不详），失其乡里。美风度，工心计，善诡佞，侍南唐一朝三主，初为郡从事，改粮料判官，迁德昌宫使。德昌宫，南唐内帑别藏库府，承勋独任其事，盗用无算。朱门甲第，穷极富贵。入宋，遭叱不用，久客开封，生计全无，乞食街头，冻馁而死嗜蟹，但取圆壳而已。亲友中有言：'古重二螯。'承勋曰：'十万白八，敌一个黄大不得。'谓蟹有八足，故云。◎卢绛卢绛（891~975），字晋卿，号锦文，分宜观光（今江西宜春）人。读书明大旨，屡试不第。后诣南唐自荐，授沿江巡检，官至昭武军节度留后。入宋，授冀州团练使，未几，被诛从弟纯，以蟹肉为一品膏，尝曰：'四方之味，当许含黄伯为第一。'后因食二螯，筴伤其舌，血流盈襟。绛自是戏纯，蟹为筴舌虫。"

　　（宋）《清异录》卷下："《衣服》：◎清泰（934~935）燕服，凡两品，幞头李家，宽者，漆地加金线，棱盘四脚差细。◎韩熙载在江南造轻纱帽，匠帽者谓为韩君轻格。◎罗隐罗隐（833~910），字昭谏，杭州新城（今浙江杭州）人。十试不第，隐居九华山。光启三年（887），返归故里，依吴越王钱镠（852~932），历任钱塘令、司勋郎中、给事中等职，著有《甲乙集》《谗书》等帽，轻巧、简便、省朴，人窃仿学，相传为减样方平帽。◎唐制，立冬进千重袜。其法：用罗帛十余层，锦夹络之。◎临川上饶之民，以新智创作'醒骨纱'。用纯丝蕉骨相兼拈织，夏月衣之，轻凉适体。陈凤阁乔凤阁，陈乔之尊号始以为外衫，号：太清氅。又为四襻肉衫子，呼：小太清。◎男子出家学佛，始衣矾墨连裙罽，谓之氅装。◎谚曰：'阑单带，叠垛衫，肥人也觉瘦岩岩。'阑单，破裂状；叠垛，补衲盖掩之多。◎余在翰院，以油衣渐故，遣吏市新者，回云：'马行油作铺《目录》：入朝避雨衫、芭蕉裤，一副二贯。'"《装饰》："◎江南晚季，建阳进茶油花子，大小形制各别，极可爱。宫嫔缕金于面，皆以淡妆，以此花饼施于额上，时号北苑妆。《陈设》：舒雅舒雅（约939~1009），字子正，安徽歙县人。自幼好学，才思敏捷。南唐保大八年（950）庚戌科殿试第一名（状元），授翰林院编修，编纂《国史》。入宋后，初任将作监丞，历官校书郎、舒州太守、刑部郎中、尚书郎等，著有《西昆酬唱集》作青纱连二枕，满贮酴醾、木犀、瑞香散蕊，甚益鼻根。尚书郎秦南运**秦南运**（生卒不详），失其乡里，一说名秦尚运，南唐时人。入宋，为尚书郎，与舒雅相契见之，留诗曰：'阴香装艳入青纱，还与欹眠好事家。梦里却成三色雨，沉山不敢斗清华。'"《器具》："◎五位瓶，自同光（923~925）至开运（944~946）盛行。以银铜为之，高三尺，围八、九寸，上下直如筒样，安嵌盖。其口有微洼处，可以倾酒。春日郊行，家家用之。◎以螺为杯，亦无甚奇。惟薂冗极弯曲，则可以藏酒。有一螺能贮三盏许者，号九曲螺杯。◎江南中书厨：宰相饮器，有燕羽觞，似常杯而狭长，两边作羽形，涂以佳漆。云：昔有宰相病目，恶五色耗明，凡器用类改令黑。◎李煜伪长秋按：汉代皇后居长秋宫，后世据此称皇后为长秋周氏，居柔仪殿，有主香宫女，其焚香之器，曰：把子莲、三云凤、折腰狮子、小三神、卍字金、凤口婴、玉太古、容华鼎，凡数十种，金玉为之。◎江南烈主李昪素俭，寝殿烛，不用脂蜡，灌以乌白子油，但呼：乌舅。案上捧烛铁人，高尺五，云是杨氏**杨吴**时，马厩中物。一日黄昏，急须烛，唤小黄门**宦官**：'掇过我金奴来。'左右窃相谓曰：'乌舅金奴，正好作对。'◎针之为物，至微者也。问诸女流医工，则详言利病，如吾儒之用笔也。朱汤匠氏，谙熟精好，四方所推：金头黄钢小品，医工用以砭刺者。大三分，以制衣；小三分，以作绣。◎金刚炭，有司以进御炉，围径欲及盆口，自唐宋五代皆然。方烧造时，置式以受柴，稍劣者必退之。小炽一炉，可以终日。◎篦，诚琐缕物也。然丈夫整鬓，妇人作眉，舍此无以代之。◎修养家谓梳，为木齿丹。法用奴婢细意者，执梳理发，无数日，愈多愈神。◎夜中有急，苦于作灯之缓，有智者批杉条染硫黄，置之待用。一与火遇，得焰穗然。既神之，呼：引光奴。今遂有货者，易名：火寸。"《文用》："◎徐铉兄弟工翰染，崇饰书具，尝出一月团墨，曰：此价值三万。◎舒雅才韵不在人下，以戏狎得韩熙载之心。一日，得海螺甚奇，宜用滑纸，以简献于熙载，云：'海中有无心斑道人，往诣门下。若书材糙涩逆意，可使道人训之，即证发光地菩萨。'熙载喜受之。发光地，十地之一也，出《华严书（经）》。◎伪唐宜春王从谦李从谦（946~995），字可大，元宗第九子，后主同母弟。风采峭整，善书喜诗。历封鄂国公、宜春王、吉王，开宝五年（972），贬损制度，复为鄂国公。入宋，改名李从诵，授右神武大将军，历知随（今湖北随县）、复（今湖北天门）、成（今甘肃成县）三州。淳化五年（994）九月，任武胜军节度行军司马；未几，染疾，至道元年（995）元月，卒于南阳官邸喜书札，学晋二王楷法，用宣城诸葛笔一枝，酬以十金，劲妙甲当时，号为：翘轩宝帚，士人往往呼为：宝帚。◎韩熙载留心翰墨，四方胶煤多不合意，延歙匠朱逢，于书馆旁烧墨供用，命其所曰：化松堂。墨又曰：玄中子，又自名：麝月香，匣而宝之。熙载死，妓妾携去，了无存者。◎裁刀，治书参差之不齐者，在笔、墨、砚、纸间，盖似奴隶职也，却似有大功于书。◎先君子蓄纸百幅，长如一匹绢，光紧厚白，谓之鄱阳白。问饶（州）人，云：本地无此物也。◎姚顗　姚顗（865~940），字伯真，京兆万年（今陕西西安）人。唐末进士，历仕后梁、后唐、后晋三朝，累官至中书侍郎、同中书门下平章事。天福五年（940）冬，卒，赠：左仆射子侄，善造五色笺，光紧精华。研纸版，乃沉香刻山水林木、折枝花果、狮凤虫鱼、寿星八仙、钟鼎文，幅幅不同，文缕奇细，号：研光小本。"《酒浆》："◎置之瓶中，酒也。酌于杯，注于肠，善恶喜怒交矣，祸福得失歧矣。倘夫性昏志乱，胆胀身狂，平日不敢为者为之，平日不容为者为之，言腾烟焰，事堕阱机，是岂圣人贤人乎？一言以蔽之曰：祸泉而已。◎嗜饮者，无早晚，无寒暑。乐固醉，愁亦如之；闲固醉，忙亦如之。肴核有无，醪醴善否，一不问，典当抽那，借贷赊荷，一不恤。日必饮，饮必醉，醉不厌，贫不悔。俗号：瓶盏病。遍揭《本草》，细检《素问》，只无此一种药。"《茗荈》："◎汤悦（912~984）有《森伯颂》：'盖茶也，方饮，而森然严乎齿牙；既久，四肢森然。'二义一名，非熟夫汤瓯境界，谁能目之。◎符昭远不喜茶，尝为御史同列会茶，叹曰：此物面目严冷，了无和美之态，可谓冷面草也。◎茶至唐始盛，近世有下汤运匕，别施妙诀，使汤文水脉成物象者。禽兽、虫鱼、花草之属，纤巧如画，但须臾即就散灭。此茶之变也，时人谓之：茶百戏。"《馔馐》："◎郭进　郭进（922~979），深州博野（今河北博野）人。豪爽倜傥，喜交侠士，事后汉、后周、北宋三朝。后汉、后周期间，历官乾、坊、淄三州刺史；入宋以后，累官行营前军马军都指挥使、河东道、忻州行营马步军都监、云州观察使等家，能作莲花饼馅，有十五隔者，每隔有一折枝莲花，作十五色。自云：周世宗有故宫婢流落，因受顾于家。婢言：宫中人号'蕊押班'。◎汤悦**汤悦**（912~984），本名殷崇义，字德川，池州青阳（今安徽青阳）人。自幼颖悟，尤善属文，仕杨吴、南唐、北宋三朝。杨吴时，任秘书省校书郎、水部员外郎；南唐时，历任中书舍人、翰林学士、礼部侍郎、中书侍郎、户部尚书、吏部尚书、右仆射枢密使、左仆射门下侍郎、平章事、太子太傅等；入宋，任太子少詹事、直学士院、光禄寺卿等。撰有《江南录》十卷逢士人于驿舍，士人揖食。其中一物是炉饼，各五事，细味之，馅料互不同。以问士人，叹曰：此五福饼也。◎窦俨**窦俨**（919~960），字望之，蓟州渔阳（今天津蓟县）人。幼能属文，后晋天福六年（941）进士及第，事后晋、后汉、后周、北宋四朝。后晋时，历任滑州从事、著作佐郎、集贤校理、天平军掌书记、左拾遗等；后汉时，历任史馆修撰、右补阙、主客员外郎、知制诰、翰林学士、金部郎中、中书舍人等；后周时，历任集贤殿学士、知贡举、翰林学士、太常寺卿等；入宋，任礼部侍郎，代仪知贡举。建隆元年（960）卒，年四十二。著有《周正乐》120卷尝病目，几丧明，得良医愈之。劝令频食羊眼，俨遂终身食之。其家名'双荤羹'，世人有呼为'学士羹'者。◎贵有力者，治饭材，舂、捣、簸、汰，但中心一颗存焉，俗谓之'转身米'。◎吴门萧琏，仕至太常博士。家习庖馔，慕虞悰**虞悰**（435~499），字景豫，会稽余姚（今浙江余姚）人。士族，累官至祠部尚书。治家富殖，善为滋味，所作肴馔，胜逾宫廷鼎味、**谢讽**谢讽（生卒不详），隋朝宫廷尚食直长，著有《食经》之为人，作卷子生，止用肥羜五个月大的小羊包卷成云样然，美观而已。别作散钉麦穗生，滋味殊冠。◎石耳、石发、石线、海紫菜、鹿角脂菜、天花蕈、沙鱼、海鳔白、石决明、虾魁脂，右用鸡、羊、鹑汁及决明、虾、蕈浸渍，自然水澄清，与三汁相和，盐酎庄严，多汁为良。十品不足，听阙，忌入别物，恐伦类杂则风韵去矣。◎富家出游，运致馔具，皆用髹椟。蒙以紫碧重檐罩衣，两人舁之。其行列之盛，有若雁行，旁观号为：雁椟。◎酱，八珍主人也；醋，食总管也。◎建康七妙。金陵士大夫渊薮，家家事鼎铛，有七妙：虀可照面，馄饨汤可注砚，饼可映字，饭可打擦擦台，湿面可穿针，带饼可作劝盏，寒具嚼著惊动十里人。◎于阗法全蒸羊，广顺中（951~953），尚食取法为之。"《薰燎》："◎江南山谷间有一种奇木，曰：麝香树。其老根焚之亦清烈。◎李璟保大七年（949），召大臣宗室赴内，香燕，凡中国外夷所出，以至和合煎饮，佩带粉囊，共九十二种。江南素所无也。◎徐铉或遇月夜，露坐中庭，但爇香一炷。其所亲私，别号：伴月香。"

（宋）陆游《南唐书》列传卷一四："某御厨者，失其姓名，唐长安旧人也。从中使至江表，未还，闻崔胤（853~904）诛北司，遂亡命而某留事吴。及烈主受禅，御膳宴设赖之，略有中朝承平遗风。其食味有：鹭鸶饼、天喜饼、驼蹄馂、春风馍、密云饼、铛糟炙、珑璁馂、红头签、五色馄饨、子母馒头，旧法具存。"

　　（明）《金陵世纪》卷二："◎孔子巷，在青溪侧，大仁寺其址在今马道街中段北侧西南，长乐桥东。◎运巷，在今朝天宫西黄泥巷。◎刁家巷，南唐刁彦能子孙所居。◎六房五房巷，《庆元志》：在府治其址在今慧园街西端王府园门对南，直街。高宗赵构驻跸，省院吏所居。《戚氏志》：杭（州）亦有此巷，以居吏者，故云：房。又云：乃南唐巷。◎金华坊，《庆元志》：在宋上元县治今白下路中段北侧东。◎翔鸾坊，在武定桥东南，德庆巷今大油坊巷之左。◎康乐坊，《庆元志》：城东半山寺处，名康乐坊。◎东西锦绣坊，在御街（左）右，见前南唐御街注。◎钟山坊，在宋行宫前东夹道。◎石城坊，行宫前西夹道。◎长干里，《旧志》：秦淮南，越筑城长干。即今聚宝门外报恩寺前大道也。◎凤凰里，《建康志》：在保宁寺后。◎黄泥巷，在朝天宫之西，即古之运巷。◎百花巷，在竹街北，直通层楼巷，即古花（行）街。◎长乐巷，在聚宝门内，军师巷北，古长乐渡。◎建安坊，鼎新桥北。◎裕民坊，建安坊东。◎敦化坊，内桥西。◎宽征坊，饮虹桥西。◎杂役三坊，二坊北，旧名建业坊。◎铁作坊，三山街西，古名鹭州（洲）坊。"

　　（明）《正德江宁县志》卷三：《土贡》："西瓜、甜瓜、青梅、枇杷、杨梅、香桔、脆梅、新米、芹菜、蒌蒿、新枣、鲥鱼、子猪、子鹅、子鸡、大红豆、小红豆以上岁进、荐新、生菜、荠菜、韭菜、苔菜、王瓜、茄子、冬瓜、菠芥菜、葱、鸡头子、鸡鸭子以上纳太常寺、鲫鱼、封鲊、葱以上纳光禄寺。"《物产》："谷之品：（一）南乡米：出安德、凤西等乡，形圆长而色白，饭盛瓷碗中隐隐有绿色。《金陵志》旧有珠子米。即此。今稻有二种，有秔稻、糯稻，惟出南乡者为佳。又有红稻、黑稻、早稻、晚稻，品类颇众。（二）香秔：七月熟，米粒小而性柔类糯，有红芒、白芒二种，以三五十粒入他米数升炊之，芬芳可爱，然不宜多。又谓之香穤，岁充贡。（三）麦：有大麦、小麦、穤麦、紫秆麦、舜苛麦。（四）豆：有黄豆、绿豆、黑豆、白扁豆、茶豆、豌豆、赤豆、江豆、蚕豆、刀豆，又有大红豆、小红豆。出安德乡，岁充贡。蔬之品：菘：一名大崧。《尔雅》所谓'凌寒不凋，有菘之操。'故字重菘。又有冬种而春茂者，名又有猫头笋。禽之品：（一）鸠，旧志所载《尔雅》云：鴶鵴，江东呼为拨谷，又呼为护谷，又名桑鸠。（二）鹑、凫，并《金陵志》所载。（三）芦鸷，江东呼为芦虎。（四）鱼狗，《尔雅》云：竭天狗。注云：小鸟，青似翠，食鱼，江东呼为鱼狗，穴土为窠。兽之品：◎獐、鹿，并旧志所载。陶隐居陶弘景（452~536），字通明，丹杨秣陵（今江苏南京）人。少时受道术熏陶，潜研葛洪《神仙传》，后隐居茅山。萧梁代齐，进献图谶，为梁武帝所重，时有'山中宰相'之称。阴阳五行、天文地理、星象算术、文学书法，无所不精。撰有《真诰》二十卷，为道教经典云：野肉之中，獐鹿可食，生不腥膻，又非辰属，故道家取为脯。獐亦名麕，有牙者佳。水族之品：（一）鲥鱼，骨纤肉腻而味甚腴，出大江，岁进于京。倪岳倪岳（1444~1501），字舜咨，应天府上元（今江苏南京）人，祖籍钱塘（今浙江杭州）。天顺八年（1464）甲申科殿试第二甲第二十九名进士，授翰林院庶吉士、编修。历官侍读学士、礼部侍郎、礼部尚书、兵部尚书、吏部尚书等。卒赠太子少保，谥：文毅。著有《青溪漫稿》《蒙赐鲥鱼》诗：'中使传呼赐予仍，小臣何幸亦亲承。润分异果皆沾露，寒沁嘉鱼尚带冰。擎出九天从玉署，贡来千里自金陵。深惭两世遭逢地，图报非才愧感增。'（二）鲚鱼：初春出江中，形色如刀，俗呼为刀鲚鱼。《尔雅》鮤鱴刀，注：今之鲚鱼也。《说文》鱴刀鱼也，作刀鲚非，《山海经》谓之刀鱼。（三）回鱼，状类鲇而头锐，出江中，四月鲥鱼尽，则入市。苏轼诗：'粉红石首仍无骨，雪白河豚不药人。寄语天公与河伯，何妨乞与水晶鳞。'（四）鲫鱼，冬月味美，故俗有冬鲫夏鲤之称。（五）鳊鱼，缩项细鳞，味甚腴。帛之品：（一）纻丝，俗称为缎子，有花纹，有光素，有金缕彩妆，制极精致。《禹贡》所谓织文是也。（二）纱，《旧志》有花纱、绢纱、四紧纱，今又有银条纱。有绉纹，其彩色妆花，亦极精巧。别有土纱、包头纱。（三）罗，有花有素，出京城者，谓之府罗。又有刀罗、河西罗，其彩色妆花与纻丝同。（四）绢，有云绢、素绢、生绢、熟绢，彩色妆花，亦与纱同。器用之品：（一）紫毫笔，见《旧志》。（二）灯带，有悬丝，有玉版，金陵出陶山人者，绝妙一时。（三）铜器，出铜作坊。（四）皮灯，用羊皮画为花鸟人物，施彩色，制极精致。（五）藤椅，治藤为之。（六）粉笺，金陵在齐有银光纸，南唐有澄心堂纸，今无。近有粉笺，亦颇精致。（七）镟作，用乌木、花梨，制炉瓶座盖、香盒、小穿心盒、酒盏，皆精。（八）扇，名箑扇，四方通行。（九）琴绖，用丝水缠，唯天阴制者为佳。（十）乐器，筝、蓁、琵琶，诸器颇精。（十一）藤枕，治藤为之，颇精。颜料之品：（一）银硃：水银硫黄烧造。上品为水花硃，可入漆；次标硃、片硃；最下为二硃。（二）黄丹，炒黑铅为末，三变成丹。（三）韶粉，黑铅烧造。以上三品，相传葛仙公葛洪（284~363），字稚川，号抱朴子，丹杨句容（今江苏句容）人。少好儒学，兼及神仙导养之术，著有《抱朴子》《肘后备急方》等，世称葛仙公遗法。（四）铜青，用铜为板，入醋，醋数日，割苔为之。饮馔之品：（一）酒，李白诗'堂上三千珠履客，甕中百斛金陵春'。唐人多以春名酒，金陵春当酒名也。宋酒名有绣春堂、留都春等。今市酤皆不佳，惟烧酒差可。（二）玉版鲊：用鲟鱼为之，其色莹白如玉。韩世忠韩世忠（1089~1151），字良臣，延安府（今陕西延安）人。年少入伍，以功授武副尉。历任承节郎、御营左军统制、鄜延路副总管、武胜昭庆军节度使、浙西制置使、京东淮东路宣抚处置使、河南北诸路招讨使、枢密使等。卒赠：蕲王尝以为献。（三）满殿香面，《旧志》：出左城录事司，岁以为贡。（四）天香饼，木犀即桂花为之。（五）橙丁，用糖沁橙为之，颇有风致。"

（明）《正德江宁县志》卷五："◎人匠三坊，在县明江宁县治所，在今长乐路与中山南路十字路口东北侧西北，铁作坊内，即古鹭洲坊。◎贫民一坊，在县东，自三山街南廊，折古御街西廊，直抵聚宝门今中华门内。◎铁猫局坊，在县南，凤凰台下，即古凤凰台坊，又名凤凰里。◎颜料坊，在草鞋街今彩霞街东，古西市，东接铜作坊。◎铜作坊，在县治西，即古东市。◎银作坊，在县治东，即古建业坊，东通古御街。◎铁作坊，在铜作坊西北，即古鹭洲坊，南通新桥，北接三山街。◎承贤坊，在今三山街；舜泽坊，在承贤坊南；建业坊，在舜泽坊南；兴政坊，在建业坊南；雅政坊，在兴政坊南；凤台坊，在雅政坊南；滨江坊，在凤台坊南；永安坊，在滨江坊南；敦教坊，在永安坊南；崇胜坊，在镇淮桥西南。自承贤坊以下，并境内古坊。"

（明）《万历上元县志》卷四："◎孔子巷，在青溪侧，大仁寺前，古长乐桥东。◎乌衣巷，在秦淮南，其地今在城东南五里。◎运巷，与冶城接，今俗呼为黄泥巷。◎国子监巷，在镇淮桥北，御街东南。（南）唐跨有江淮，鸠集坟典，特置学宫，滨秦淮，开国子监，俗呼为国子监巷。◎长乐巷，在军师巷今中华路南段东侧东北，即旧长乐坊。◎金华坊，《庆元志》：在县治今白下路中段北侧东。◎翔鸾坊，在武定桥南。◎康乐坊，《庆元志》：城东半山寺处，名康乐坊。◎东锦绣坊，在御街左。◎钟山坊，在宋行宫前夹道。◎石城坊，在行宫前西夹道。◎建安坊，在鼎新桥北，俗呼下街口。◎裕民坊，在建安坊东。◎敦化坊，在内桥西。◎善政坊，在大中桥西，旧名九曲坊。◎善和坊，在武定桥东。"

（明）《客座赘语》卷一："南都大市为人货所集者，亦不过数处，而最夥为行口，自三山街西至斗门桥今升州路与鼎新路十字路口而已，其名曰：果子行。它若大中桥、北门桥、三牌楼等处亦称大市集，然不过鱼肉蔬菜之类。如：铜铁器则在铁作坊今长乐路与中山南路十字路口以北，皮市则在笪桥南，鼓铺则在三山街口、旧内今王府园西门之南，履鞋则在轿夫营今教敷营，帘箔则在武定桥之东，伞则在应天府街今府西街之西，弓箭则在弓箭坊，木器南则钞库街、北则木匠营（坊）。盖国初建立街巷，百工货物买卖各有区肆，今沿旧名而居者，仅此数处。"卷二："国初，徙浙、直人户填实京师，凡置之都城之内曰：坊，附城郭之外者曰：厢。◎上元之坊曰：十八坊、十三坊、十二坊、织锦坊、九坊、技艺坊、贫民坊、六坊、木匠坊。东南（北）隅、西南隅厢曰：太平门厢、三山门厢、金川门厢、江东门厢、石城关厢。◎江宁之坊曰：人匠一坊、人匠二坊、人匠三坊、人匠四坊、人匠五坊、正西旧一坊、正西旧二坊、贫民一坊、贫民二坊、正南旧二坊、正东新坊、铁锚局坊凤凰台下、正南旧一坊、正西新坊、正西技艺坊。厢曰：城南技艺一厢、城南技艺二厢、仪凤门一厢、仪凤门二厢、城南人匠厢、瓦屑坝今赛虹桥厢、江东旧厢、城南脚夫厢东城下、江东新厢、清凉门厢、安德门厢、三山旧一厢、三山旧二厢、三山技艺厢、三山富户厢、石城关厢、刘公庙厢、神策门厢、毛公渡厢。"

　　（清末民初）《金陵物产风土志》："《本境植物品考》：◎稻米：佳者，北乡观音籼，以产观音门位于今燕子矶以西得名；而金牛洞位于今江宁区禄口红莲稻，色微赤而香，上至溧水，率多此种，谓之到地南乡。今曰黑稻米、洋尖颗，其变名也。◎其蔬种：若菠稜、莴苣、油苔、蒿、苋、瓠瓜、

豆荚之属，皆与他郡同。即旧称板桥萝卜、善桥葱，亦虚
有其名。而初春黄韭芽，首夏牙竹笋，秋菘之美者以矮脚
黄名，冬日则有瓢儿菜、雪里蕻、白芹，可烹可菹，其甘
媚舌，最为隽品。至于荠菜、苜蓿、马兰、雷菌、蒌蒿诸
物类，皆不种而生。"《本境动物品考》："◎猪肉：中
国人贵贱之通食也。金陵南乡人善养之，躯小而肥，俗呼
驼猪。岁暮始宰，以祀神、供宾客、给年用，非市中所常有。
◎羊有二种：绵羊，大尾而肥；山羊，骈角而羬。以连皮、
剥皮分之，唯冬月始入市，他时则否。◎屠牛：向有厉禁，
回民每于下浮桥、七家湾等处窃卖之。◎鸭：非金陵所产也，
率于邵伯、高邮间取之。么凫、稚鹜均为雏鸭之雅称千百成群，
渡江而南，阑池塘以畜之，约以十旬肥美可食。杀而去其毛，
生鬻诸市，谓之'水晶鸭'；举叉火炙，皮红不焦，谓之'烧
鸭'；涂酱于肤，煮使味透，谓之'酱鸭'；而皆不及'盐
水鸭'之为无上品也。淡而旨，肥而不浓，至冬则盐渍日久，
呼为'板鸭'。◎桶子鸡者：冬日之珍肴也，味与初春盐
水鸭同。其腹中所有菹而沽之，曰'杂碎'。◎渔人网得
诸鱼，贩者受之，以转鬻于市。南市在沙湾今钓鱼台，中市
在行口今熙南里，北市在北门桥，夹道布列，皆鱼盆也。粗
而肥，大鼻，长数尺者，为'鲟鳇'；白而无鳞者，为'鮰
鳞'；金色而脊黑者，为'青鱼'；深黑者，为'螺蛳青'；
巨口细鳞者，为'鳜'；首有七星而黑者，为'乌鱼'；
颔首而腥者，为'鲢'，鲢有皂、白之分，皂者则尤腥也；
鳞细而身扁者，为'鳊'；小头而身极阔者，为'缩项鳊'，

俗曰恪者，缩之讹也；脊隆而黑，至冬尤美者，为‘鲫’。
春有‘刀鲚’，夏有‘鲥’，秋有‘蟹’，皆以时荐新者也。
口有须而金色者，为‘鲤’；长身而细鳞者，为‘白鱼’；
似白鱼而稍粗者，为‘鳡’，亦以冬鲜者也。‘河豚’禁
不入城，为其有毒中人也。石首，谓之‘黄鱼’，向唯五
月有之，惧其馁，以冰护。而至今自江轮通行，来不拘时矣。”
《本境食物品考》：“◎金陵民，日三食。屑麦糯和糖霜，
调盐酪，巧制汤饼、馄饨、糍团、油炸诸品，晨食之曰‘点心’。
点心者，宋人语也。贫者则取釜底焦饭以代，俗呼‘锅粑’。
◎夏昼极长，则下午增一小餐，谓之‘中点心’。果饵有煮菱、
熟藕、糖芋之属，粉糍有茯苓糕、黄松糕、甑儿糕之属，
市人担而卖之。甑儿糕者何？削木如小瓶，实秈糯米屑于中，
递蒸使之融，于老少无齿者最相宜也。◎午食稻饭，晡时晚
餐亦然。馔用羊、豕猪、鸡、鹜鸭，佐以瓜、蓏野果、蔬、
茹野菜。又：盐制竹笋、莴苣、莱菔萝卜、生姜、豆豉各种，
曰‘小菜’，以为庶馐。此食之丰美者也。寒俭家，则仅
供草具蔬菜，肉食有期，谓之‘当荤’。◎寻常下酒之物，
市脯之外，有以油炸小蟹、细鱼者，或面裹虾炸之，为‘虾
饼’；或屑藕团炸之，为‘藕饼’。担于市，摇小铜鼓以
为号，闻声则出买之，至便也。◎有大宴会则设筵，贵者
大小十六献，用海菜至鲨鱼翅而止，燕窝不常见也。◎酒：
用‘绍兴花雕’，其佳者曰‘竹叶青’，次则‘镇江百花’。
◎元旦祀神，取麦屑揉糖为圆式，蒸之使起，曰‘发糕’；
和糯粉，条分之，曰‘年糕’。◎汤团，谓之元宵，以节

名也。贺客至，率以芹芽、松子、核桃仁点茶，谓之'茶泡'；茶煮鸡子以充晨餐，谓之'元宝弹'。◎采芦叶裹糯米为三角形，或杂以红豆，或杂以腊肉，谓之'粽'。粽，角黍也，是不独端阳食之矣。◎端阳有五毒菜：韭叶、茭草、黑干、银鱼、虾米也。又取蚕豆炒之，谓之'雄黄豆'。◎中元七月十五日盂兰会夜市，取鲜银杏，铁勺烙之，实青碧若琉璃，色味双绝，谓之'烧白果'。◎七月杪底地藏会，清凉山麓辄采茅栗，或线穿山查果，如数珠式，儿童竞购食之。◎中秋月饼，以广东人所制为佳。◎重阳饮菊花酒，剥巨蟹。蟹之肥者，圩田产也。◎岁聿云莫即年末，宜备干粮，取糯米杂沙干炒之，去其沙，曰'炒米'。蒸而干之，和以饴糖，搊之使圆，曰'欢喜团'。◎祀灶：有灶糖，作元宝状，以芝麻和糖焙焦之为'金'，以大麦糖揉之为'银'，兆家富也。◎除夕：名物多取吉祥，安乐菜者，干马齿苋也；如意菜者，黄豆芽也。守岁时，取红枣、福建莲子、荸荠、天生野菱，煮粥食之，谓之'洪福齐天'。◎酱：有甜、咸二种，以豆、麦为别，各种小菜皆渍于其中。◎冬月寒菜即腌菜，则无论贫富人皆蓄以为旨。芥菜亦然，雪里蕻其一种也。◎江宁乡白塘，有蒲包、五香各干，以秋油干为佳。秋油者，酱汁之上品也，味淡可供品茶，故俗呼'茶干'。◎磨坊取麦麸，揉洗之，成小团，炙以火，张其外而中虚，谓之'贴炉面筋'，物虽微而行最远焉。◎茶社小品，干丝为良。取百叶干，片缕，切之，浸以酱汁，点以生姜，厥味清腴。◎酒：亦造酿品也。灵谷寺前霹雳沟之水宜之，故孝陵卫所沽者曰'卫酒'。甜而浓，易醉人，有迎风倒之名，即南乡之'封缸酒'也。又：土制烧酒，谓之'大麦冲'，城中饮此者甚鲜。◎密糟：则瓮贮之，渍鱼、肉于中，夏日食之，谓之'糟鱼''糟肉'，与醉蟹之不能经久者异矣。"

卷四

衙署官邸

衙署

　　南唐时期的国家一级管理机构即三省六部诸衙署，主要集中在位于宫城以南中轴线上的御街今中华路两侧，以及宫前大街今白下路东段北侧，其目的是方便皇帝召见各部官员进宫面呈奏章和商议朝政。江宁府治，位于御街中段东南侧的东锦绣坊今王府园。作为都城府署，居城之中，以利随时了解民生，掌握京城民情。上元、江宁两县衙署，位于都城西南隅的凤台山今花露岗南麓，其所辖以西大街今升州路为界，街北属上元，街南属江宁，两县同城而治。后上元县署迁城东尊化坊今白下路；江宁县初在城北清化坊今北门桥，旋徙城南铁作坊今长乐路西端。国子监，位于御街南端镇淮桥东北侧即今信府河、信府苑一带，为南唐时期的最高学府。

史志记载：

（宋）《江南别录》："◎烈主李昪日于勤政殿视政，有言事者，虽徒隶必引见，善揣物情，人不能隐；千里之外，如在目前。◎句容尉张似张似（928~996），字子澄，常州人。生平见本书《卷三》张似条目下注释上书，言为政之要，词甚激切。后主李煜手诏慰谕，征为监察御史。"

（宋）《南唐近事》："元宗李璟少跻大位，天性谦谨，每接臣下，恭慎威仪，动循礼法。虽布素僚友，无以加也。夏日御小殿，欲道服见诸学士，必先遣中使数使宣谕。或诉以小苦，巾裹不及冠褐，可乎？常目宋齐丘为子嵩，李建勋李建勋（872~952），字致尧，广陵（今江苏扬州）人。少好学，能属文，尤工诗。妻徐温之女广德公主，起家杨吴时金陵巡官，南唐立国后，历任副使、中书侍郎同平章事、滑州节度使、监修国史、抚州节度使、司空等，后以司徒致仕，赐号：钟山公。保大十年（952）五月卒，赠：太保，谥：靖为史馆，皆不之名也。君臣之间，待遇之礼，率类于此。"

（宋）陆游《南唐书》卷六："元宗李璟嗣立，听朝之暇，多开延英殿，召公卿议当世事，人皆欣然望治。"

（宋）《钓矶立谈》："后主李煜天性喜学问，尝命两省丞、郎、给谏、词披，集贤殿、勤政殿学士，分夕于光政殿，赐之对坐，与相剧谈，至夜分乃罢。其论国事，每以富民为务，好生戒杀，本其天性。承蹙国之后，群臣又皆寻常充位之人，议论率不如旨。"

（宋）《江南余载》卷上："国中有称冤者，多立于御桥今内桥下，谓之：拜桥。甚者操长钉，携钜斧而钉脚。又有阑入于殿庭者，谓之：拜殿。"卷下："朝元门南唐宫城正南门，三桥龙跃：镇国、天津、二曲尺，跨水覆屋。旧制：文武大臣带平章事者，许乘马行过镇国、天津二桥。百官皆就二曲尺下马。"

（宋）《景定建康志》卷一六："◎今自天津桥今内桥直南夹道，犹有故沟，皆在民居，即古御街也。◎国子监巷，今镇淮桥北御街东，旧比较务即其地。考证：南唐跨有江淮，鸠集典坟，特置学宫，滨秦淮开国子监，里俗呼为国子监巷。"卷二十四："圣宋开宝八年十一月二十七日，江南平，以李煜故府为升州治。"

（元）《至正金陵新志》卷四："◎上元（县），光启（885~887）中，徙凤台山西。◎江宁（县），南唐复析上元置江宁，分治郭下。◎古御街，今自天津桥直南夹道，犹有故沟，皆在民居，南唐御街也。◎国子监巷，今镇淮桥北御街东，旧比较务即其地。南唐跨有江淮，鸠集典坟，特置学宫，滨淮开国子监，里俗呼为国子监巷，又呼草巷。"

（明）《金陵世纪》卷二："◎唐升州治，即今内桥北，南唐宫以州治为之。上元县，徙城东尊贤坊；江宁县，在城北清化坊，南唐徙此。◎南唐置学宫，滨秦淮，开国子监。初跨有江淮，鸠集坟典，特置学宫，在镇淮桥北，御街东，其地呼国子监巷。◎南唐御街。在天津桥今内桥南，直对镇淮桥，至南门，台省相列，夹以深渠，东西有锦绣坊。今内桥直对聚宝门今中华门者，乃南唐御街也。西锦绣坊，即今应天府街今府西街。"

（明）《客座赘语》卷一："南唐都城。内桥以南大衢，直达镇淮桥与南门，诸司庶府，拱夹左右，垣局翼然。当时建国规摹，其经画亦不苟矣。"

《南京建置志》第五章第二节："南唐各官署所在，史料大都缺载，难以考证详实。先主李昪在杨吴西都金陵时，曾遣使于古台城营建天下兵马都统府，共2400间，周围一千五百步，约折今2332.5米左右，其位置约在今长江路总统府及正南一带。其后，直至宋元，这里一直是军事机关及兵营所在。南唐的东宫及统管六部的尚书省，在今白下路以北、太平南路以东一带。南唐御街即今内桥以南的中华路两侧，亦是衙署比较集中的地方。上元县，县署在凤台山西南；江宁县，县衙与上元县治同署，在凤台山西南，两县同城而治。"

官邸

南唐时期，江宁府作为国都，设有完整的国家管理体系即三省六部各司寺院等。这些国家机关的官吏及职事人员均为来自各地的精英，他们在都城的住宅，一部分由南唐朝廷安排在五房六房巷的官舍（元）《至正金陵新志》卷四：

"五房六房巷，《庆元志》：在府治（今南京市秦淮区洪武路街道王府园）对南直街东西。绍兴初，高宗驻跸，三省枢密院吏所居。《戚氏志》：杭州亦有此巷，以居吏，故云房。或疑高宗留此不久，当知为南唐。"，还有大多数官吏的官邸，则遍布城内各坊，是南唐都城内的一道重要亮点。因南唐存续的时间不长，故史籍对这方面记载甚少，纵有也零星散见于地志类杂记之中。本节将根据有关史料明确记载的部分南唐官员官邸次第介绍如下，即：宋齐丘、李建勋、孙晟、韩熙载、江文蔚、刁彦能、贾潭、张泊、卢绛、皇甫晖、皇甫继勋、徐铉、方讷、王坦、乔匡舜、陈德诚、钟蒨等人官邸。

宋齐丘官邸

在金陵国子监巷。

宋齐丘（887~959），初字超回，改字子嵩，庐陵（江西吉安）人，少年时，随其父洪州节度副使宋诚徙居洪州（今江西南昌）。未几，其父卒于任。时天下已乱，齐丘尚年少，遂附洪州节度使钟传。天祐三年（906），钟传败亡，齐丘无依，随众东下，糊口于倡优魏氏。天祐九年（912），投升州刺史徐知诰门下，作《陪游凤凰台献诗》，知诰奇其才，以国士待之。仕吴，历任军府推官、殿直军判官、右司员外郎、右谏议大夫、兵部侍郎、右仆射等。后晋天福二年（937），徐知诰代吴称帝，建立南唐，改名李昇，年号：升元。以齐丘为左丞相，迁司空。保大元年（943），元宗李璟即位，拜齐丘为太保，任中书令，旋封楚国公，拜太师。其时，齐丘自恃势大，得意忘形；结党营私，躁妄专肆。显德五年（958），被夺爵禄，放归九华山，别院处之，重门外锁，穴墙给食。六年（959），自缢死，时年七十三岁，谥：丑谬。其在金陵之官邸位于国子监巷，即今南京市秦淮区中华门内东侧信府苑一带。

史志记载：

（宋）马令《南唐书》卷二十："宋齐丘，豫章人也。其父诚，为江西钟传副使，卒于任。时天下已乱，经籍道熄，齐丘独好学，有大志。……烈主李昇时为升州刺史，延四方之士，齐丘依焉……烈主奇其才，以国士待之……既建齐国，以齐丘为左丞相，迁司空……及放归青阳，即旧第之外，别院处之，重门外锁，穴墙以给食。明年，自缢死，年七十三，谥：丑谬。"

（宋）龙衮《江南野史》卷四："宋齐丘，字子嵩，世为庐陵淦阳阁皂山人……少孤，好学为文，其体颇质朴而无师授，授业贫窭，遂游学于诸郡……时先主李昇刺升州……遂克投赞一见，先主宾之，以为国士……拜右司员外郎，复授谏议大夫、兵部侍郎，居府中，日议庶政。"

（宋）陆游《南唐书》列传卷第一："宋齐丘，字子嵩，世为庐陵人……好学，工属文，尤喜纵横长短之说。烈主为升州刺史，齐丘因骑将姚克瞻得见，暇日陪燕游，赋诗以献，曰：'养花如养贤，去草如去恶。松竹无时衰，蒲柳先秋落。'烈主奇其志，待以国士。"

（宋）《六朝事迹编类》卷七："宋齐丘宅，旧传在镇淮桥北，御街之东，今南北较务是也。其后又为南唐国子监。"

（元）《至正金陵新志》卷十二："宋子嵩宅，齐丘宅在国子监巷。"

李建勋官邸

在钟山南麓、青溪北岸。

李建勋（872~952），字致尧，广陵（今江苏扬州）人。少好学，能属文，尤工诗。杨吴大臣李德诚第四子，权臣徐温之婿。起家金陵巡官，烈主李昪镇金陵，以为节度副使，预禅代之策。历官中书侍郎、同平章政事、左仆射、监修国史，领滑州节度使。升元五年（941），罢官放还钟山私第。保大元年（942），嗣主李璟复拜右司空；七年（949），以司徒致仕，赐号：钟山公，闲居钟山。十年（952），无疾而殁于钟山南麓、青溪北岸之官邸，时年八十一岁，赠：太保；谥：靖。有《钟山集》二十卷。其官邸应在今南京市玄武区后宰门一带。

史志记载：

（宋）马令《南唐书》卷十："李建勋，字致尧，南平王德诚之子……起家为金陵巡官……烈主出镇金陵，以为副使，预禅代之计，拜中书侍郎、平章事。元宗即位，东宫官属稍稍侵权，罢建勋为抚州节度使。召拜司空，乃营亭榭于钟山，适意泉石，累表乞骸骨，以司徒致仕，赐号：钟山公。"

（宋）陆游《南唐书》列传卷第六："建勋，字致尧，广陵人。少好学，能属文，尤工诗……烈主镇金陵，用为副使，预禅代之策。拜中书侍郎、同平章事，加左仆射、监修国史，领滑州节度使……元宗嗣立，以开国勋劳，又联姻戚，尊遇之……出为抚州节度使……召拜司空，称疾，乞骸骨，以司徒致仕，赐号：钟山公……疾革，遗令曰：时事如此，吾得全归，幸矣。勿封树立碑，贻他日毁斫之祸。保大十年五月，卒，赠：太保，谥曰：靖。"

（宋）文莹《玉壶清话》卷十："钟山相李建勋，少好学，风调闲粹。徐温以女妻之，衾帑之外，复赐田沐邑，岁入巨万。虽极富盛，不喜华靡，屏斥世务，喜从方外之游。遍览经史，资禀纯儒，故所以常居重地，寡断不振。其为诗，少犹浮靡，晚年方造平淡。营别墅于蒋山，泉石佳胜。再罢相，逼疾求退，以司徒致仕，赐号钟山公。"

（宋）《江南余载》：卷下："李建勋致仕，自称钟山公。诏授司徒，不起。学士汤悦致状贺之。建勋以诗答曰：司空犹不作，那敢作司徒。幸有山公号，如何不见呼。"

（元）辛文房《唐才子传》卷十："李建勋，字致尧，广陵人。仕南唐为宰相，后罢，出镇临川。未几，以司徒致仕，赐号：钟山公。年已八十，志尚散逸，多从仙侣参究玄门……能文赋诗，琢炼颇工，调既平妥，终少惊人之句也。有《钟山集》二十卷行于世。"

（明）《万历上元县志》卷五："李建勋宅，在青溪北岸。"

（清）《秣陵集》卷五："南唐李建勋青溪草堂遗址。建勋，字致尧，赵王德诚第四子，仕致昭武军节度使。适意泉石，营亭榭于钟山，以司徒致仕，赐号钟山公。妻广德长公主也，亦自号钟山老妪。建勋有青溪草堂，按：青溪发源钟山，草堂当即在钟山台榭中耳。"

孙晟官邸

在金陵凤台山西麓。

孙晟（？ ~956），初名凤，又名忌，字无忌，一字文达，密州（今山东高密）人。好学，有文辞，尤工于诗。后梁时（907~922）举进士，为人豪举跌宕、不蹈绳墨，故不为用。遂南游庐山，居简寂宫，出家为道士。尝画唐诗人贾岛像，置于屋壁，晨夕事之。简寂宫道长视为异端，被逐。易儒服复北上，后唐庄宗署为秘书省著作郎、直史馆。天成二年（927），朱守殷镇汴州，辟为判官，守殷叛被诛，孙晟弃家亡命南奔。时徐知诰辅吴，多招四方之士，得晟喜甚。晟口吃，不善寒暄，已而坐定，谈辩风生，听者忘倦。烈主尤爱之，赠宅金陵凤台山西麓。有事引与计议，多合意，以为右仆射，与冯延巳（903~960）并相元宗。事烈主、元宗二十余年，位至宰相、司空。保大十四年（956）三月，出使后周，世宗柴荣（921~959）召问江南事，不对，杀之。元宗闻之流涕，赠：太傅；封：鲁国公；谥：文忠。其官邸在金陵凤台山西麓，即今南京市秦淮区双塘街道凤游寺社区一带。

史志记载：

（宋）马令《南唐书》卷十六："孙晟，初名凤，又名忌，密州人也。好学，有文辞，尤工于诗……天成中，朱守殷镇汴州，辟为判官。守殷反，伏诛，晟乃弃其妻、子……来奔于吴。时烈主辅政，多招四方之士，得晟喜甚……引与计议，多合意，以为右仆射……晟事烈主、元宗二十余年，官至司空。"

（宋）陆游《南唐书》列传卷第八："孙忌，高密人，一名凤，又名晟。少举进士，如洛阳……唐庄宗建号，以豆卢革为相，革雅知忌，辟为判官，迁著作郎……烈主受禅，历中书舍人、翰林学士、中书侍郎……元宗立，累迁左仆射，与冯延巳并相……保大十四年（956），周师侵淮南，围寿州，分兵破滁州，擒皇甫晖，江左大震。以忌为司空，使周奉表，请为外臣……至大梁，馆都亭驿。遇入阁，使班东省官后。屡召见，饮以醇酒，问江南事，忌但言：寡君实北面无二心……又问江左虚实，终不肯对。比出……忌怡然整衣索笏，东南望，再拜曰：臣受深恩，谨以死谢……元宗闻之流涕，赠：太傅，追封：鲁国公，谥：文忠。"

（宋）龙衮《江南野史》卷五："孙忌者，本名晟，山东齐郡人。少家贫，力学，能属文。朱梁主举进士。会庄宗立号河北，招慕河南仕人，忌因亡之。署为著作郎、直史馆……后从先主渡江，署节度巡官，弥见亲宠。每至宴谈，迫旦迄夕。与徐玠同预禅代，擢拜翰林学士、知制诰。文辞叠顺，优婉而古。寻迁中书侍郎……嗣主即位，素所畏重，累迁右仆射、平章事。"

（宋）《南唐近事》："孙晟为尚书郎，上赐一宅在凤台山西冈垅之间。"

（宋）《景定建康志》卷四十二："孙晟宅，在凤台山西。"

（元）《至正金陵新志》卷十二："孙晟宅，凤台山西冈垅之间。"

（明）《正德江宁县志》卷七："孙晟为尚书郎时，上赐宅一区，宅在凤台山西冈垅之间。徙居之日，群公萃止。韩熙载见其门巷卑陋，谓孙曰：湫隘若此，岂称为相第耶？举座莫喻其旨。明年，孙拜御史大夫，百日之间，果登台席。"

（清）陈文述《秣陵集》卷五："凤台山吊南唐司空孙文忠公晟遗宅，凤台山当与今凤游寺相近。"

韩熙载官邸

在城南戚家山凤台里。

韩熙载（902~970），字叔言，北海今山东潍坊人。文高学深，角立杰出。后唐同光元年（923）举进士。时北方混乱，遂南投杨吴，历任滁州、和州、常州等地州从事。南唐建立，历事三主，烈主李昪时，拜征为秘书郎，掌东宫太子文翰。中主李璟即位，历任虞部员外郎、史馆修撰、太常博士、权知制诰、中书舍人、户部侍郎等。后主李煜时，历任吏部侍郎、秘书监、兵部尚书、勤政殿学士承旨、太子右庶子、中书侍郎、光政殿学士承旨等。开宝三年（970）七月二十七日，卒于京师凤台里官邸，时年六十九岁。赠：右仆射同平章事；谥：文靖。其官邸所在戚家山凤台里位于凤台山东南麓，即今南京市秦淮区双塘街道荷花塘一带。

史志记载：

（宋）马令《南唐书》卷十三："韩熙载，字叔言，北海人也。弱冠，擢进士第。同光末……奔于吴，连补和、常、滁三州从事。烈主受禅，除秘书郎，辅元宗于东宫。及元宗即位，拜虞部员外郎、史馆修撰……久之，征为虞部郎中、史馆修撰，拜中书舍人，迁兵部尚书……开宝三年病卒，年六十九。赠：平章事，谥：文靖，葬梅颐岗谢安墓侧。"

（宋）陆游《南唐书》列传卷第九："韩熙载，字叔言，北海人。少隐嵩山，唐同光中，擢进士第……烈主受禅，召为秘书郎，使事元宗于东宫……元宗即位，拜虞部员外郎、史馆修撰，兼太常博士……宿直宫中，赐对多所弘益，后主手教褒之，进中书侍郎。卒，年六十九……谥：文靖，葬梅岭冈谢安故墓侧。"

（宋）文莹《湘山野录》卷下："韩熙载，字叔言，事江南三主，时谓之神仙中人。风采照物，每纵辔春城秋苑，人皆随观。谈笑则听者忘倦，审音能舞，善八分及画笔，皆冠绝，简介不屈，举朝未尝拜一人。"

（宋）徐铉《骑省集》卷十六："《唐故中书侍郎、光政殿学士承旨昌黎韩公墓志铭》："公讳熙载，字叔言，其先南阳人……以校书郎释褐，出为滁、和、常三州从事……征为秘书郎掌东宫文翰。元宗深器之，及践位，以为虞部员外郎、史馆修撰，赐绯，又以大礼繁叠加太常博士……春秋六十有九，庚午岁秋七月二十七日，殁于京凤台里之官舍。"

（元）《至正金陵新志》卷十二："南唐韩熙载宅，宅在城南戚家山。"

（明）《正德江宁县志》卷七："韩熙载宅，在朱雀门外东南。郑文宝《南唐遗事》云：韩熙载居戚家山。"

（清）陈文述《秣陵集》卷五："《梅冈吊南唐中书侍郎韩熙载墓》：熙载字叔言，潍州北海人……。开宝三年（970），卧疾，卒于城南戚家山，赠右仆射、同平章事，谥：文靖，葬梅岭冈谢安墓侧。"

江文蔚官邸

在金陵五房六房巷京师官舍。

江文蔚（901~952），字君章，建阳今福建建瓯人。博学，工属文。后唐长兴二年（931）进士，为河南府馆驿巡官。畏权贵加害，故南奔投杨吴。时烈主辅吴，用为宣州观察巡官，历比部员外郎、知制诰。南唐建国，改主客郎中，拜中书舍人。李璟即位，任给事中判太常卿事，迁御史中丞。矫枉持平，无所顾惮。坐庭劾宰相冯延巳，其言深切，遭贬为江州司士参军，旋加江州营田副使。后复召回京，任卫尉卿，俄拜右谏议大夫，充翰林学士，权知贡举。保大十年（952）八月二日，卒，时年五十二岁，谥曰：简。其官邸在江宁五房六房巷官舍，即今南京市秦淮区三山街承恩寺一带。

史志记载：

（宋）马令《南唐书》卷十三："江文蔚，字君章，许人也。长兴（930~933）中，举进士，为河南府巡官……自为郎时，南唐礼仪草创，文蔚撰述朝觐会同、祭祀宴飨、礼仪上下，遂正朝廷纲纪。烈主殂，元宗以文蔚知礼，宜董治山陵事，除文蔚工部员外郎，判太常寺，以议葬礼，于是烈主山陵制度皆文蔚等裁定。"

（宋）陆游《南唐书》列传卷第七："江文蔚，字君章，建安人。博学，工属文。后唐明宗时擢第，为河南府馆驿巡官……烈主辅吴，用为宣州观察巡官，历比部员外郎、知制诰。国初，改主客郎中、拜中书舍人。烈主殂，元宗以丧乱之后，国恤旧典散亡，命文蔚以给事中判太常卿事……保大初，迁御史中丞，持宪平直，无所阿枉……保大十年，卒，年五十二，谥曰：简。"

（宋）徐铉《骑省集》卷十五："《唐故左谏议大夫

翰林学士江公墓志铭》："公讳文蔚，字君章，其先济阳考城人……徙籍建安，世为大姓……烈主孝高皇帝，王业始于江东，仁风被于四裔。公杖策高蹈，款阙来仪……署宣州观察巡官，试秘书郎，迁水部员外郎，赐绯鱼袋。王国初建，改比部员外郎，知制诰……迁主客郎中，知制诰如故……今上嗣位，大礼聿修，徙公为给事中，判太常卿事……明年，拜御史中丞……春秋五十有二，保大十年（952）八月二日，卒于京师官舍。"

（宋）《江南余载》卷上："翰林学士江文蔚侍宴，醉而无礼，明日，拜表谢罪。上命赐衣一袭，以慰之。"

（清）吴任臣《十国春秋》卷二十五："江文蔚，字君章，建安人。博学，工属文。后唐长兴中，举进士，为河南府馆驿巡官……烈主辅吴，用为宣州观察巡官，历比部员外郎、知制诰。国初，改主客郎中，拜中书舍人……烈主殂，元宗以文蔚知礼宜董治山陵事，除文蔚工部员外郎，判太常卿事……保大初，迁御史中丞……保大十年，卒，年五十二，谥曰：简。"

刁彦能官邸

在金陵刁家巷。

刁彦能（890~957），字德明，河南上蔡人。少孤，事母笃孝，遇乱徙家宣州。家贫无以养，乃事节度使王茂章帐下。后投杨吴为军校，迁裨将。南唐立国，官天威军都虞侯、左街使，时金陵数年大水，秦淮溢，东关尤被害，彦能请筑堤为斗门，疏导之，水患稍息。后官至抚州节度使。保大十五年（957），卒，时年六十八岁。其子孙世居金陵刁家巷。惜巷址今无详考。

史志记载：

（宋）马令《南唐书》卷十一："刁彦能，上蔡人也。父礼，遇乱，徙居宣城。彦能少孤贫，奉母以孝闻……烈主受禅，召入禁卫，叙其旧恩，迁天威军都虞侯、左卫使。元宗即位，出为饶、信二州刺史，建州留后，抚州节度使……卒年六十有八。"

（宋）陆游《南唐书》列传卷第三："刁彦能，字德明，上蔡人。父礼，遇乱，徙家宣州。彦能少孤，事母笃孝。家贫无以养，乃事节度使王茂章……烈主代吴，入为环卫，迁至天威军都虞侯、左卫使。金陵数大水，秦淮溢，东关尤被害，彦能请筑堤为斗门，疏导之，水患稍息。元宗嗣立，出为饶州节度使，徙信州，又徙建州留后、抚州节度使……保大末，卒，年六十八。"

（元）张铉《至正金陵新志》卷四："刁家巷，《庆元志》：南唐刁彦能子孙居此巷，因名。今不闻此巷。"

（明）陈沂《金陵世纪》卷二："刁家巷，南唐刁彦能子孙所居。"

贾潭官邸

在江宁永安里。

贾潭（881~948），字孟泽，河南洛阳人。官宦世家，资负凤成。风神爽迈，智术通明。景福二年（893）登学究科，授京兆参军，迁秘书郎。天祐四年（907），丁父忧。服满，授廉防使，辟佐楚、泗、宣三府事。俄而母逝，内艰守制。后事杨吴权臣徐温，掌奏记书檄十余年，出为宣池观察判官。南唐李昪时，拜秘书少监，迁中书舍人、翰林学士。中主李璟时，拜兵部侍郎，迁兵部尚书，修国史。旋奉命出使契丹，完璧而返。除泰州刺史。保大六年（948）九月二十一日，病卒于江宁城内永安里官邸，时年六十八岁，谥曰：宣。其官邸所在之永安里，应为今南京市秦淮区钓鱼台一带。

史志记载：

（宋）徐铉《骑省集》卷十五："《大唐故中散大夫、检校司徒、使持节、泰州诸军事兼泰州刺史、御史大夫、洛阳县开国子，贾宣公墓志铭》：公讳潭，字孟泽，洛阳人也……公有世德之资，负凤成之器。风神爽迈，智术通明。景福二年（896），以学究一经射策高第，释褐京兆府参军事，迁秘书郎。侍从南迁，进修不懈。天祐丁卯岁（907），居先君忧，服丧过哀，宗党称孝。楚泗郡守、宣城廉使，虚左交辟，三府驰名。俄而内艰，戚忧如礼。艺祖武帝徐温创基，分陕侧席求才，素与公周旋，即加命礼，奏记书檄，一以委之……改宣池观察判官。烈主高皇帝李昪受命中兴，不忘旧德，征拜秘书少监，充仪礼副使，迁中书舍人、崇英翰林学士……保大嗣统李璟，拜兵部侍郎、知制诰，学士如故，充永陵李昪仪礼副使。同轨胥会，大礼无违。迁兵部尚书，修国史……会边马南侵，天眷北顾。命公持节使于契丹，宣大国之威神，得诸蕃之要领。及辂轩还轸，而控弦出塞矣，报命称旨，时论具瞻……除泰州刺史，视事数月，丕变土风。因遘疾还京，保大六年（948）九月二十有一日，卒于江宁永安里官舍，享年六十有八。皇上轸悼，再不视朝，饰终之礼，务从加等。太常考行，赐谥曰：宣。"

（宋）欧阳修《新五代史》卷六十二："保大五年，契丹遣使来聘，以兵部尚书贾潭报聘。"

（宋）徐铉《稽神录》卷二："伪吴兵部尚书贾潭言：其所知为岭南节度使，获一橘，其大如升，将表献之。监军中使以为非常物，不可轻进。因取针微刺其蒂下，乃有蠕蠕而动者，因破之，中有一小赤蛇，长数寸。"

张洎官邸

在江宁秦淮北岸。

张洎（934~997），旧字师黯，改字偕仁，安徽全椒人。少有俊才，博通坟典。保大十六年（958）戊午科进士第二名，授上元县尉，迁礼部员外郎，历官知制诰、监察御史、中书舍人、清辉殿学士等。入宋，历官太子中允、相州知州、贝州知州、礼部侍郎、太仆少卿、谏议大夫、大理寺判兼史馆修撰、中书舍人、翰林院学士、参知政事等。至道三年（997），卒，时年六十四岁。赠：刑部尚书。其在南唐任职时的官邸秦淮北岸，应为今南京市秦淮区升州路徐家巷附近。

史志记载：

（宋）马令《南唐书》卷二十三："张洎，南谯人。王师围金陵，洎在城中，作蜡丸帛书，使间道走契丹求援，为边候所得。及金陵平，太祖皇帝召洎诘责，以书示之。洎神色自若，徐曰：'此臣在国所作。'上曰：'汝国称藩事大，何乃反复如此。汝实为之，咎将谁执。'洎曰：'当危急之际，望延岁月之命，亦何计不为。臣所作帛书甚多，此特其一尔。'上善曰：'无欺也。'南唐之士，归于皇朝，洎最显焉。"

（宋）郑文宝《南唐近事》："张洎计偕之岁，为闰师燕王冀所荐，首谒韩熙载。韩一见待之如故，谓曰：'子好一中书舍人。'顷之，韩主文，洎擢第。不十年，果主纶闱之任。"

（宋）陆游《南唐书》列传卷第十二："金陵举进士，及试《画八卦赋》《雾后望钟山诗》故事。中选者，主司延之升堂置酒。时有宋贞观者，首就坐，张洎续至，主司览其文，揖贞观南坐，引洎坐于西。酒数行，伍乔始上卷，主司叹其杰作，乃徙贞观处席北，洎处席南，以乔居宾席。及复考榜出，乔果为首，洎、贞观次之。"

（元）脱脱《宋史》列传卷二十六："张洎，旧字师黯，改字偕仁，滁州全椒人……洎少有俊才，博通坟典。

江南举进士，解褐上元尉……璟卒，煜嗣，擢工部员外郎，试知制诰。满岁，为礼部员外郎、知制诰，迁中书舍人、清辉殿学士。参与机密，恩宠第一……归朝，拜太子中允，岁余，判刑部……太宗即位，以其文雅，选直舍人院，考试诸州进士。太平兴国四年，出知相州，明年夏，徙贝州……迁兵部员外郎，礼、户二部郎中。俄判吏部铨……以洎为给事中、参知政事……卒年六十四，赠：刑部尚书。"

（明）《万历上元县志》卷五："张洎宅，在秦淮北岸，洎为南唐参政时赐第。"

卢绛官邸

在江宁城内翔鸾坊。

卢绛（891~975），字晋卿，号锦文，江西南昌人，一作宜春人。读书明大旨，屡举进士不第。为吉州回运务计吏，以盗库金事觉逃亡。投南唐枢密使陈乔，用为本院承旨，授沿江巡检。习水战，以善战闻。及宋师南伐，后主以绛为凌波都虞侯、沿江都郡署，守秦淮水栅，战屡胜。出援润州，授昭武军节度留后。旋为宣州节度使。金陵城陷，诸郡皆下，绛独不降。开宝八年（975），被诱至洛阳，降后复被诛。其在江宁城内翔鸾坊官邸，应为今南京市秦淮区马道街小西湖附近。

史志记载：

（宋）马令《南唐书》卷二十二："卢绛，字晋卿，南昌人也。读书略通大义，不事事……入庐山国学……会朱弼为国子助教，规其过，遂亡去。往还涧（谏）壁……病痞，且死，夜梦白衣妇人，颇有姿色，歌《菩萨蛮》，劝绛樽酒，其辞云：'玉京人去秋萧索，画檐鹊起梧桐落。欹枕悄无言，月和残梦圆。　　背灯惟暗泣，甚处砧声急。眉黛小山攒，芭蕉生暮寒。'歌数阕，因谓绛曰：'子之疾，食蔗即愈。'诘朝，求蔗食之，疾果差。迨数夕，又梦前白衣丽人曰：'妾乃玉真也。他日富贵，相见于固子坡。'绛寤，襟怀豁然，唯不测固子坡之说。后入金陵，诣后主，上书陈：京口至涧（谏）壁要冲之地，宜立栅屯戍，其余利害数十事。书上，未报。复为书诣光政陈乔，乔与语数日，大奇之。因表署为本院承旨，经营制置，颇见干绩。俄转沿江诸营兵马监押……常于海门遮获越人船舫盐货，献于金陵，后主赏其功，拜上柱国。及王师克池州，授凌波军都虞侯、沿江都部署。王师屡攻秦淮口水栅，绛数拒之。皇甫继勋、郑彦华等忌绛功名出己，说后主遣绛出援丹阳。绛率所部百艘为八字阵，突围出至京口，鏖兵三战，越人三北。就拜绛太师。自绛出，建康水陆之攻愈急，绛还赴难，会宣州叛，乃授绛宣州节度使，讨平之。金陵既平，诸郡皆下，绛独不顺，杀歙州刺史龚慎仪，谋奔岭表。朝廷数遣使喻旨，绛遂降，授冀州团练使。会龚慎仪侄颖为右赞善大夫，上言求复季父之仇，乃命斩绛。绛临刑，有白衣妇人同斩，姿貌宛如所梦。问其受刑之地，即固子坡也。妇人姓耿，名玉真，其夫死，与前妇之子通，当极法，与绛同斩焉。"

（宋）陆游《南唐书》列传第十一："卢绛，字晋卿，宜春人……读书略通大旨，喜论当世利病……举进士，不中，为吉州回运务计吏。盗库金，事觉，当伏危法，乃更儒服，亡去……往来金陵、丹阳间……久之，乃上书论事，未报。诣枢密使陈乔，口陈所上书，词辩纵横。乔耸然异之，用为本院承旨，授沿江巡检……及王师来讨，以绛为凌波都虞侯、沿江都部署，守秦淮水栅，战屡胜。诸将忌其能，共说后主，遣绛出援润州，乃授昭武军节度留后，帅八千人阵于润州城下，北军不敢逼，入城拒守……绛帅部下驰出，欲冒围入金陵，围坚，不可入，乃走保宣州。金陵城陷，诸郡皆下，绛独不降，谋南据闽中。过歙州，怒刺史龚慎仪不出迎，杀之而行。太祖使绛弟袭招降，绛初欲杀袭，以明不屈。已而卒降，至京师，授冀州团练使。遇龚慎仪兄子赞善大夫颖于朝，诟绛曰：'是杀我叔父者。'执至殿陛诉冤，诏属吏。枢密使曹彬言其才略可用，愿宥其死，使自效。太祖曰：'是貌类侯霸荣，何可留也。'斩于西市。绛临刑大呼曰：'陛下不记以铁卷誓书招臣乎。'"

（元）张铉《至正金陵新志》卷十四："卢绛，寓居翔鸾坊，遘热病，弥日昼寝。梦一妇人，被真珠衣，持蔗一本，令绛尽食，歌《菩萨蛮》一曲送之。食毕而寤，病亦瘳矣。其词曰：'玉京人去秋萧索，画帘鹊起梧桐落。孤枕悄无言，月临残梦圆。　　孤衾成暗泣，睡起罗衣然。眉黛远山攒，芭蕉生暮寒。'绛后立功，仕至节度留后。南唐亡，起兵匡复，不克而死。"

（明）《万历上元县志》卷四："翔鸾坊，在武定桥南。"

（明）《金陵选胜》卷六："翔鸾坊，在武定桥东，南唐卢绛居此坊。"

（清）《同治上江两县志》卷五："油坊巷，一名德庆巷，有德庆庵，故名。巷左即翔鸾坊，南唐卢绛感梦处也。"

（清末民初）陈作霖《东城志略》："翔鸾坊，南唐卢绛尝居此，有庙祀卢大王，重其忠节也。"

皇甫晖官邸

在江宁冶山东麓之皇甫巷。

皇甫晖（？～956），河北魏县人，一说山东人。初为军卒，同光四年（926），于乱中拥立李嗣源称帝，即后唐明宗，被任命为陈州刺史。后晋时，改密州刺史。天福十二年（947），契丹南下灭后晋，皇甫晖率部投南唐，历任歙州刺史、神卫军都虞侯、奉化军节度使，加同中书门下平章事，镇守江州。显德三年（956），后周攻淮南，晖奉命领军以抗，兵败被擒，重伤拒医，不治而亡。其江宁官邸在皇甫巷，即今南京市秦淮区朝天宫街道王府巷。

史志记载：

（宋）马令《南唐书》卷十七："皇甫晖，山东人也。事石晋为密州刺史。契丹陷中原，晖与秦州刺史王建来归，授神卫军都虞侯，俄拜江州节度使。周师伐淮南，晖率江州屯兵，会刘彦贞等，以拒周师。彦贞举止躁挠，失大将体，而晖独持重，军阵整肃，士乐用命，虽中原名将，往往惮之。及彦贞败死，天子徙正阳桥下，晖与林仁肇争之，不胜。周有神将，操钺一麾，晖众大败，收兵返走，且战且行，欲退保滁州。时滁州守将王绍颜先遁去，城中已乱，晖力战创重，死于天兵。"

（宋）陆游《南唐书》列传卷第七："皇甫晖，魏州人。事唐、晋，事具《五代史》。契丹入中原，晖时为密州刺史，与棣州刺史王建俱来奔，元宗遣使具舟楫逆之。将至，晖念本起盗贼，不自安，至秦淮，赴水，不死。舟人援出之，自言如履大石。入朝，历歙州刺史、神卫军都虞候、江州节度使，加同中书门下平章事。周师攻淮南，为北面行营应援使，会刘彦贞、姚凤兵以行。彦贞举动躁挠，人测其必败。晖独持重，部分甚整，士亦乐为用，周人颇惮之。及彦贞败死，晖、凤退保清流关，周世宗亲帅众尽锐攻寿州，而分兵击清流。晖陈山下，周兵出山后要击，晖大败，犹收兵，且战且行，入滁州。滁州刺史王绍颜已委城遁，晖无所归，方断桥自守。周兵涉水，逾城而入，执晖、凤，送寿州行在……世宗赐之马及衣带，数日创甚，晖不肯治而死。"

（清）陈文述《秣陵集》卷五："皇甫巷是南唐皇甫晖所居，亦名王府巷，在朝天宫东下街口闪驾桥北，旧有龙翔寺址，寺即元文宗藩府，巷即寺旁路也。人知以藩府得名，不知先本晖宅第。"

（清）甘熙《白下琐言》卷四："皇甫巷旧有卖糖醋

田螺者，称为绝品。”

（清）金鳌《金陵待征录》卷三：“缘园，在皇甫巷。”

（清末民初）陈作霖《运渎桥道小志》：“高井道西与曹都巷相向者，为皇甫巷，以南唐皇甫晖所居得名。后入元文宗潜邸，故又名王府巷。”

皇甫继勋官邸

在江宁城南翔鸾坊。

皇甫继勋（？～975），南唐江州节度使皇甫晖之子，以父荫为军校。以晖死事，故恩泽优渥，累迁将军，池、饶二州刺史，颇以吏事称。入为诸军都虞侯，其时，老将大多亡殁，继勋徒以家世拜大将军。于是营宅第、侈车服、畜妓乐，植花构亭，珠翠环列，极尽奢靡。开宝八年（975），宋军兵临金陵城下，为保惜资富，犹豫不战，隐瞒军情，力主投降，支走主战派卢绛。及后主登城发现宋营兵寨弥遍四野，始大骇失色，怒责继勋误国误民，收付大理寺，始出门，众军士云集脔之，顷刻而尽。其官邸江宁城南翔鸾坊，即今南京市秦淮区马道街小西湖附近。

史志记载：

（宋）马令《南唐书》卷十九：“皇甫继勋，江州节度使晖之子。少以父荫为军校，常从晖军中……以晖死事，故继勋恩泽优渥，累迁将军，池、饶二州刺史……入为诸军都虞侯，数年，南唐老将亡殁殆尽，继勋虽少，遂拜大将军。赀产优赡而锡赍颇优，于是，营第宅、侈车服、畜妓乐、备珍美，择近郊之地，植花构亭，珠翠环列，拟于王室。及王师来伐，继勋保惜赀富，无效死之志，欲后主速降，而口不敢发，每于众中，但言国数穷促而已。或闻败绩，则怡愉窃喜；或有敢死之士请出效命，则杖而拘之。由是军情忿恚，百姓切齿。近臣屡以为言，后主优容之。后托以军旅，稀复朝见，召之亦不至。后主于是不能容，乃亲巡城劳军，还诱继勋入宫，责其流言不用命之状，收付大理。始出门，而众军之士云集，脔割继勋，顷刻而尽。"

（宋）陆游《南唐书》列传卷第七："继勋，少从晖兵间，为军校。以父死难，擢将军，历池、饶二州刺史，颇以吏事称，入为神卫统军都指挥使。诸老将继死，继勋虽尚少，且无战功，徒以家世，遂为大将。赀产优赡，名园甲第，冠于金陵；多蓄声妓，厚自奉养。及开宝中，大兵傅城，继勋保惜富贵，无效死之意，第欲后主亟降。闻诸军败绩，则幸灾见于词色；偏裨有募死士，谋夜出奋击者，辄鞭而囚之。自度罪恶日闻，稀复朝谒。后主召议事，亦辞以军务，不至。内结传诏使，一切蔽塞。及后主登城，见王师旌旗垒栅，弥遍四郊，始大骇失色。继勋从还至宫，乃以属吏，始出宫门，军士云集脔之，斯须皆尽。"

（清）《同治上江两县志》卷五："翔鸾坊，南唐卢绛感梦处也。又：皇甫继勋，晖子，亦居此。"

（清）陈作霖《东城志略》："翔鸾坊，南唐卢绛尝居此，有庙祀卢大王，重其忠节也。皇甫继勋与之为邻，有愧色矣。"

徐铉官邸

在江宁城内舜泽里。

徐铉（917~991），字鼎臣，祖籍会稽（今浙江绍兴），生于广陵（今江苏扬州）。其妻王畹（919~968）为南唐礼部郎中王坦之女。徐铉博学多才，历仕杨吴、南唐、北宋三朝，起家杨吴校书郎，南唐时历官率更令、知制诰、翰林学士、中书舍人、吏部尚书等。归宋后，官至散骑常侍，世称徐骑省。淳化二年（991）八月二十六日，病卒，时年七十五岁。工书善诗，有《骑省集》《稽神录》等。其官邸有二：一在栖霞寺西陶庄，即今南京市栖霞区马群街道陶庄社区；一在江宁舜泽里，应位于今南京市秦淮区双塘街道许家巷四圣堂附近。

史志记载：

（宋）马令《南唐书》卷二十三："徐铉，字鼎臣。开宝末，王师围金陵……后主选近臣入朝，且求缓师，铉请行……铉等至京师，对于便殿……太祖皇帝与语，反复数四。铉辞气愈壮，曰：'李煜无罪，陛下出师无名。'太祖大怒，请毕其说，铉曰：'煜效贡赋二十余年，以小事大，如子事父，未有过失，奈何见伐？'太祖曰：'尔谓父子者，为两家可乎？'铉等无以对而退。后仕皇朝，与汤悦同奉敕撰《江南录》，至于李氏亡国之际，不言其君之过，但以历数存亡论之。君子有取焉。"

（宋）徐铉《骑省集》卷十七："《唐故文水县君王

氏夫人墓铭》：夫人讳畹，字国香，其先太原人，今为庐江人也。祖潜，左司郎中，赠太府卿；考坦，礼部郎中，皆以贞干纯懿见称于时。夫人丽窈窕之容，秉明慧之性，幼失所恃，事继亲以孝闻。在家不违于姆师，移天指嫁与徐铉不失于妇顺。初，先姑指徐铉之母之治也，严而有惠，通而得礼。夫人观形禀教，莫不率循。故三十余年，门风家法，凛然如旧。性尚静退，不乐世喧。始愚徐铉自称在要职也，夫人忧形于色；及其居贬所，反欣然忘贫。此其所以为异也。虽门族素盛，而世途多故，禄赐所入，赒给无遗；丰约同之，亲疏如一。至于濯澣之俭，组紃之勤，蘩藻尽敬，儒玄厉操，环珮中节，始终不渝。少善秦声，长亦舍弃。每晨兴诵五千言而已。享年五十，戊辰宋开宝元年，968 年八月一日，终于京师舜泽里之官舍。"

（元）脱脱《宋史》列传卷二百："徐铉，字鼎臣，扬州广陵人……仕吴为校书郎，又仕南唐李昪父子……迁中书舍人。景死，其子煜，为礼部侍郎，通署中书省事，历尚书左丞、兵部侍郎、翰林学士、御史大夫、吏部尚书。宋师围金陵，煜遣铉求缓兵……及至，虽不能缓兵，而入见辞归，礼遇皆与常时同。及随煜入觐，太祖责之，声甚厉。铉对曰：'臣为江南大臣，国亡罪当死，不当问其他。'太祖叹曰：'忠臣也，事我当如李氏。'命为太子率更令……加给事中，出为右散骑常侍，迁左常侍……卒年七十六，铉无子，门人郑文宝护其丧至汴，胡仲容归其葬于南昌之西山。"

（元）《至正金陵新志》卷十二："徐铉宅，摄山栖霞寺西，今日陶庄是也。"

（明）《金陵世纪》卷二："徐铉宅，旧在摄山栖霞寺西亭子桥，园池甚盛。"

（明）《客座赘语》卷四："徐十郎茶肆。徐常侍铉无子，其弟锴有后，居金陵摄山前，开茶肆，号徐十郎，有铉、锴诰敕甚多。"

方讷官邸

在江宁城内美仁坊。

方讷（890~966），字希仁，新安（今安徽黄山）人，祖籍河南。砥节砺行，好学能文，以郡吏起家。南唐初，召为宁国军节度馆驿巡官，历任虞部员外郎、水部郎中、主客郎中、司农少卿、浙西营田副使、金紫光禄大夫、检校司徒、泰州刺史、太子右谕德、少府监，封河南县男。乾德四年（966）正月十六日，卒于江宁城内美仁坊官邸，时年七十七岁。谥曰：定。惜其官邸具体地址，史志均无明载，推测应在御街北段一侧。

史志记载：

（宋）徐铉《骑省集》卷八："《水部郎中方讷可主客郎中、东都留守判官》敕：某官方讷。朕以分陕之任，非亲贤不可，故选用子弟以居守。复以佩觿之齿，唯训导是务，故慎选名德以从行。而朕在东朝，先皇命尔讷列我宾席。参预文雅，挹其风度；将顺规讽，挹其忠诚。寻又奉于爱子，益固是道。今所授任，非讷而谁。客曹正郎，留台幕职。往示兼宠，尔其敬哉。乃心不渝，懋典宁忘。"

（宋）徐铉《骑省集》卷十五："《唐故金紫光禄大夫、检校司徒、行少府监，河南方公墓志铭》：公讳讷，字希仁，其先河南人也，后世从官徙籍新安……砥节砺行，好学能文……太师陶公来守新安，抚纳人士，署为郡吏……烈主肇基王业，元宗实综军政，管记之任，勤择其人。闻公之名，召至幕府。王国初建，署宁国军节度馆驿巡官……擢拜虞部员外郎……迁水部郎中。明年，皇孙即李煜封南昌王东都留守，以公为留守判官，迁主客郎中，参赞政务，事无违者。改司农少卿，依前充职。明年，王即李煜移任宣润二州大都督，复以公为浙西营田副使。通判军务，六载匪懈。庶职交修，懋官之赏，诏命叠委。累迁至金紫光禄大夫、检校司徒，封河南县男。俄拜泰州刺史，充本州屯田监院使。正身而令，悉心为理；公无遗利，民自从风。属强敌指周师之兵深侵，东京指扬州失守，而州兵尽出，人心大摇，于是，士庶老幼尽室南渡，公自归阙下指南唐京师江宁，坐是除名。数年，除歙州团练判官。上即后主李煜曰：'战争之际，吾岂以武勇责书生哉！军法不得不尔。'即召拜太子右谕德。今上嗣位，迁少府监。丙寅岁乾德四年，966年正月十六日，卒于京师美仁坊官舍，享年七十七。上为之废朝一日，赐谥曰：定。"

（宋）徐铉《和方泰州见寄》："逐客悽悽重入京，

旧愁新恨两难胜。云收楚塞千山雪，风结秦淮一尺冰。置醴筵空情岂尽，投湘文就思如凝。善政空多尚淹屈，不知谁是解忧民。"

（宋）陆游《南唐书》本纪卷第二："保大十四年（956）二月，周师陷泰州，刺史方讷弃城遁。"

王坦官邸

在江宁城内翔鸾坊翔鸾里。

王坦（892~942），合肥庐江人，祖籍山西太原。墨妙笔精，固禀于性。二十岁举孝廉，历任黄州司马、洪州都督府别驾、尚书度支员外郎、虞部郎中、工部郎中、礼部郎中等。其女王畹（919~968）嫁翰林学士徐铉（917~991）。升元六年（942）六月二十六日，卒于江宁城内翔鸾里官邸，时年五十一岁。其翔鸾里官邸位置，应在今南京市秦淮区马道街大油坊巷附近。

史志记载：

（宋）徐铉《骑省集》卷十五："《唐故朝议大夫、行尚书礼部郎中、柱国、赐紫金鱼袋，太原王君墓志铭》：君讳某坦，字某，其先太原人也……今为庐江人也。曾祖庐江令，祖洪州长史，皆有廉让之风、纯粹之行，得禄于仕，不累于高。考指王坦之父吴尚书左司郎中，赠太府卿……及加冠即王坦年届二十岁之岁，以门子叙资汉室孝廉……乾贞二年（928），自黄州司马迁洪州都督府别驾……俄拜尚书度支员外郎，再迁虞部郎中……高皇帝即李昇受禅之始，牵复疏恩，拜工部郎中，转礼部郎中，寓直中书省，预闻机密……升元六年（942）六月二十有六日，卒于建康翔鸾里之官舍，享年五十有一……铉以世亲之旧，承子妻之知，怨明德之不当，痛祖行之在斯。退食自公，薄送于畿。刊乐石以爰纪，无令名之不亏。呜呼哀哉！"

乔匡舜官邸

在京师江宁滨江里。

乔匡舜（898~972），字亚元，高邮人。富赡典籍，尤能属文。起家杨吴秘书省正字，南唐立国，入宋齐丘幕，历任大理评事、屯田员外郎、节度掌书记等。李璟即位，召为驾部郎中、知制诰，迁中书舍人。李煜嗣位，历任司农少卿、殿中监、给事中、刑部侍郎等。开宝五年（972）九月二十三日。卒，时年七十五岁，谥曰：贞。其江宁滨江里官邸，应在今南京市秦淮区花露岗南麓至城墙根附近。

史志记载：

（宋）陆游《南唐书》列传卷第五："乔匡舜，字亚元，高邮人。弱冠能属文，以典赡称。烈主辅吴，用为秘书省正字。开国，宋齐丘辟置幕中，十余年，历大理评事、屯田员外郎……久之，齐丘出镇豫章，始表为节度掌书记。保大中，召为驾部郎中、知制诰，进中书舍人……后主嗣位，复起为司农少卿，历殿中监修国史，给事中兼献纳使……

迁刑部侍郎……开宝五年（972），卒，年七十五，谥曰：贞。"

　　（宋）徐铉《骑省集》卷十六："《唐故朝请大夫、守尚书刑部侍郎、柱国、赐紫金鱼袋乔公墓志铭》：公讳匡舜，字亚元，广陵高邮人也……公少好学，善属文。弱冠游京都，词藻典丽，容止都雅。烈主辅政，见而器之，补秘书省正字……累迁大理评事、司直监察御史、屯田员外郎。从宋公即宋齐丘出藩，为江西浙西掌书记。府公即宋齐丘告老归九华山，公乃升朝，为驾部员外郎。未几，守本官知制诰，就迁祠部郎中、中书舍人……今上即李煜即位，征为水部员外郎，改司农少卿，判太常寺，转殿中监修国史，拜给事中，权知贡举，又兼献纳使，迁刑部侍郎……壬申岁开宝五年，972年九月二十有三日，卒于京师滨江里官舍，享年七十有五。"

陈德诚官邸

　　在京师江宁滨江里。

　　陈德诚（933~972），一作德成，字仲德，闽建安（今福建建瓯）人，祖籍颍川（今河南禹州）。少好典籍，才兼文武。弱冠为建州裨将，累迁右静江指挥使、右宣威军厢虞侯，历任和州、池州、歙州、虔州等地刺史。后主即位，征为右天德军都虞侯，历任忠义军节度使、建州观察处置使、右威卫大将军、检校太尉等。开宝五年（972），卒，时年四十岁。赠：安南大都护。谥曰：烈。其江宁滨江里官邸，应在今南京市秦淮区花露岗南麓至城墙根附近。

史志记载：

（宋）徐铉《骑省集》卷十六："《唐故左右静江军都军使，忠义军节度、建州观察处置等使，留后、光禄大夫、检校太尉、右威卫大将军、临颖县开国子、食邑五百户，陈公墓志铭》：公讳德成，其先颖川人也……酷好坟典，乃自天资……弱冠为本郡裨将，先公以身守边郡，心存本朝，累表遣公入宿卫，即擢拜右千牛卫将军、充殿直指挥使……累迁右静江指挥使……迁右宣威军厢虞侯……数月，为和州刺史，又为左天威将军厢虞侯。明年，改池州刺史……右天德军都虞侯……龙翔都虞侯……歙州刺史，本州团练使。视事三载，其理如初。秩满，为右龙翔诸军都虞侯，迁都指挥使……又为虔州巡检使，知州事……除忠义军节度使、建州观察处置等使，留后……改右威卫大将军、充左右静江都军使，又转光禄大夫、检校太尉。壬申岁开宝五年，972年秋七月十有二日，卒于建业滨江里之官舍，春秋四十。上痛惜之至，再不视朝。赠：安南大都护。遣中使监护葬事，皆从官给。有司考行，易名曰：烈。"

（宋）马令《南唐书》卷十四："陈德诚出次池阳即池州，（康）仁杰以诗投之，有'红斾渡江霞蘸水，青蛇出箧雪侵衣'之句。德诚勉令就仕，乃荐仁杰于执政者。仁杰易儒服，至金陵。"

（宋）陆游《南唐书》列传卷第九："周兵入淮南，（陈）诲遣子德诚率镇兵赴难，诸将多败，惟德诚颇有战功，拜和州刺史。"

钟蒨官邸

在京师江宁嘉瑞坊。

钟蒨（？ ~975），字德林，洪州豫章（今江西南昌）人。敦厚有文，颇为时誉。起家藩府从事，后事南唐，历任员外郎、集贤殿学士、东都少尹、抚州督抚观察判官、检校屯田郎中、勤政殿学士等。开宝八年（975），宋师入金陵，国亡死节。工诗，有《别诸同志》一首。其在京师江宁嘉瑞坊的官邸，应位于今南京市秦淮区教敷巷、全福巷附近。

史志记载：

（宋）徐铉《骑省集》卷十七："《唐故钟氏太夫人太原县太君王氏墓铭》：夫人，太原祁人也。因官徙籍，遂居豫章……以恭俭孝悌、文学道义，训励子弟，皆成其名。保大年，诏封：太原县太君。从子贵也。二子，长曰：怀建，由校书郎历东府掾，以群从百口，家于豫章。于是，辞禄公朝，归综司政，因除洪州都督府司马。次曰：蒨，以属词敦行，从事戚藩，累登台郎，为集贤殿学士。会中令齐王避亲让宠，授钺临川，朝廷慎选英僚，以光幕府，除抚州观察判官、检校屯田郎中。既拜，而夫人疾亟，交泰元年（958）春二月十八日，卒于京师嘉瑞坊之官舍，享年七十有五。"

（宋）陆游《南唐书》本纪卷第三："乙亥岁开宝八年，975年冬十一月，城陷，勤政殿学士钟蒨，朝服坐于家，乱兵至，举族就死不去。"

（清）吴任臣《十国春秋》卷二十七："钟蒨，字德林，世为□□人，随兄怀建，家豫章。属辞敦行，绰有时誉。起家藩府从事，与二徐铉、锴等游，累登台郎，迁集贤殿学士。保大九年（951），为东都少尹。交泰时（958），齐王景达都督抚州，朝廷慎选僚佐，除观察判官、检校屯田郎中。后主时，官勤政殿学士。宋师入金陵，蕉朝服坐于家，兵及门，举族死之。"

陈乔官邸

在京师某里。

陈乔（？~975），字子乔，庐陵玉笥今江西吉安峡江人。世家出身，以荫入仕。起家太常寺奉礼郎，烈主时，迁尚书郎，拜中书舍人。及元宗南迁，留陈乔辅太子监国。后主即位，迁吏部侍郎、翰林学士承旨、门下侍郎、兼枢密使，遂总军国事。南唐亡，自缢死。其官邸在京师，具体坊里，史无明载。徐铉有《陈侍郎宅观花烛》诗。

史志记载：

（宋）马令《南唐书》卷十七："陈乔，字子乔，世为庐陵玉笥人……乔幼敏悟，耽玩文史，以荫授太常寺奉礼郎。烈主即位，颇器重之，迁尚书郎，拜中书舍人……及元宗南迁，留乔辅太子监国。后主即位，迁吏部侍郎、翰林学士承旨、门下侍郎、兼枢密使，遂总军国事，政由己出……及王师问罪，乔誓以死守……及城将陷，后主自为降款，俾乔与世子仲寓开城门纳之；乔遽归府，以款投于承溜屋檐下承接雨水的槽。后主促之愈急，乔入见，曰：'自古岂有不亡之国乎！降无益也！臣请城下一战而死。'后主执其手，泣曰：'盍与我北归？'乔曰：'臣当大政，而致国家如此，非死无以报。臣死而归之以逆命之罪，则陛下保无恙也。'掣其手去，入视事堂，召二亲吏，解所服金带，遗之曰：'吾死，掩尸无泄。'遂自缢，二吏撤榻瘗之……后主俘于京师，太祖皇帝责其拒命劳师，果以陈乔固执为对。"

（宋）陆游《南唐书》列传卷第十一："陈乔，字子乔，庐陵玉笥人……乔幼敏悟，文辞清丽，事亲以孝闻……起家为太常寺奉礼郎，历屯田员外郎、中书舍人……迁都豫章，以乔辅太子，留金陵。后主嗣位，历吏部侍郎、翰林学士承旨、枢密副使，遂以门下侍郎兼枢密使。贬制度，改右内史侍郎，兼光政院使，辅政……及城将陷，后主自为降款，命乔与清源郡公仲寓诣曹彬。乔持款归府，投承溜中，复入见，曰：'自古无不亡之国，降亦无由得全，徒取辱耳。请背城一战而死。'后主握乔手，涕泣不能从。乔曰：'如此，则不如诛臣，归臣以拒命之罪。'后主又不从。乃掣手而去，至政事堂，召二亲吏，解所服金带与之，曰：'善藏吾骨。'遂自缢。二吏撤榻瘗之。金陵平，家人谋改葬，求尸不获。或见一丈夫衣黄半臂，举手障面，及发瘗，如所见云。"

（宋）徐铉《陈侍郎宅观花烛》："今夜银河万里秋，人言织女嫁牵牛。珮声寥亮和金奏，烛影荧煌映玉钩。座客亦从天子赐，更筹须为主人留。世间盛事君知否，朝下鸾台夕凤楼。"

　　（清）《同治上江两县志》卷十七："侍郎陈乔宅，徐铉有《陈侍郎宅观花烛》诗。"

卷 五

园 林 陵 墓

园林

　　江南佳丽地，金陵帝王州。六代繁华，三百余年。三公九卿，国事统揽。南唐立国，虽然仅仅三十九年，但是其政体的设置，则完全继承延袭了唐朝的三省六部一台九寺五监等中央政权体制，即，三省：尚书省、中书省、门下省；六部：吏部、户部、礼部、兵部、刑部、工部；一台：御史台；九寺：太常寺、光禄寺、卫尉寺、宗正寺、太仆寺、大理寺、太府寺、鸿胪寺、少府寺；五监：国子监、少府监、将作监、军器监、都水监。如此庞大的统治机构必须招纳并拥有众多的官员及吏属，而这些部门中的主要官员作为特殊群体都享受着特殊的待遇，即高额的俸禄与赐田。他们在京师江宁都建有豪华的府邸与园苑，这些散布于江宁城内外坊里之中的园苑，亭榭楼台，隐鳞相望，非常自然地形成为一道十分显眼的风景。所谓"园苑之盛，甲于通国"，并非虚言，盖纪实也。

在南唐京师江宁城内外众多的园苑中，既有皇家园林，也有达官苑墅，这些园林的规模及位置，史籍记载，大多语焉不详。现仅从有限的史乘中寻找部分涉及南唐园林的记录，次第叙述于下。

北苑

南唐皇家御苑。

北苑，也称后苑。南唐皇家御苑，苑内，楼台殿阁，参差栉比；花树繁茂，蓊郁苁茏；珍奇异兽，游弋其间。皇帝与大臣经常于其地议事筵宴，设有专职官员负责管理。以"望蒋峤，泛潮沟"考证之，其址应在今南京市玄武区兰园以东、小营以西，即演武新村、荷包套一带。

史志记载：

（宋）徐铉《北苑侍宴诗序》："岁躔己巳开宝二年，969 年，月属仲春二月，主上御龙舟游北苑。亲王旧相，至于近臣，并俨华缨，同参曲宴。时也，风晴景淑，物茂人和。望蒋峤之欻嵒，祝为圣寿；泛潮沟之清浅，流作天波。丝篁与击壤齐声，酸荦共君恩共醉。乃命即席分题赋诗，睿思云飘，天词绮缛；文明所感，蹈咏皆同。既击钵以争先，亦分题而较胜。长景未暮，百篇已成。自扬大雅之风，岂在小人之职。奉诏作序，冠于首篇。授以集书，藏之金匮。谨上。"

（宋）《景定建康志》卷二十二："南唐北苑，徐铉、汤悦、徐锴有《北苑侍宴赋咏》序，云：'望蒋峤之歆鋻，祝为圣寿；泛潮沟之清浅，流作恩波。'其地在城北。"

（宋）沈括《梦溪笔谈》卷十七："江南中主李璟时，有北苑使董源，善画，尤工秋岚远景，多写江南真山，不为奇峭之笔。"

（宋）郭若虚《图画见闻志》卷第三："董源，字叔达，钟陵人。事南唐为后苑副使，善画山水，水墨类王维，着色如李思训。"

（宋）《江南余载》卷上："姚凤为内辖使，奢僭，尝因病思鹿血羹，辄杀北苑长生鹿食之。"

（宋）《江南余载》卷下："后苑，有宫髻石，世传张祐旧物。上有'杜紫微杭州刻字相寄'之迹。祐以其形若宫髻，故名之云。祐平生癖好太湖石，故三吴牧伯，多以为赠焉。"

（宋）陶毂《清异录》卷上："《馨列侯》：唐保大二年（944），国主幸饮香亭，赏新兰。诏：（后）苑令，取沪溪美土，为馨列侯壅培之具。"卷下："《北苑妆》：江南晚季，建阳进茶油花子，大小形制各别，极可爱。宫嫔缕金于面，皆以淡妆，以此花饼施于额上，时号：北苑妆。"

（宋）郑文宝《江表志》卷下："北苑，水心西有清辉殿。署学士事太子少傅徐邈、太子太保文安郡公徐游，别置一院于后，谓之：澄心堂。以皇侄元楇、元机、元枢为员外郎及秘书郎，皆在其内。"

（元）《至正金陵新志》卷十二："南唐北苑，徐铉、汤悦、徐锴有《北苑侍宴赋咏》序，云：'望蒋峤之嵌嵓，祝为圣寿；泛潮沟之清浅，流作恩波。'其地在城北。"

（清）《十国春秋》卷二十："元宗李璟创清辉殿于北苑，命（徐）游与张洎为学士，入直其中。

（清）陈文述《秣陵集》卷五："南唐北苑：徐锴《北苑侍宴赋》序云：'望蒋峤之嵌岑，祝为万寿；泛潮沟之清浅，流作恩波。'则当在城北。又《南唐拾遗记》云：'南唐宫嫔皆淡妆，以茶油花饼施额上，号北苑妆。'

南唐开北苑，知近古台城。蒋峤当门翠，潮沟绕苑明。内香春罢宴，法曲夜飞声。寂寞新妆处，茶花贡旧京。"

西苑

南唐皇家御苑。

西苑，位于南唐皇城内西南隅，系皇宫御苑，以（宋）《景定建康志》卷五之"府城图"考之，其址应在今南京市秦淮区洪武路街道八条巷九条巷一带。

史志记载：

（宋）《江南余载》卷下："李建勋罢相，元宗于西苑天全阁别置厅院待之，命右仆射孙晟同寓直焉。建勋进诗曰：'御苑赐房令待诏，此身殊胜到蓬瀛。禁中仙乐无时过，阶下常人不敢行。叠颖弄芬秋气落，丛柯耸翠露华清。天厨送食何功享，空咏康哉赞盛明。'"

皇宫后圃

南唐皇宫后花园。

皇宫后圃，位于南唐皇城东北部，即南唐皇宫后花园。中有高斋月台、小蓬莱、红罗亭诸景。以（宋）《景定建康志》卷五之《府城图》考之，其址应在今南京市秦淮区洪武路街道户部街西端与小火瓦巷西端之间。

史志记载：

（宋）陶穀《清异录》卷上："江南后主，同气宜春王从谦，常春日与妃侍游宫中后圃。妃侍睹桃花烂开，意欲折而条高，小黄门取彩梯献。时从谦正乘骏马击球，乃引鞚至花底，痛采芳菲，顾谓嫔妾曰：吾之绿耳梯何如？"

（宋）《清异录》卷上："小蓬莱：违命侯李煜苑中，凿地广一顷，池中叠石象三神山，号：小蓬莱。"

（宋）《景定建康志》卷二十一："高斋，旧在江宁府治，今在行宫内。"卷二十二："罗红亭，《古今诗话》云：'李煜作罗红亭，四面栽红梅，作艳曲歌之。韩熙载和云：桃李不须夸烂漫，已输了春风一半。时淮南已归国。'"

（元）《至正金陵新志》卷十二："◎红罗亭：《古今诗话》：南唐后主作红罗亭，四面栽红梅，作艳曲歌之。韩熙载和云：'桃李不须夸烂熳，已输了春风一半。'时新失淮南。《景定志》作罗红亭。◎南唐月台：胡宿《高斋记》云：'子城即皇城东北趋钟山为便，南唐李氏因城作台望月，人呼为：月台。'下临浚濠，北面覆舟，南对长干，西望冶城。立斋其上，高作丽醮，广容燕息，援谢宣城晏生之意，题曰：高斋。"

（民国）陈诒绂《金陵园墅志》卷上："高斋，叶清臣作，胡宿《记》云：'南唐李氏因城作台望月，下临浚濠，正面覆舟山，南对长干，西望冶城。'即此斋址。"

德明宫

烈主李昪旧府第。

德明宫，本为烈主李昪任升州刺史时的府第，在南唐皇城以北，以六朝景阳台位置考之，其址应在今南京市新街口中山东路碑亭巷南段西侧。2009 年碑亭巷 25 号一处工地的考古发掘，证实该处即为南唐德明宫基址。

史志记载：

（宋）《江南余载》卷下："德明宫，本南唐烈主之旧宅，在后苑之北（西），即景阳台之故址。有太湖石，特奇异，非数十人不能运致，即陈后主叔宝之假山遗址。其下有井，石栏有铭，字迹隐隐犹在。"

梁王园

南唐梁王徐知谔宅园。

徐知谔（905~939），杨吴权臣徐温（862~927）第六子，历仕杨吴、南唐。杨吴时，累迁刺史、节度使、金陵尹。入南唐，初封饶王，改封梁王，镇润州，兼中书令。好奇宝珍物，一日，游蒜山，联虎皮为幄，号虎帐。与宾僚会饮其中，忽暴风裂帐尽碎，知谔悸而卒，时年三十五岁，谥曰：怀。梁王园，系其任金陵尹时的宅园，以徐铉《题梁王旧园》中之"枕潮沟"考之，其址应在今南京市玄武区成贤街、四牌楼附近。

史志记载：

（宋）马令《南唐书》卷八："梁王徐知谔，温第六子也。起家为太子中舍，累迁刺史、节度使。知询败，以知谔为金陵尹。烈主受禅，封饶王，进王梁。知谔博采奇物宝货，充牣其家。有蜀客持凤头至，自言得于南蛮贾者，知谔以钱五十万易之。其头正类雄鸡，广可五寸，冠上正平，可以为枕。朱冠、绀毛、金喙、星眼，飞禽之枯首也。来自万里，而毛羽不脱，文彩如生，人咸异之。尝游秋山，除地为广场，编虎皮为大幄，率寮属会于下，号曰：虎帐。忽遇暴风，飘虎帐，碎如飞蝶。知谔惊遽弃归，数日病卒。"

（宋）陆游《南唐书》列传卷第五："徐知谔，义祖第六子。在吴亦为节镇，代知询为金陵尹。烈主初，封饶王，进王梁，镇润州，兼中书令。好奇宝怪物，所蓄不可计。有蜀估持凤首至，自言得之徼外蛮夷，状如雄鸡，广五寸，冠上正平，可用为枕。朱冠金喙，文彩焕烂如生，人咸异之。

一日，游蒜山，除地为场，连虎皮为大幄，号虎帐，与宾僚会饮其中。忽暴风至，裂帐，尽碎如飞蝶。知谔惧而归，属疾，数日卒。平生常语客曰：'人生七十为大限。吾生长王家，穷极欢乐，一日可敌世人二日，年三十五，其死乎。'至是如其言。废朝七日，烈主悲悼，复诏不视朝者七日，敛以衮冕及上方秘器，谥曰：怀。"

（宋）文莹《湘山野录》卷下："江南徐知谔，为润州节度使，温之少子也。美姿度，喜畜奇玩。蛮商得一凤头，乃飞禽之枯骨也，彩翠夺目，朱冠绀毛，金嘴如生。正类大雄鸡，广五寸，其脑平正，可为枕，谔偿钱五十万。又得画牛一轴，昼则啮草栏外，夜则归卧栏中。谔献后主煜，煜持贡阙下。太宗张后苑，以示群臣，俱无知者。"

（宋）徐铉《题梁王旧园》："梁王旧馆枕潮沟，共引垂藤系小舟。树倚荒台风淅淅，草埋欹石雨修修。门前不见邹枚醉，池上时闻雁鹜愁。节士逢秋多感激，不须频向此中游。"

玄武湖

南唐时期的公共园林。

玄武湖，历史悠久，六朝时期即形成优美的天然园林，其名称甚多，分别曰：桑泊、蒋陵湖、秣陵湖、后湖、练湖、昆明池、北湖、玄武湖等。岸柳如烟，湖莲映日。莺啼鹤鸣，山青水秀。众景奔赴，宛然世外。其址在今南京市玄武区，全湖面积 472 公顷，平均水深 1.5 米，环湖周长 10 余公里，

平堤湖水（选自《金陵图咏》）

是南京市区第一大湖。

史志记载：

（宋）郑文宝《南唐近事》："金陵城北有湖，周回十数里。幕府、鸡笼二山环其西，钟阜、蒋山诸峰耸其左。名园胜境，掩映如画。六朝旧迹，多出其间。每岁菱藕之利，不下数十千。《建康实录》所谓玄武湖是也。一日，诸阁老待漏朝堂，语及林泉之事，坐间，冯谧因举玄宗赐贺鉴知章三百里镜湖，信为盛事。又曰：'予非敢望此，但赐后湖，亦畅予平生也。'吏部徐铉怡声而对曰：'主上尊贤待士，常若不及，岂惜一后湖。所乏者知章尔。'冯大有惭色。"

（南唐）李璟《幸后湖开宴赏荷花》："蓼花蘸水火不灭，水鸟惊鱼银梭投。满目荷花千万顷，红碧相杂敷清流。孙武已斩吴宫女，琉璃池上佳人头。"

（宋）徐铉《后湖访古，各赋一题，得西邸》："南朝藩邸地，八友旧招寻。事往山光在，春晴草色深。曲池鱼自乐，丛桂鸟频吟。今日中兴运，犹怀翰墨林。"

（宋）陶穀《清异录》卷上："白鸥脯：陈乔（？～975），南唐吏部侍郎、张佖（928～996），南唐中书舍人之子，秋晚并游玄武湖。时群鸥游泛，佖子曰：'一轴内，本潇湘。'乔子俄顾卒吏云：'此白色水禽，可作脯否？'佥议云：'张佖子半茎凤毛，陈乔男一堆牛屎。'乔子从是得陈一堆、白鸥脯之名。"

（宋）《景定建康志》卷十八："玄武湖，亦名蒋陵湖、秣陵湖、后湖，在城北二里，周回四十里。东西有沟，流入秦淮，深七尺，灌田一百顷。"

避暑宫

南唐后主李煜的避暑行宫。

避暑宫。初为杨吴时期的兴教寺，南唐时增建翠微亭、不受暑亭等建筑，元宗、后主常至其地礼佛避暑。其址在今南京市鼓楼区清凉山公园。

史志记载：

（宋）《景定建康志》卷二十二："◎翠微亭，在城西五里，清凉寺山顶，南唐时建。◎不受暑亭，在今清凉寺后。景定二年，马公光祖重建。考证：清凉广惠禅寺，南唐为避暑宫，有亭名'不受暑'。"卷四十六："清凉广惠禅寺，在石头城，去城一里。考证：伪吴顺义中，徐温建为兴教寺。南唐升元初，改为石城清凉大道场。国朝太平兴国五年闰三月，改今额。旧传此寺尝为李氏避暑宫，寺中有德庆堂，今法堂前旧基是也，后主尝留宿寺中。德庆堂名，乃后主亲书。《祭悟空禅师文》，乃后主自为之，碑刻今并存。寺有大钟，乃伪唐后主所铸。寺有白云庵、翠微亭、不受暑亭。《圣宋书画录》云：旧有董羽画龙、李煜八分书、李霄远草书，时人目为'三绝'。"

（宋）刘道醇《圣朝名画评》卷二："董羽，字仲翔，毗陵人。口吃语不能出，故有哑子之目。善画鱼龙，尤长

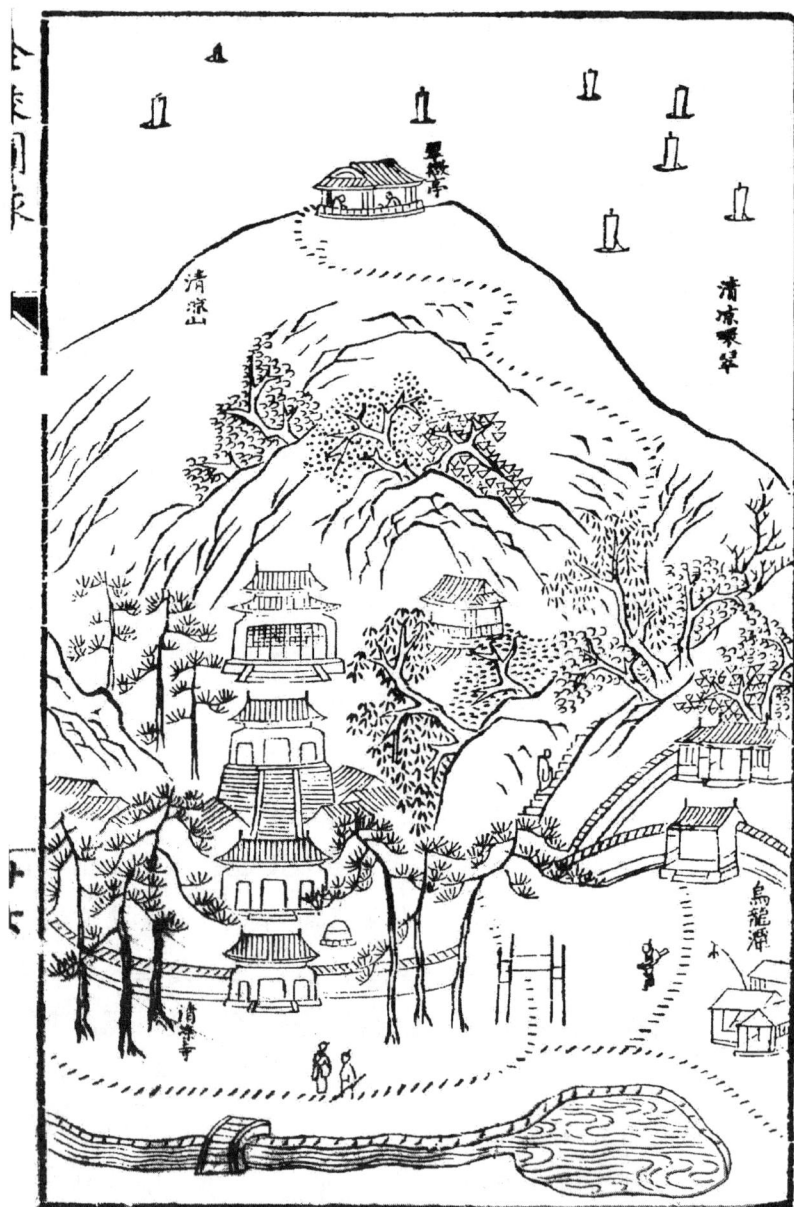

清凉环翠（选自《金陵图咏》）

于海水。仕李煜为待诏……清凉寺画《海水（图）》，及有李煜八分题名，李肃（霄）远草书，时人目之为三绝。"

（宋）《宣和画谱》卷九："董羽，字仲翔，毗陵人。善画鱼龙海水……事伪主李煜为待诏……今金陵清凉寺有李煜八分题名、萧远草书、羽画海水，为三绝。"

（宋）曾极《李主避暑处，至今多竹》："鸣鞘响断苑墙平，敲戞惟闻风玉声。三百年间陵谷变，寒潮不到石头城。秋月春花迹未陈，衮龙曾绕梦中身。夷门金鼓从天落，惊起床头鼻鼾人。"

（宋）王埜《避暑宫》："五马南浮一化龙，山川万古势增雄。谁知佛祖安禅地，曾是君王避暑宫。"

（元）《至正金陵新志》卷十一："清凉广惠禅寺，在石头城，去府城一里。吴顺义中，徐温建为兴教寺；南唐升元初，改为石头清凉大道场。宋太平兴国五年，改今额。旧传：寺尝为李氏避暑宫，寺中有德庆堂，今法堂前旧基是，后主尝留宿寺中。"

（明）葛寅亮《金陵梵刹志》卷十九："石头山清凉寺，在都城西，清江门内，中城地。南去所统天界寺十二里，古清凉山。吴顺义中，徐温建为兴教寺；南唐，改石头清凉大道场……左胁而上，为清凉台，山不甚高，而都城宫阙、仓廪历历可数。俯视大江，如环映带。台基平旷，原系南唐翠微亭旧址。今亦有亭，可登览。古迹：翠微亭，在山巅，南唐时建；不受暑亭，址无考；李氏避暑宫，址无考；德庆堂，后主常留寺中，亲书此额。"

（明）乔宇《游清凉山记略》："石城门内之北二里，有山环绕，经石梁入径，至清凉寺。其寺乃南唐李主避暑处，故曰清凉。至今多竹，相传其所遗者。其山，面城平旷，中有奇基，乃翠微亭之故址也。"

（清）甘熙《白下琐言》卷一："清凉寺井，上建小亭，汲者辘轳转运，绠长二十余丈，俗指为胭脂井，即陈后主避兵处。然清凉为南唐避暑宫，非景阳旧迹也。"

南园

南唐宰相宋齐丘园。

南园，原系六朝时期位于凤台山北麓建兴里南苑故址，亦称建兴苑，为南唐烈主李昪赐与宋齐丘的园苑。齐丘常邀同僚入园宴游，李建勋、冯延巳等南唐大臣均有诗咏之。其址应在今南京市秦淮区双塘办事处来凤小区五福街附近。

史志记载：

（宋）《景定建康志》卷二十二："古南苑，在瓦官寺东北。宋明帝刘彧（439~472）末年，张永乞借南苑，帝云：'且给三百年，期满更请。'后帝葬于此。梁改名建兴苑，在秣陵建兴里。"

（宋）陆游《南唐书》列传卷第一："（宋齐丘）数请退，烈主以南园给之。"

（南唐）李建勋《蝶》："粉蝶翩翩若有期，南园长是到春归。闲依柳带长差起，困傍桃花独自飞。潜被燕惊还散乱，偶因人逐入帘帏。晚来欲语东风急，回看池塘影渐稀。"

（南唐）冯延巳《阮郎归》："南园春早踏青时，风和闻马嘶。青梅如豆柳如丝，日长蝴蝶飞。　花露重，草烟低，人家帘幕垂。秋千慵困解罗衣，画梁双燕栖。"

（宋）徐铉《柳枝词十二首》之二："南园日暮起春风，吹散杨花雪满空。不惜杨花飞也得，愁君老尽脸边红。"

（清）陈文述《秣陵集》卷五："南园访南唐宋齐丘故居：吴太和一年（944），徐知诰召齐丘还金陵，给南园居之，不令与国事。南园，志不详其处，或即《宋明帝纪》张永乞借之南苑耶，则即建兴苑也。

力排熙载溺台符，衣锦功名似尔无。生果有谋能窃国，死能为厉致迁都。

让皇骨肉全家徙，公主婚姻七出诬。太息九华山翠里，青阳甲第秽名区。"

（清末民初）陈作霖《凤麓小志》卷一："考园墅第三：南唐宋齐丘南园，《志》云在城西南。"

（民国）《金陵园墅志》卷上："南园，在城西南，烈主给宋子嵩太傅齐丘也。"

青溪草堂

南唐宰相李建勋园。

青溪草堂，即南唐大臣李建勋宅园，其详情见本书卷四《官邸》李建勋府邸，以及所引史志记载。本节增录部分为卷四之补遗。

史志记载：

（清）陈文述《秣陵集》卷五："南唐李建勋青溪草堂遗址：建勋字致尧，赵王德诚第四子，仕致昭武军节度使。适意泉石，营亭榭于钟山，以司徒致仕，赐号钟山公。妻广德长公主也，亦自号钟山老媪。建勋有青溪草堂。按：青溪发源钟山，草堂当即在钟山台榭中耳。或谓之曰：'欲复为九华先生耶？'建勋为诗见志曰：'桃花流水须相信，不学刘郎去又来。'时有李冠者，善吹洞箫，建勋绝叹赏之。建勋死，无所依，流落梁宋间，人比之李龟年云。

不学青阳赋九华，杳然流水送桃花。草堂近在青溪曲，谁识钟山处士家。

风流顾曲擅南朝，古涧秋蝉响欲消。一自清谈人去后，更无人听李冠箫。"

（民国）《金陵园墅志》卷上："青溪草堂，李致尧建勋园。建勋，赵王德诚第四子，官至昭武军节度使，适意泉石，营亭榭于钟山，以司徒致仕，赐号钟山公。建勋有诗云：'地虽当北阙，天为设东溪。'又云：'窗外皆连水，松杉欲作林。'"

沈氏园

杨吴尚书省郎中沈彬园。

沈氏园，沈彬（约 874~967），字子文，筠州高安（今江西高安）人。少孤，苦学。三举不第。隐游湖湘二十余年，始还吴中。赴金陵徐知诰李昪之辟，献画山水诗，云："须知笔力安排定，不怕山河整顿难。"知诰大喜，授秘书郎，及李昪建南唐，以吏部郎中致仕，归江西，居宜春。李璟赴豫章，以旧恩召见，赐粟帛，官其子。卒年九十余，善诗，惜多佚。沈氏园系大和五年（932）至天祚三年（937），其任职杨吴时所筑居园，在金陵钟山之阳，具体位置不详。

史志记载：

（宋）马令《南唐书》卷十五："沈彬，筠阳高安人。读书，能诗。属唐末乱离，南游湘湖，隐于云阳山十余年，与僧虚中、齐己为诗侣。迨不遇世，乃历名山，治方术。烈主镇金陵，命所属郡县辟致之。彬知其欲取吴国，因献《画山水》诗云：'尺素隐清辉，一毫分险阻。'授校书郎，入辅吴世子琏于东宫。未几，乞罢，以尚书郎致仕。禅代之后，绝不求进，高安士人多为给其粟帛。"

（宋）陆游《南唐书》列传卷第四："沈彬，洪州高安人。唐末，浪迹湖湘，隐云阳山。好神仙，喜赋诗，句法精美。烈主辅吴，表授秘书郎。与元宗游，俄恳求还山，以吏部郎中致仕。元宗迁南都，彬年八十余，来见曰：'臣久处山林，不预世事。臣妻曰：君主人郎君，今为天子，何不一往。臣遂忘衰老而来。'元宗命毋拜，厚赐粟帛，以其子为秘书省正字。彬晚岁尝策杖郊原，手植一树识之，语其子曰：'吾当藏骨于此。'及卒，伐树掘地，至丈余，得一石椁，制作精丽，光洁可鉴，盖上有篆云：'开成二年寿椁。'举棺就之，广袤中度。"

（宋）徐铉《稽神录》卷五："沈彬，少而好道，及致仕归高安，恒以焚修服饵为事。尝游都下金陵洞观，忽闻空中乐声，仰视云表，见仙女数十，冉冉而下，往之观中，遍至像前焚香，良久乃去。"

（宋）龙衮《江南野史》卷六："沈彬者，筠阳高安人。少好学，读书有能诗之誉。属唐末乱离，随计不捷，南游湖湘，隐居云阳山十年许。与浮屠辈虚中、齐己以诗名，互相吹嘘，为流辈所慕。寻归乡里，访名山洞府与学神仙。慕乔松虚无之道，往来多之玉笥、阁皂二山，入游息焉。先主移镇金陵，旁罗隐逸名儒老宿，命郡县起之，彬赴辟命。彬知其欲取杨氏，因献《观画山水图》诗，有云：'须知手笔安排定，不怕山河整顿难。'先主夙闻其名，览之而喜，遂授秘书郎，入赞世子。未几，以老乞骸骨归，乃授吏曹郎致仕。"

（南唐）李中《赠致仕沈彬郎中》："自言婚嫁毕，尘事不关心。老去诗魔在，春来酒病深。山翁期采药，海月伴鸣琴。多谢维舟处，相留接静吟。"

（宋）郑文宝《南唐近事》："沈彬，长者，有诗名。保大中，以尚书郎致仕，闲居于江西之高安，三吴侯伯多饷粟帛。"

（民国）《金陵园墅志》卷上："沈氏园，在钟山，宜春沈子文郎中彬，居金陵所筑园也。庭有古柏，可百余尺。"

南原亭馆

毗陵郡公徐景运别墅。

南原亭馆，系南唐保大时，中书侍郎徐运在京师金陵所建之别业。徐运（生卒不详），原名徐景运，避元宗讳改名徐运。皇族贵胄，清直禀气，忠厚为质。历任吏部尚书、镇海军节度使、中书侍郎、平章事、太子少傅、太子太保等，封：毗陵郡公。南原亭馆，占地百亩，依山傍水，芳华艳绝，位于金陵城西南之坤隅。据徐铉《毗陵郡公南原亭馆记》载"北弥临沧之观，南撖新林之戍"。其址应在今南京市雨花台区赛虹桥街道小行社区附近。

史志记载：

（宋）马令《南唐书》卷二："保大四年（946）春正月，以抚州李建勋为左仆射、门下侍郎、平章事，中书侍郎冯延巳拜平章事，吏部尚书徐运为镇海军节度使。"卷三："保大十年（952）三月，以抚州冯延巳为左仆射、平章事，右仆射孙晟守本官、平章事，润州徐运中书侍郎、平章事。"

（宋）陆游《南唐书》本纪卷第二："保大十年（952）三月，以太弟太保冯延巳为左仆射，前镇海节度使徐景运为中书侍郎，及右仆射孙忌并同平章事。"

（宋）徐铉《骑省集》卷六："《太子少傅徐运授太子太保制》：门下：崇德尚贤，推恩录旧；兹惟令典，允属时英。予以眇躬嗣膺丕业，戚藩之望，羽翼之恩，敢忘宠章用光。师道某指徐运清直禀气，忠厚为质。实戚里之所宗，历累朝而见重。敬慎即保家之主，恭勤无出位之思。
爰自京口临藩，克贞师律；鸾台作相，足厚时风。留侯旋
务于退身，疏受更闻于称职。纯诚益著，雅望攸高。昨者，
预奉缀衣，导扬末命；忠贞以济，典礼无违。顾惟冲人，
惧德弗嗣。当此承祧之日，益坚重傅之怀。是用就改崇资，
仍加食赋。於戏！班从一品，秩视三师。苟非贤臣，孰克臻此。
永期纳诲，无替令猷。可。"

（宋）《景定建康志》卷四十六："能仁禅寺，在城
内南厢嘉瑞坊。伪吴大和六年（934），毗陵郡公徐景运，
复为其亲造，曰：报先。南唐升元（937~942），改：兴慈。"

（宋）徐铉《毗陵郡公南原亭馆记》："京城金陵坤隅西
南，爰其别馆，百亩之地，芳华一新，旧相毗陵公习静之所也。
其地，却依峻岭，俯瞰长江，北弥临沧之观，南摭新亭之戍，
足以穷幽极览，忘形放怀。于是，建高望之亭，肆游目之观。
睨飞鸟于云外，认归帆于天末。四山隐现而屏列，重城逦
迤而霞舒。纷徒步而右回，辟精庐于中岭。倚层崖而筑室，
就积石以为阶。土事不文，木工不斲。虚牖夕映，密户冬煆。
素屏麈尾，柴几藜床。谈玄之侣，此焉游息。设射堂于其左，
湛方塘于其下。虚楹显敞，清风爽气袭其间；碕岸萦回，
红药翠荇藻其涘。至于芳草嘉禾，修竹茂林，纷敷翳蔚，
不可殚记。凡厩库之室、厨廪之区，宾燕所须，不戒而具。
每良辰美景，欣然命驾，群从子弟结驷相追。角巾藜杖，
优游笑咏。观之者，不知其为公相也。古人有言：朝廷之士，
入而不能出。况于轻钟鼎之贵，狥山林之心。将相之权，

不能累其真；肺腑之亲，不能系其遁。道风素范，岂不美欤。又，以铉无事事之情，有善善之志。见征拙笔，用勒贞珉。是时岁次辛酉（961）冬月十日记。"

（元）《至正金陵新志》卷十一："能仁寺，在台治东南。刘宋元嘉二年（425），文帝为高祖建，名报恩。唐会昌（841~846）中，废。吴太和六年（934），毗陵郡公徐景运为其亲重建，曰：报先院。南唐升元（937~942）中，改为兴慈院。"

卫氏林亭

南唐内供奉卫贤之别墅。

卫氏林亭，系五代长安画家卫贤，任南唐内供奉时所建之别墅。卫贤（生卒不详），长安人，以画名。南唐时，任皇宫内廷供奉。据徐铉《游卫氏林亭序》记载，卫氏林亭，水木清华，胜景满目。以"建康西北十里所，有迎担湖"考之，其址应在今南京市鼓楼区热河南路街道小桃园社区附近。

史志记载：

（宋）《宣和画谱》卷第八："卫贤，长安人，江南李氏时为内供奉。长于楼观人物，尝作《春江图》，李氏为题《渔父词》于其上。至其为高崖巨石，则浑厚可取，而皴法不老。为林木虽劲挺，而枝梢不称其本，论者少之。然至妙处，复谓唐人罕及，要之所取为多焉。"

（南唐）李煜《渔父词》："浪花有意千重雪，桃李无言一队春。一壶酒，一竿纶，世上如侬有几人。 一棹春风一叶舟，一纶茧缕一轻钩。花满渚，酒盈瓯，万顷波中得自由。"

（宋）徐铉《游卫氏林亭序》："建康西北十里所，有迎担湖。水木清华，鱼鸟翔泳。昔晋元南渡，壶浆交迓于斯。今中兴建都，人烟栉比，于是其间百亩之地，宫率卫君，浣沐之所也。前有方塘曲沼之胜，后有鲜原峻岭之奇。表以虚堂累榭，饰以怪石珍木。悦目之赏，充牣其中。待宾之具，无求于外。庶子王君、谕德萧君、赞善孙君，与上台僚尝游焉。贤，卫君也。陶陶孟夏，杲杲初日。虚幌始辟，清风飒然。班荆荫松，琴奕诗酒；登降靡迤，窥临骀荡。熙熙然不知世与我之为异矣。嗟乎！天生万物，贵适其性。君子有屈身以利物，后己而先人。或行道以致时交，或效智以济世用。斯有贵乎，自适者也。朝市丘壑，君得中道焉。下维道迂智劣，无益于事。山资弗给，归计未从。每寻幽选胜，何远不届。一践兹境，杳然忘归。凡我同游，皆为智者，征文纪事，其有意乎。壬子岁保大十年，952年夏五月，祠部郎中、知制诰徐铉，踌蹰慨叹之所作也。"

严司空宅园

南唐中书侍郎、平章事严续府园。

严续（912~968），字兴宗，冯翊（今陕西大荔）人。恭恪持正，以父荫仕杨吴，补千牛备身，迁秘书郎。尚烈主女，入南唐，历兵部侍郎、尚书左丞。元宗即位，进礼部尚书、中书侍郎，累官至门下侍郎、同平章事。后出为镇海军节度使，未几，属疾还都，卒于府，时年五十七岁，谥曰：懿。其府园蓄养牡丹名著当时，惜其府址史无明载，不详其处。

史志记载：

（宋）马令《南唐书》卷十："严续，字兴宗，父可求，善筹画，为吴相。续以父荫补千牛备身，迁秘书郎。烈主以女妻之，少长贵势，性恭恪，恂恂如也。烈主受禅，为兵部侍郎、尚书左丞。元宗即位，改礼部尚书、中书侍郎……后主即位，改司空、平章事。其后，机务归枢密院，续亦与群辈不协，遂出镇江西。逾年，称疾罢归，卒于私第。"

（宋）陆游《南唐书》列传卷第十："严续，字兴宗，冯翊人……十余岁，以父荫补千牛备身，迁秘书郎。尚烈主女，生长富贵，而性恭谨。历兵部侍郎、尚书左丞。元宗即位，进礼部尚书、中书侍郎，出牧池州，复拜中书侍郎、兼三司使。又出为江西节度使，数年，复入知尚书省，遂为门下侍郎、同平章事……是时以军兴，百司政事往往归枢密院，续言多不见用，求罢，拜镇海军节度使。属疾还都，已革，犹不乱，与客言论如平时……卒年五十七，谥曰：懿。"

（宋）郑文宝《南唐近事》："严续相公'歌姬'，唐镐给事'通犀带'，皆一代之尤物也。唐有慕姬之色，严有欲带之心。因雨夜相第，有呼卢之会，唐适预焉。严命出妓解带，较胜于一掷。举座屏气，观其得失。六骰数巡，唐彩大胜。唐乃酌酒命美人歌一曲，以别相君，宴罢，拉而偕去。相君怅然遣之。"

（宋）徐铉《严相公宅牡丹》："但是豪家重牡丹，争如丞相阁前看。凤楼日暖开偏早，鸡树阴浓谢更难。数朵已应迷国艳，一枝何幸上尘冠。不知更许凭栏否，烂漫春光未肯残。"

徐司徒池亭

南唐右丞相徐玠园苑。

徐玠（868~943），字蕴珪，彭城（今江苏徐州）人。初事彭城郡帅崔洪为军吏，从洪奔吴，授吉州刺史，因贪猥罢官。旋以逢迎徐温，得为副使，劝温立嫡子知询为嗣，以间知诰。后察知询必败，转而输诚于知诰，为元帅府行军司马。南唐初建，以佐命拜右丞相，出为宣州节度使，徙洪州，兼中书令，复召为司徒右丞相兼侍中。性贪鄙，人皆笑之。保大元年（943）五月，卒，时年七十六岁，赠：高平郡王。其园苑内池塘清涟，亭榭栉比，松竹掩映，幽若潇湘。惜其址史无明载，不详其处。

史志记载：

（宋）马令《南唐书》卷十："徐玠，字蕴珪，彭城人也。敏干有辞辩，事郡帅崔洪为军吏，与洪同归于吴。吴武王署玠为粮料使，拜吉州刺史。贪猥不治，罢之。徐义祖出镇润、升，辟玠行军司马。性诡佞，善揣人意。会烈主辅政，人望颇归，玠讽义祖曰：'居中辅政之重，不可假于异姓，宜以嫡子代之。'温即遣其子知询入广陵，将代烈主辅政。
会温暴卒，知询还金陵拜升州节度使，如温之制，所为多
不法。玠知其必败，反自结于烈主。烈主出镇金陵，仍以
玠为行军司马，与周宗、李建勋、孙晟首赞禅代，遂拜右
丞相，出镇宣州……玠连镇宣、洪二郡，皆以贪浊为理，
营求百端，人多鄙之。罢镇，复相位，拜司徒，兼侍中……
保大元年，卒。"

　　（宋）陆游《南唐书》列传卷第四："徐玠，字蕴圭，
彭城人。事帅崔洪为军吏，洪避朱全忠南奔，遣玠先见吴
武王，因得事吴，累居右职。师出江西，为粮料使，江西平，
授吉州刺史。玠初为小校，以干敏称，及治郡，贪猥不治。
烈主辅政，罢之，而义祖悦其善事人，引以为副使，遂见
亲狎。玠挟宿怨，且希义祖意，每与严可求言：烈主疏财
结士，不宜久执国权，请以嫡子知询代之。事垂行，而义
祖殂，知询继立。玠本诡谲多智，善揣摩，非能为徐氏计也。
至是，察知询必败，反持其长短，自结于烈主。烈主亦遂
爱之，尽忘前事。镇金陵，以为行军司马，与周宗、李建勋、
孙忌，首参代吴秘计，遂以佐命拜右丞相。出为宣州节度
使，徙洪州，兼中书令，复召为司徒右丞相。然徒崇以名
位，不复预政。老而益贪鄙，所至人患苦之。好神仙之说，
常以下价市丹砂恶者治丹，人以为笑。保大元年五月，卒，
年七十六，赠：高平郡王。"

　　（宋）史虚白《钓矶立谈》："徐丞相玠，反复于杨
李之际，竟以恩泽自固。累临方镇，率以贪浊闻。其本性

好神仙，颇修服饵之术，然乃以贱价市丹砂之下者，以充其用。"

（南唐）李中《徐司徒池亭》："亭榭跨池塘，泓澄入座凉。扶疏皆竹柏，冷淡似潇湘。萍嫩铺波面，苔深锁岸旁。朝回游不厌，僧到赏难忘。最称收残雨，偏宜带夕阳。吟堪期谢朓，醉好命嵇康。奢侈心难及，清虚趣最长。月明垂钓兴，何必忆沧浪。"

陈少傅园

南唐太子少傅陈继善宅园。

陈继善（生卒不详），字仲卓，生平史无明传。仕南唐中主李璟朝，历官工部侍郎、兵部尚书、南昌尹、江宁尹、太子少傅等。致仕后，杜门谢客，独于宅园内耘圃，不植花草，唯每日于畦墒间点缀珍珠，翌日，依次收取，怡然自得其乐。其宅园史无明载，不详其址。

史志记载：

（宋）《江南余载》卷上："江南文臣。元宗时，江文蔚、王仲连、李贻业、游简言、汤悦、高越、张义方、张纬、钟谟、李克明、张易、赵宣辅、陈继善。"

（宋）郑文宝《江表志》：卷中："文臣：江文蔚、王仲连、李夷业、游简言、汤悦、常梦锡、朱巩、陈元藻、冯延鲁、潘承祐、高远、张义方、田霖、高越、贾潭、张纬、钟谟、李正明、张易、赵宣辅、陈继善。"

（宋）司马光《资治通鉴》卷第二百九十四："显德六年（959）十一月，唐更名洪州曰：南昌府，建南都。以武清节度使何敬洙为南都留守，以兵部尚书陈继善为南昌尹。"

（宋）郑文宝《南唐近事》："陈继善，自江宁尹拜少傅，致仕。富于资产，性鄙屑，别墅林池，未尝暂适。既不嗜学，又杜绝宾客，惟自荷一锄，理小圃成畦。以真珠之余颗，若种蔬状，布土壤之间。记颗俯拾，周而复始，以此为乐焉。"

陵墓

　　南唐立国时间仅三十九年，三位帝王中有两位葬于金陵南郊。还有一众大臣墓茔布于四野。开宝七年（974），宋将曹彬围金陵；八年（975），金陵城破，后主李煜肉袒投降，南唐亡国。其时，助宋灭南唐的吴越兵将，大肆盗掘南唐金陵四郊的帝王达官陵墓，除宰相李建勋墓不设封土，平为田畴而免遭发掘外，余者无一幸免（宋）马令《南唐书》卷十："保大十年（李建勋）卒，临卒，顾谓门人曰：'吾死，敛以布素，旷野深瘗，任民耕辟，不须封树。'暨甲戌之役（开宝七年，974年），公卿茔域，越人发掘殆尽，而独建勋以不知葬所获免。"。因此，南唐陵墓一直成谜，不知其所。1950年冬至1951年春，南京博物院考古工作者对南京南郊祖堂山太子墩的两座古墓进行了抢救性发掘，终于揭开了沉寂千年的南唐二陵的神密面纱。所谓太子墩的两座古墓，其实就是南唐烈主李昇陵和中主李璟陵。位于东侧的是烈主李昇与皇后宋氏的合葬墓——钦陵；其西侧百米处是中主李璟与皇后钟氏的合葬墓——顺陵，合称南唐二陵。2010年，又组织了一次对祖堂山南唐陵区的全面系统的考古调查、勘探与试掘工作，在顺陵西北约100米一处地势较高的缓坡上，新发现了一座南唐墓，根据种种线索最终判定此墓为后主李煜之皇后周氏的陵墓懿陵。兹以考古发现及古籍史志记载，次第叙述如下。

钦陵（永陵）

　　钦陵位于南京南郊祖堂山支脉高山南麓，系南唐开国皇帝烈主李昪与皇后宋氏的陵寝。李昪（888~943），字正伦，小字彭奴，江苏徐州人。幼孤，避地淮泗，流寓濠州。乾宁二年（895），淮南节度使杨行密（852~905）见而奇之，养以为子。而杨氏诸子不能容，乃命大将徐温（862~927）收为养子，改名徐知诰。及长，随徐温转战南北，屡建奇功，累官至左仆射、参知政事，以镇海、宁国节度使出镇金陵，权倾朝野。后晋天福二年（937），废吴帝杨溥（900~938）自立，国号大齐，年号升元。升元三年（939），改国号为唐，复姓李，名昪。晚年信奉长生道术，中毒而殂，入葬钦陵。后周广顺元年（951），周太祖郭威（904~954）追封其父郭简（？ ~906）为周庆祖，谥号章肃皇帝，墓茔称钦陵。为避其讳，李昪陵改名"永陵"，故史书记载李昪陵均称永陵。李昪陵的发掘始于1950年10月8日，止于1951年1月21日，历时106天。陵墓全长21.48米，宽10.45米，由墓门、前室、中室、后室四部分组成。

李昪陵墓门外探沟（选自《南唐二陵发掘报告》）

李昪陵墓门和两侧的挡土墙（选自《南唐二陵发掘报告》）

墓门，南向，为圆拱形洞门，高 2.81 米，宽 2.38 米，门洞厚 1.80 米。门左右隐砌矩形倚柱及仿木结构的橑檐斗拱，上绘缠枝牡丹、宝相花等，富丽堂皇。门券地坪为砖砌席纹，落落大方。

前室，平面呈长方形，南北长 4.50 米，东西宽 3.85 米，四壁正中各辟一圆拱洞门，南为墓门，北通中室，东西为侧室之门。室顶为四方合拱的穹隆顶，地坪至室顶高达 4.30 米。室内所有立枋、倚柱、斗拱、阑额，均彩绘柿蒂纹、蕙草云纹、缠枝牡丹、宝相花、海石榴花等，尽显豪华气派。

中室，与前室大致相同，略呈方形，长 4.56 米，宽 4.45 米。室内东、西、南三壁为圆拱洞门，东、西为侧室门，南壁门与前室相通。北壁为通往后室的方形大门，门两侧为持剑肃立的武士石雕立像，威风凛凛；门楣之上为二龙攫珠石刻浮雕，细腻精美。砖铺席纹地坪，至室顶高 5.30 米。中室与后室之间为高 2.30 米、宽 3.00 米、深 1.90 米的甬道，旷朗深邃。

后室，是李昇与宋皇后的梓宫所在，为钦陵地宫中最大一室，南北长 6.03 米，东西宽 5.90 米，几近方形。南壁正中为两扇青石板门，高 2.24 米，宽 2.40 米，厚 0.15 米，硕大厚重。东、西两壁各辟三门，以通侧室。北壁正中为壁龛，龛下至室中部为青石棺床，棺床正中凿有一洞，曰金井，侧面雕刻飞龙与海石榴花纹。四壁表面均涂以深红暖色，柱、枋、斗拱之上均施以彩绘，所绘题材一如前室、中室，豪华繁缛，后室顶绘有"天象图"，东边红日，西边明月，

从高山顶上俯瞰南唐二陵，x1为李昪陵，x2为李璟陵（选自《南唐二陵发掘报告》）

南斗、北斗，大小星宿达 100 多颗；青石板地坪上凿"地理图"，长江黄河，隐然其中。上具天文，下具地理，匠心独运，蔚为大观。史载钦陵体例及墓圹建筑由工部员外郎江文蔚与太常博士韩熙载、刑部郎中萧俨共同负责完成。

史志记载：

（宋）马令《南唐书》卷一："升元七年（943）春二月，（先主）殂于路寝，寿五十六，葬永陵，谥：光文肃武孝高皇帝；庙号：烈主。"卷六："元恭宋后……保大三年（945）殂，葬永陵，谥：元恭。"

（宋）陆游《南唐书》本纪卷第一："升元七年（943）二月庚午，帝崩于升元殿，年五十六。十一月壬寅，葬永陵。"列传卷第十三："烈主元敬皇后宋氏，小名福金……保大三年（945）十月卒，祔葬永陵。"

（宋）马令《南唐书》卷十三："江文蔚：……烈祖

俎，元宗以文蔚知礼，宜董治山陵事，除文蔚工部员外郎，判太常寺，以议葬礼，于是烈祖山陵制度皆文蔚等裁定。韩熙载：……烈祖山陵，元宗以熙载知礼，遂兼太常博士，时江文蔚判寺，所议虽同，而谥法庙号，皆成于熙载之手。"卷二十二："烈祖山陵，（萧）俨与韩熙载、江文蔚同定礼仪、谥法。"

顺陵

　　顺陵位于钦陵西侧不足百米处，系南唐中主李璟与皇后钟氏的陵寝。李璟（916~961），字伯玉，江苏徐州人。初名徐景通，南唐烈主李昇长子，李昇称帝建立南唐后，易名李瑶，后因瑶为常见字，不易避讳，改名李璟。保大元年（943）嗣位，妄起干戈，相继灭闽、楚两国，扩地三十余州。然生性懦弱平庸，宠信佞臣，致使国运渐衰。后周显德五年（958），败于后周，献江北十四州，去帝号，称国主，奉周为正朔。北宋建隆二年（961）六月，殂于豫章南都长春殿。八月，丧还金陵，暂殡宫中万寿殿。经宋太祖赵匡胤允准，追复帝号，翌年正月入葬顺陵，庙号元宗。李璟顺陵于1950年11月8日开始发掘，至1951年1月21日结束，历时75天。顺陵全长21.90米，宽10.12米，分前、中后三室，内部结构与钦陵大体相似，唯规模远逊于钦陵。

　　墓门，南向，为圆拱形券门，高2.75米，宽2.55米，门洞厚1.90米，门外及门洞均涂以深红色。

　　前室，南北长4.67米，东西宽3.73米，地坪至室顶高4.81

李璟陵墓门及其封砖（选自
《南唐二陵发掘报告》）

李璟陵清理后的墓门（选自《南唐二陵发
掘报告》）

米，室内装饰极简。

　　中室，南北长4.80米，东西宽4.00米，地坪至室顶高4.92
米，仅简单装饰。

　　后室，南北长5.38米，东西宽4.35米，地坪至室顶高
5.42米。后室北侧正中为石棺床，由四块矩形青石板合成，
平素无纹，长2.20米，宽2.00米，厚0.40米，中线偏北凿
有金井，床后段嵌入北壁石龛内。后室地坪为长方形青条
石铺成，室顶原绘有天象图，惜已剥蚀无存。顺陵所用建材，
除少量石材外，绝大部分为砖，有长方形厚砖、长方形薄砖、
窄条形厚砖和楔形砖四种。有一种薄而窄的砖，上面刻有
"千秋""万岁""王相""池腾"等文字，其中有一块
较大的青砖上还刻有人物、龙船等，文字和图画都很草率，
应是工匠信手所为。千年之后，再现人间，已是沧海桑田。

李璟陵墓门外探沟（选自《南唐二陵发掘报告》）

史志记载：

（宋）马令《南唐书》卷四："建隆二年（961）六月，国主李璟殂于南都，年四十有六，在位十九年。秋七月，国主之丧至自豫章，群臣请殡别宫，世子不许，辞甚哀切，乃殡于万寿殿。遣使入朝，乞追复帝号。太祖皇帝许之，谥：明道崇德文宣孝皇帝。葬顺陵，庙号元宗。"卷六："嗣主光穆皇后钟氏，虔州刺史太章之女……嗣主即位，册为皇后……后主即位，册为太后，以父为太章，故号圣尊后。乾德三年（965），圣尊后殂，葬顺陵，谥：光穆。"

（宋）陆游《南唐书》本纪卷第二："建隆二年（961）三月，国主至南都……六月己未，疾革，亲书遗令，留葬西山……庚申，俎于长春殿，年四十六。后主不忍从遗令，迎丧还。秋八月，至金陵，丁未，殡于宫中万寿殿。告哀于京师，且请追复帝号，太祖许之。三年正月戊寅，葬顺陵。"列传卷第十三："元宗光穆皇后钟氏，父太章，事吴，为义祖禅将……（义祖）以太章次女配元宗，即后也。升元中，封齐王妃。元宗即位，立为皇后。后主即位，为太后。以父名，改称圣尊后……乾德三年（965）十月，卒。是日，雨沙于金陵，后主毁瘠骨立，杖而后能起，哀动左右。葬顺陵。"

懿陵

　　懿陵，为南唐后主李煜之妻大周后的陵墓。大周后，系南唐司徒周宗（876~956）长女，周蔷（936~964），小字娥皇，精通音律，能歌善舞；采戏奕棋，无不妙绝。十九岁入宫，为太子李煜妃，深获恩宠。建隆二年（961），李煜即位，册封为国后。乾德二年（964），病逝，时年二十九岁。谥：昭惠，葬懿陵，史称大周后。懿陵位于顺陵西北约百米处的缓坡上，2010年9月下旬开始发掘，至2011年1月下旬结束，历时100余天。懿陵整体平面呈"中"字形，砖石结构，总长6.84米，总宽5.51米，由甬道、墓室及耳室组成。

　　甬道，为长方形券顶，长1.26米，宽1.33米，高1.46米。惜券顶大部不存。

　　墓室，长方形，南北长4.8米，前宽2.08米，后宽1.8米，通高2.40~2.52米，壁厚0.39米。墓顶为四边叠涩式穹窿顶，墓室底部中央略高，铺有三排条形石棺床。

　　耳室，位于墓室中部两侧，距北壁 1.76 米，长方形券顶，口宽 1.72 米，进深 1.40 米，内高 1.40 米。墓室四壁共设壁龛 12 个，其中，北壁等距分布 3 个，东西南北各设 1 个，南壁甬道口两侧各设 1 个，东西耳室后壁各设 1 个，甬道前壁 1 个。整个墓葬历经千年，多次被野蛮盗掘，随葬物品早已荡然。此次发掘，仅出土 40 余件银器、玉器、陶瓷器的残件，可为一叹。

史志记载：

　　（宋）马令《南唐书》卷六："后主昭惠后周氏，小字娥皇，大司徒宗之女。甫十九岁，归于王宫。通史书，善音律，尤工琵琶……后主即位，册为国后。后虽妙龄，妇顺母仪，宛如老成……后生三子，皆秀巘。其季仲宣，僄宁清峻，后尤钟爱，自鞠视之。后既病，仲宣甫四岁，保育于别院，忽遘暴疾，数日卒。后闻之，哀号颠仆，遂致大渐。后主朝夕视食，药非亲尝不进，衣不解带者累夕……越三日，沐浴正衣妆，自内含玉，俎于瑶光殿之西室，时乾德二年十一月甲戌也，享年二十九。明年正月壬午，迁灵柩于园寝。"

　　（宋）陆游《南唐书》列传卷第十三："后主昭惠国后周氏，小名娥皇，司徒宗之女。十九岁来归，通书史，善歌舞，尤工琵琶。尝为寿元宗前，元宗叹其工，以烧槽琵琶赐之。至于采戏奕棋，靡不妙绝。后主嗣位，立为后，宠嬖专房……未几，后卧疾，已革，犹不乱，亲取元宗所赐烧槽琵琶，及平时约臂玉环，为后主别。乃沐浴妆泽，自内含玉，卒于瑶光殿，年二十九，葬懿陵。"

（清）陈文述《秣陵集》卷五："《访南唐昭惠后周娥皇懿陵》：青山何处葬西施，落叶哀蝉有所思。名画尚留邀醉舞，新声谁谱恨来迟。宫人解写金经字，帝子亲书玉女碑。倪幸瑶光人早死，汴京不见入宫时。"

庆王墓

南唐庆王为元宗第二子，名李弘茂（933~951），字子松，容貌秀澈，不喜戎事。封乐安公，拜侍卫诸军都虞侯。以诗赋为乐，人多归之。保大九年（951），卒，时年十九岁。追赠：庆王。葬江宁城南五里。其址应在今南京雨花台石子岗一带，具体位置不详。

史志记载：

（宋）马令《南唐书》卷七："庆王（弘）茂，字子松，元宗第二子。甫数岁，容貌秀澈，有成人风。封安乐公，拜侍卫诸军都虞侯。时有木平和尚者，言人祸福寿夭辄验。元宗以茂见之，曰：'其余不足问，所欲知者寿数尔。'木平为书'九十乙'字。后至十九岁，卒。追赠庆王，葬建业城南五里，命韩熙载碑以表之。"

（宋）陆游《南唐书》列传卷第十三："弘茂，字子松，元宗第二子。幼颖异，善歌诗，格调清苦。年十四，为侍卫诸军都虞侯，封乐安公。骑射击刺皆精习，又领兵职。然不喜戎事，每与宾客朝士燕游，惟以赋诗为乐。初，弘冀刚严，人多惮之，故时望归弘茂。保大九年（951）七月，卒，追封：庆王。弘茂之幼，有异僧言人寿夭祸福多验，元宗使视弘茂，僧书'九十一'字以献。及卒，年十九。"

（元）《至正金陵新志》卷十二："南唐庆王墓，名弘茂，有碑。元宗第二子，幼颖异，不喜戎事。每与宾客朝士燕游，惟以诗赋为乐。年十九，卒，追封：庆王。有异僧言人寿夭祸福多验，元宗使视之，书'九十一'字以献。"

烈主妃平昌郡君孟氏墓

平昌郡君孟氏（901~943），平昌郡（今四川巴中）人，世族出身。膺选受职，服勤恭顺；奉仪得礼，智导后宫。封平昌郡君。升元七年（943）五月十九日殁于大内别院，享年四十三岁。同年六月，葬于江宁城南郊安德乡德信里之山原。其址应在今南京市雨花台区赛虹桥街道安德门社区与菊花里社区一带。

史志记载：

（南唐）徐铉《故平昌郡君孟氏墓铭》："太岁癸卯升元七年，943年五月十有九日，大行皇帝烈主李昪诸妃平昌郡君没于大内之别院，享年四十有三。呜呼哀哉！昔天保永定，大东启其疆；鲁道有荡，三桓纪其政。实为孟氏，代为强宗。德厚著流光之符，祥发为庆膺之效。宜乎来裔，生此淑人。

曾祖某、祖造、父及，皆以含道居贞，遁世无闷；克家垂训，式永门风。郡君丽窈窕之容，秉肃雍之德。游依汉水，气兆河间。乃膺入月之求，早预良家之选。壁门受职，彤管服勤。恭顺之心，奉坤仪而得礼；明惠之智，导宫教而无遗。爰属选邦，遂从封邑。路寝之后，柔芳载扬。既而千载上仙，宫车晏驾。号遗分于万国，感余香于九御。沉哀共极，美疹独萦。不延幽穸之期，重侧上宫之念。呜呼哀哉！即以其年六月日，葬于江宁县安德乡德信里之原，礼也。青乌既吉，覆斧斯营。永光列女之风，尽纪他山之石。词臣奉诏，谨勒铭曰：杳杳平野，萧萧一丘。原松积霭，陇吹临秋。吁嗟淑女，于此藏舟。委贞质兮厚夜，奉灵驾兮仙游。惟淳史兮未泯，岂余芳兮不休。呜呼哀哉！"

李顺公墓

李金全（891~950），字德镠，其先吐谷浑人。初为后唐明宗时的厮养卒吏，及后晋高祖时以战功为安州节度使。天福五年（940），投南唐，烈主拜天威统军，出为润州节度使。元宗时，为北面行营招讨使，拜右卫圣统军，领义成军节度使，兼侍中。保大八年（950）八月，卒于金陵，时年六十岁。赠：中书令；谥：顺。其墓在宋代尚有神道，在城西金陵乡七里铺，即今南京市鼓楼区草场门一带，现墓已无存，具体位置不详。

史志记载：

（宋）马令《南唐书》卷十二："李金全，其先出于土谷浑。金全少为唐明宗厮养，以骁勇善骑射，常从战伐，以功为刺史。天成（926~930）中，为龙武节度使，务为暴贪，罢归……徙镇横海，久之罢为右卫上将军。天福五年（940）夏……款于烈主……烈主以金全为天威统军，迁润州节度使……其后不复用，卒于镇。"

（宋）陆游《南唐书》列传卷第七："李金全，其先吐谷浑人。事唐明宗为厮养，以战功贵，事具《五代史》。晋高祖时，为安州节度使……使其从事张纬奉表诣金陵请降……金全至，拜天威统军，出为润州节度使……元宗欲藉金全宿将威望，以为北面行营招讨使……拜右卫圣统军，领义成军节度使，兼侍中。保大八年（950）八月，卒于金陵，年六十……赠：中书令；谥曰：顺。"

（宋）《景定建康志》卷四十三："李顺公墓，在金陵乡七里铺，去城十二里。考证：公名金全，字德镠。有神道碑，题云：唐故开府仪同三司、检校太尉、兼侍中、赠中书令李顺公神道。"

（宋）张敦颐《六朝事迹编类》卷十三："南唐李顺公墓，公名金全，字德镠。有神道碑，题云：唐故开府仪同三司、检校太尉、兼侍中、赠中书令李顺公神道。在城西金陵乡七里铺。"

（元）《至正金陵新志》卷十二："李顺公墓，名金全，在上元县金陵乡七里铺，去城十二里。"

张懿公墓

　　张居咏（？　~944），字德之，初仕杨吴，累官至门下侍郎。升元二年（938），烈主以居咏为中书侍郎、同平章事。三年（939），表请烈主复姓，进左仆射兼门下侍郎、同平章事。元宗立，罢为镇海节度使。未几，卒。赐号：顺天翼运功臣、特赠守太子太傅、上柱国、清河郡开国公，谥：懿。墓在上元县金陵乡石头城后，去城十里处，其址应在今南京市鼓楼区清凉山公园西北附近一带。

史志记载：

　　（宋）马令《南唐书》卷一："天祚三年（937）冬十月，受吴禅，摄太尉杨璘奉上皇帝玺绶，国号大齐，改元升元……升元二年（938）百官皆请，乃复姓李，改名昪，国号大唐……齐台门下侍郎张居咏、中书侍郎李建勋，皆平章事。三年（939）春二月，诏公卿以下议定郊祀，门下侍郎、平章事居咏，中书侍郎、平章事李建勋等议。"

　　（宋）陆游《南唐书》本纪卷第一："升元元年（937）冬十月丙申，以平章事张延翰为右仆射兼门下侍郎、同平章事，门下侍郎张居咏、中书侍郎李建勋皆为同平章事……升元三年（939）春正月癸亥，右丞相齐丘，平章事居咏、建勋，枢密使同平章事宗等，表请复姓。"

　　（宋）《景定建康志》卷四十三："张懿公墓，在金陵乡石头城后，去城一十里。考证：公名君（居）咏，字德之。有神道碑，题云：大唐顺天翼运功臣、特进守太子太傅、上柱国、清河郡开国公张懿公神道。"

（宋）《六朝事迹编类》卷十三："南唐张懿公墓，公名君（居）咏，字德之。有神道碑，题云：'大唐顺天翊运功臣，特进守太子太傅、上柱国、清河郡开国公张懿公神道。'去府城十里，在石头城后。"

（元）《至正金陵新志》卷十二："张懿公墓，名居咏，在上元县金陵乡石头城后，去城一十里。碑题云：大唐顺天翼运功臣、特进赠太子太傅、上柱国、清河郡开国公张懿公神道。"

（清）《十国春秋》卷二十一："张居咏，仕吴，累官至门下侍郎。升元元年，烈主以居咏为中书侍郎，与张延翰、李建勋皆同平章事。未几，表请烈主复姓，进左仆射兼门下侍郎、同平章事。居咏淳厚寡言，为人长者，于朝廷无所表见。元宗立，罢为镇海军节度使。无何，卒，赐号：顺天翼运功臣、特赠守太子太傅、上柱国、清河郡开国公，谥曰：懿。《金陵志》云：张懿公墓，在上元县金陵乡石头城后，有神道碑。"

高越墓

高越（911~972），字冲远，幽州（今天津蓟县）人。才思精警，少举进士。初为后唐太尉卢文进（863~944）赏识，用为掌书记，并以女妻之。后晋高祖石敬瑭（892~942）即位，南奔广陵投吴，为秘书郎。烈主受禅，为水部员外郎，迁郎中。保大四年（946），因斥冯延巳，贬蕲州司士参军。

后徙广陵令、中书舍人。后主时，历任御史中丞、左谏议大夫、勤政殿学士、户部侍郎等。卒年六十二岁，谥：穆。墓在江宁城东北四十五里，摄山栖霞寺西北，北山之麓。其址应为今南京市栖霞区栖霞山风景区内，现墓已无存，具体位置不详。

史志记载：

（宋）马令《南唐书》卷十三："高越，燕人也。少举进士，清警有才思，文价蔼于北土。时威武军节度使卢文进有女美而慧，善属文，时称'女学士'。越闻而慕焉，往谒文进，文进以妻之。晋高祖即位，文进南奔，越与之俱来。初投鄂帅张宣，久不见知，越以《鹰》诗诮之曰：'晴空不碍摩天翮，未肯平原浅草飞。'遂至广陵，烈主爱其词学，时齐国立制，凡祷祠燕饯之文，越多为撰之。烈主受禅，累迁礼部员外、中书舍人。保大中，诸将取潭、衡，举朝称庆。越谓：'潭、衡一时之凶乱，取之甚易，观诸将之才，善守为难。'既而进兵于衡，遂杀李建期；进攻潭州，边镐遁归；诸郡皆降，举无遗策。是时，越与江文蔚俱以辞赋知名，故江淮士者品论人物，皆以越为首称。"

（宋）陆游《南唐书》列传卷第六："高越，字冲远，幽州人。精词赋，有名燕赵间。卢文进镇上党，具礼币致之。初以客从，及文进徙安州，越又从之，遂为其掌书记。文进仲女有才色，能属文，号'女学士'，因以妻越。文进奔吴，亦与俱行，吴以为秘书郎。烈主受禅，迁水部员外郎，改祠部、浙西营田判官。与江文蔚俱以能赋擅名江表，时人谓之'江高'。保大初，文进卒，有欲倾其家者，越上书讼之，出为蕲州司士参军，语在《文进传》。就迁军事判官，与隐士陈曙为物外交，淡然不志荣利。久之，乃徙广陵令，还判吏部，历侍御史知杂、元帅府掌书记、起居郎、中书舍人。淮南交兵，书诏多出越手，援笔立成，词采温丽。元宗以为称职，不徙官者累年。后主立，始迁御史中丞、勤政殿学士、左谏议大夫，兼户部侍郎，修国史。卒年六十二，谥曰：穆。贫不能葬，后主为给葬费，世叹其清。"

（宋）徐铉《骑省集》卷八："《浙西判官高越可水部郎中》敕：多士之世，副台郎之选者，前代谓之贤。乃知三署之属，例无轻授。某官高越，早践朝序，尝为史臣。当官有声，聚学不倦。顷属上将出临大藩，辄参入幕之资，备观理剧之用。府罢赴阙，时名益高；司川之秩，俾从真授。无忘职业，以荷朝恩。"

（宋）郑文宝《江南近事》："高越，燕人也。将举进士，文价蔼然。器宇森挺，时人无出其右者。鄂帅李公贤之，待以殊礼，将妻以爱女。越窃谕其意，因题《鹰》一绝，书于屋壁，云：'雪爪星眸众鸟归，摩天专待振毛衣。虞人莫谩张罗网，未肯平原浅草飞。'遂不告而去。后为范阳王卢文（进）纳之为婿，与王南归烈主。累居清显，终礼部侍郎。（与）江文蔚俱以词赋著名，故江南士人言体物者，以江高为称首焉。"

（宋）《景定建康志》卷四十三："高越墓，在栖霞寺旧门外，北山之麓，去城四十五里。有石题云：侍郎高府君墓。南唐人也。"

（宋）《六朝事迹编类》卷十三："南唐高越墓，摄山栖霞寺旧门外，北山之麓，有石题云：侍郎高府君墓。去县四十五里。"

（元）《至正金陵新志》卷十二："高越墓，栖霞寺旧门外，北山之麓，去城四十五里。"

韩熙载墓

韩熙载生平，详见前《官邸》条目下说明。韩熙载卒于开宝三年（970）七月二十七日，时年六十九岁。诏赠：左仆射、同平章事，谥曰：文靖。葬雨花台梅岗，谢安墓侧。其址现为南京市雨花台区雨花台风景区东北角之梅岗。

史志记载：

（宋）马令《南唐书》卷十三："韩熙载，字叔言，北海人也……开宝三年，病卒，年六十三（九）。后主深痛惜之……乃赠熙载平章事，谥文靖，葬梅颐岗谢安墓侧。"

（宋）陆游《南唐书》列传卷第九："韩熙载，字叔言，北海人……卒，年六十九……赠右仆射同平章事，废朝三日，谥文靖。葬梅岭冈谢安故墓侧。"

（宋）徐铉《骑省集》卷十六："《唐故中书侍郎、光政殿学士、承旨、昌黎韩公墓志铭》："公讳熙载，字叔言……春秋六十有九，庚午岁开宝三年，970 年秋七月二十七日，没于京师凤台里之官舍。上省奏震悼，为之流涕。有司奏当辍朝三日，手批：'天不慭遗，碎我瑚琏；辞章乍览，痛切孤心。嗟乎！抗直之言，而今而后，迨不得其过半闻听者乎！可别辍朝一日，赠右仆射平章事，仍官给葬事。'士庶闻之，知与不知，莫不为之悲叹。有司考行易名曰：文靖。"

（元）《至正金陵新志》卷十二："韩熙载墓，在梅颐岗。"

（明）《正德江宁县志》卷七："韩熙载墓，在梅岗。熙载病卒，后主谓近臣曰：'吾竟不得熙载为相。'乃追赠平章事，谥文靖，葬于此。"

（清）陈文述《秣陵集》卷五："《梅冈吊南唐中书侍郎韩熙载墓》：避难军门杖策干，嵩山旧隐路漫漫。早年北伐雄心在，老去南朝相业难。夫子文章原典雅，才人酒色亦辛酸。分明棋墅东山意，埋骨端应傍谢安。"

卷六

寺庙道观

寺庙

　　南唐一朝，偏居江东一隅，三代国主全部笃信佛教，后主尤其痴迷。上有好者，下必甚焉。故五代十国时期，南唐以举国崇佛而闻名于世。以至最后一境如狂，公权殆殇，国破家亡（宋）马令《南唐书》卷二十六："南唐有国，兰若精舍，渐盛于烈主、元宗之世，而后主即位，好之弥笃，辄于禁中崇建寺宇，延集僧尼。后主与周后顶僧伽帽，披袈裟，课诵佛经，跪拜顿颡，至为瘤赘。亲削僧徒厕简，试之以颊，少有芒刺，则再加修治。"。更甚者，城破前夕，"后主令僧俗军士念救苦菩萨，满城沸涌"。可笑的是宋军很快就在满城诵佛声中轻松地占领了金陵。

　　本节主要介绍南唐政权在金陵存续期间，除原有古刹梵宫外，另行创建和改建的寺庙概况，以彰其时佛教之盛、寺院之众。兹次第简述如下。

奉先寺

奉先寺，即宋代保宁禅寺，始建于孙吴赤乌四年（241），始名建初寺。东晋、刘宋时期，更名祇园寺。萧齐时改名白塔寺。唐初，复名建初寺；开元年间（713~741），更名长庆寺。南唐复更名奉先寺，系齐王李景达为祀先主所辟建李景达（924~971），字子通，小名雨师，烈主李昪第四子。初封信王，继改燕王，终封齐王。历任诸道兵马大元帅、中书令、天策上将军、浙西节度使、抚州大都督、临川牧等。后主李煜即位，加封太师。开宝四年（971），卒于任，时年四十八岁。赠：太弟；谥：孝昭。升元七年（943）李昪去世后，李景达藉长庆寺址改建而成奉先寺。入宋后，改名保宁禅寺。宋亡，废无存。其寺位于饮虹桥西南，凤凰台东侧，保宁坊内。其址应在今南京市秦淮区双塘办事处殷高巷及鸣羊街附近。

史志记载：

（宋）《景定建康志》卷四十六："保宁禅寺，在城内饮虹桥今名新桥南，保宁坊内。考证：吴大帝赤乌四年，为西竺康僧会建寺，名建初。晋、宋有凤翔集此山，因建凤凰台于寺侧。晋、宋更寺名曰祇园。齐更名曰白塔。唐初复名曰建初。开元，更名曰长庆。南唐更名曰奉先。"

（元）《至正金陵新志》卷十一："保宁禅寺，在城内饮虹桥南，保宁坊内。吴大帝赤乌四年，为西竺康僧会建，寺名建初。晋宋有凤凰集此山，因建凤凰台于寺侧。宋更寺名曰祇园。升明二年，齐太祖为比丘法显造寺，于其地得外国砖为白塔，又名白塔。唐开元中，寺僧大惠禅师者，明皇召至长安，寻，求归山。诏可之。因改其寺为长庆寺，其额韩择木书。南唐保大中，齐王景达为先主造寺，因名奉先。"

（明）葛寅亮《金陵梵刹志》卷四十八："废刹保宁寺，即南唐奉先寺。"

（宋）马令《南唐书》卷七："齐王景达，字子通，烈主第四子，元宗之母弟也。顺义四年（924），旱，七月既望，雩祀得雨。景达以是日生，因小字雨师。成童爽悟，与群儿异，烈主器之。初封信王，元宗即位，改封鄂王，景迁侍中，进封燕王。及景遂为太弟，以景达为元帅、中书令，徙王齐……寻拜浙西节度使……改抚州元帅……后主即位，就加太师、尚书令，奉以叔父之礼。开宝四年（971），卒于镇，年四十七（八）。追赠太弟，葬庐山，谥孝昭。"

（宋）陆游《南唐书》列传卷第十三："景达，生于吴顺义四年……神观爽迈，异于他儿，烈主深器之，受禅，封信王。烈主欲以为嗣，难于越次，故不果。烈主殂……景达自燕王徙封齐王，为诸道兵马元帅、中书令。景达孝友纯至……性刚正嫉恶……保大末……拜天策上将军、浙西节度使。景达不敢当要镇，力辞，改抚州大都督、临川牧，在镇十余年。后主嗣位，加太师、尚书令，甚尊礼之。卒于镇，年四十八，在烈主诸子中，最为寿矣。赠太弟，谥昭孝。
遗命留葬江州庐山。"

延祚寺

延祚寺，一名铁塔寺、正觉寺，位于金陵城西北冶城
后岗上，始建于刘宋泰始（464~472）中。梁太清二年（548），
侯景（503~552）之乱，王僧辩（? ~555）入讨，景使其党
宋长贵守延祚寺。诗人何逊（466~519）有《登延祚寺阁寺》诗。
唐代有灵智禅师，号罗睺和尚者，居于此寺。广明（880~881）
中，唐僖宗李儇（862~888）赐号"延祚寺"。寺内有古钟
及经幢，上镌"大吴金陵府延祚院"。寺有井十一口，其中，
最大者号为"百丈泉"，井栏上镌"保大元年"（943）造。
宋乾兴元年（1022），佛殿前增置铁塔两座，故俗称铁塔寺。
熙宁（1068~1077）中，神宗赵顼（1048~1085）赐名"正觉寺"，
塔名"普照"。后毁于雷击，无存。其址应在今南京市秦
淮区朝天宫街道冶山道院社区附近。

史志记载：

（宋）《景定建康志》卷四十六："正觉禅寺，一名
铁塔寺，在城内西北冶城后岗上。考证：本太（泰）始中，
邦人舍地建精舍，号延祚寺。至唐，有灵智禅师，生无双
目，号罗睺和尚，经论文字，悉能明了。时人称有天眼，
为建塔于寺内。广明中，赐额。梁侯景之乱，王僧辩入讨，
景使其党宋长贵守延祚寺。何逊有《登延祚寺阁》诗。佛

殿前有铁塔二座，铸云：乾兴元年造。古钟亦唐时所铸，有经幢，镌‘大吴金陵府延祚院’。寺有井十一口，内一口最大，号为‘百丈泉’。井栏上字，乃保大元年所镌。宋熙宁中，赐寺名曰：正觉，塔名曰：普照。”

（元）《至正金陵新志》卷十一，所载与《景定建康志》卷四十六，雷同无异。

（明）《金陵梵刹志》卷四十八：“废刹，铁塔寺，即（刘）宋延祚寺，唐天保寺，宋正觉寺。”

（清）《南朝佛寺志》卷上：“延祚寺正觉寺、铁塔寺：延祚寺，在冶城后冈上。宋泰始中，邦人舍地建精舍，以延祚为寺名。寺有高阁，梁何逊尝登之以赋诗。逮侯景之乱，王僧辩入讨，景使其党宋长贵守延祚寺，盖其地实据山川之形胜焉。南唐改正觉寺，又名铁塔寺。塔至国朝，始为雷震所坏云。”

能仁寺

能仁寺，初名报恩寺，始建于刘宋元嘉（424~453）年间，宋文帝刘义隆（407~453）为祀奉高祖刘裕（363~422）所辟建。寺址在城南秦淮北岸之嘉瑞坊，南接秦淮数百步。唐会昌（841~846）中，废。杨吴太和六年（934），毗陵郡公徐景运（生平见《南原亭馆》条目下注释）于旧址复为其亲造寺，名报先院。南唐升元（937~943）年间，改名兴慈寺。保大（943~957）中，钟山公李建勋（872~952）曾赠庄田入寺，后废无闻。宋咸平（998~1003）中，重赐院基田产，更律为禅。

崇宁（1102~1106）中，赐名承天寺。政和七年（1117），改名能仁寺。其址应在今南京市秦淮区夫子庙办事处教敷巷社区一带。

史志记载：

（宋）《景定建康志》卷四十六："能仁禅寺，在城内南厢嘉瑞坊。考证：庆元（1196~1200）间，游九言（1142~1206）撰本寺《佛殿记》略云：能仁寺，南接秦淮数百步，按其地古青溪之渍也。初名报恩，宋元嘉，文帝为高祖创建。唐会昌中，废。伪吴大和六年，毗陵郡公徐景运复为其亲造，曰：报先。南唐升元，改兴慈……至道中，有圆觉律师德明者，际遇太宗皇帝召见，赐之御容及罗汉像以归。咸平间，重赐院基田产，更律为禅，宠以圣制诗章，院复大显。至崇宁，赐名：承天。政和七年，改能仁。"

（宋）《六朝事迹编类》卷十一："能仁寺，南唐古寺基也。保大年（943~957）中，升州特进守、司徒致仕、钟山公李建勋尝舍庄田入寺，后废。"

（元）《至正金陵新志》卷十一："能仁寺，在台治东南。刘宋元嘉二年（425），文帝为高祖建，名报恩。唐会昌中，废。吴太和六年（934），毗陵郡公徐景运为其亲重建，曰：报先院。南唐升元中，改为兴慈院。至开宝中，又废。后有里人舍宅复为兴慈院，太平兴国二年（977），以院地卑湿，徙置于此。以乾明节日建，院额复改为承天寺。政和中，又改今额。"

（清）《南朝佛寺志》卷上："报恩寺、报先院、兴慈院、能仁寺，此非明之大报恩寺也。"

开善寺

开善寺，位于钟山独龙阜塔前，始建于梁武帝天监十四年（515）。唐乾符（874~879）中，改为宝公院。南唐升元（937~943）中，徐德裕重修。后主李煜（937~978）又改为开善道场。宋太平兴国五年（980），改赐太平兴国禅寺额。庆历二年（1042），两浙转运副使、江宁知府叶清臣（1000~1049）奏请改为十方禅院。元代复称开善寺。明初改名蒋山寺，洪武十四年（1381），敕令整体搬迁至钟山东麓，赐额灵谷禅寺。开善寺原址辟建为明孝陵至今，为钟山风景区内的重要组成部分。

史志记载：

（宋）《景定建康志》卷四十六："蒋山太平兴国寺，去城一十五里。考证：梁武帝天监十三年，以定林寺前冈独龙阜葬志公，永定公主以汤沐之资，造浮图五级于其上。十四年，即塔前建开善寺。今寺乃其地也。唐乾符中，改为宝公院。南唐升元中，徐德裕重修，后主又改为开善道场。本朝太平兴国五年，改赐今额。庆历二年，叶公清臣奏请为十方禅院。"

（宋）《六朝事迹编类》卷十一："蒋山太平兴国禅寺，梁武帝天监十三年，以钱二十万，易定林寺前冈独龙

钟阜晴云（选自《金陵图咏》）

阜，以葬志公。永定公主以汤沐之资，造浮图五级于其上。十四年，即塔前建开善寺。今寺即其地也。唐乾符中，改为宝公院。南唐升元中，徐德裕重修。开宝三年，后主改为开宝（善）道场。太平兴国五年，改赐今额。庆历二年，府尹叶龙图清臣奏请为十方禅院。"

（元）《至正金陵新志》卷十一："太平兴国禅寺，在蒋山西，去府城十五里。……绍兴三十二年，加封宝公号，塔以'感顺'为额。今塔院西偏有木末轩，王荆公命名。俯视岩壑，虬松参天。幽邃可爱，为山之绝景。荆公罢相，居金陵，多以资产金帛助施寺中……泰定二年正月，寺复遗漏，主僧守忠极力营创。至顺二年九月，翰林学士虞集奉敕撰碑。"

（明）《金陵梵刹志》卷三："钟山灵谷寺，在都城东、钟山左独龙岗麓，离朝阳门十里。钟山，即蒋山。梁天监十三年，武帝为志公建塔于山南玩珠峰前，名开善精舍，更为寺。唐乾符中，改宝公院；开宝中，改开善道场。宋太平兴国五年，改太平兴国寺；庆历二年，府尹叶清臣奏改十方禅院，寻复寺额。国初，名蒋山寺。因塔迩宫禁，洪武十四年，敕改今地，赐额灵谷禅寺。"

（清）《同治上江两县志》卷三："开善寺，唐宝公院、南唐开善道场、宋太平兴国寺，皆其地。明太祖时，移寺于东麓，旧寺遂为孝陵。"

（清）《南朝佛寺志》卷下："开善寺，古蒋山寺、太平兴国寺、灵谷寺……明（初）因卜建孝陵，乃移寺于东麓，即今之灵谷禅林云。"

兴教寺

兴教寺，即清凉广惠禅寺，位于府城之西石头城。初为杨吴顺义（921~927）年间，大将军、丞相徐温创建，名兴教寺。南唐升元初（937），改为石头城清凉大道场。亦为李氏避暑宫，中有德庆堂，名额乃后主李煜亲书。另有《祭悟空禅师文》碑、《追荐烈主孝高皇帝脱幽出苦》大钟，均为后主亲书督造。入宋至太平兴国五年（980）闰三月，改名清凉广惠禅寺。苏东坡（1037~1101）曾舍弥陀画像于寺中。寺中所藏董羽画龙《海水图》，上有李煜八分书、李霄远草书题迹，寺周有白云庵、翠微亭、不受暑亭、郑介公书堂等名胜。入元，废弛。明洪武三十五年建文四年，1402 年，周王朱橚（1361~1425）于旧址重建，改名"清凉陟寺"。成化十四年（1478），宣城伯卫颖（1411~1498）捐资重修。入清以后，历经兵燹，蹶废不兴。2014 年，获得部分重建。其址在今南京市鼓楼区华侨路街道清凉山社区清凉山公园内。

史志记载：

（宋）《景定建康志》卷四十六："清凉广惠禅寺，在石头城，去城一里。考证：伪吴顺义中，徐温建为兴教寺。南唐升元初，改为石头城清凉大道场。国朝太平兴国五年闰三月，改今额。旧传此寺尝为李氏避暑宫，寺中有德庆堂，今法堂前旧基是也。后主尝留宿寺中，德庆堂名，乃后主亲书。《祭悟空禅师文》，乃后主自为之，碑刻今并存。东坡尝舍弥陀画像于寺中。寺有大钟，乃伪唐后主所铸。寺有白云庵、翠微亭、不受暑亭、郑介公书堂。《圣宋书画录》云：旧有董羽画龙、李煜八分书、李霄远草书，时人目为三绝。"

（宋）《六朝事迹编类》卷十一："清凉广惠禅寺，伪吴顺义中，徐温建为兴教寺。南唐升元初，改石头清凉禅寺，后主复改清凉大道场。本朝太平兴国五年闰三月，改为今额。旧传尝为李氏避暑宫，寺中有德庆堂，今法堂前旧基是也。后主尝留宿寺中，故其诗有'未能归去宿龙宫'之句。德庆堂额，乃后主亲书；祭悟空禅师，乃后主自为文。碑刻今见在。旧有李氏宫人亲写藏经，及本朝所赐御书，今皆不存。"

（宋）苏轼《清凉寺阿弥陀佛赞》："苏轼之妻王氏，名闰之，字季章，年四十六，元祐八年（1093）八月一日，卒于京师。临终之夕，遗言舍所受用，使其子迈、迨、过，为画阿弥陀像。绍圣元年（1094）六月九日，像成，奉安于金陵清凉寺。"

（元）《至正金陵新志》卷十一："苏公妻王氏，元祐八年（1093）卒于京师，遗言舍所受用，使其子迈、迨、过，为画西方阿弥陀像，安于清凉寺。寺后有周虎（1170~1231）'石头城'三大字石刻。张祜、温庭筠有诗，今按：唐人有诗，则吴重建明矣。近年，殿后堂舍毁于火，重修建未完。"

（明）《金陵梵刹志》卷十九："石头山清凉寺，在都城西，清江门内，中城地。南去所统天界寺十二里，古清凉山。吴顺义中，徐温建为兴教寺。南唐改石头清凉大道场。宋太平兴国五年，改清凉广惠禅寺。后数废。国初洪武间，周王重建，改额清凉陟寺。左胁而上，为清凉台。山不甚高，而都城宫阙、仓廪，历历可数。俯视大江，如环映带。台基平旷，原系南唐翠微亭旧址。今亦有亭，可登览。"

（明）钱溥《重修清凉寺碑略》："金陵石城西，古有清凉寺在。吴顺义中，徐温重修，为兴教寺。南唐改石头清凉大道场。宋太平兴国间，改清凉广惠寺。皇明洪武三十五年（1402），周王重建，赐额清凉寺，复命太子少师姚广孝（1335~1418）为僧录左善世。迨今余八十年，殿宇脱落漫漶，宣城伯卫颖（1411~1498）同主僧德广，捐赀重建。以成化十四年（1478）十月、日经始，而工毕于明年（1479）三月、日。"

升元寺

升元寺，即瓦官寺也。始建于东晋兴宁二年（364），晋哀帝司马丕（341~365）诏移陶官于秦淮水北，以南岸窑地施僧慧力，建造瓦官寺，并建瓦官阁于寺内。后历经宋、齐、梁、陈、隋、唐近六百年风雨，一直存续。至杨吴顺义年间（921~926），吴帝杨溥（900~938）敕令瓦官寺改名吴兴寺，瓦官阁改名吴兴阁。南唐升元二年（938），烈主李昇（888~943）敕令吴兴寺改名升元寺，吴兴阁也改名升元阁。宋开宝八年（975），大将曹彬（931~999）攻陷金陵，后主李煜（937~978）肉袒出降，城内一片混乱。士大夫豪民富贾及妇女童稚千余人，逃避升元阁上，助宋攻城的吴越王钱俶（929~988）部纵兵焚烧，瞬间，大火冲天，阁毁人亡。名刹名阁，一旦而烬，夷为荒丘。及至太平兴国五年（980），于其旧址建崇胜戒坛院。淳熙（1174~1189）中，韩元吉（1118~1187）尝为记，每岁度僧于此受戒。入元以后，渐废圮不存。明万历十九年（1591），僧圆梓募赎其地，复创刹寺，状元焦竑（1540~1620）名之曰：凤游寺。其址在今南京市秦淮区双塘办事处凤游寺社区花露岗上。

史志记载：

（宋）《景定建康志》卷二十一："升元阁，旧在升元寺，即瓦棺寺也，在城西南隅……伪吴顺义中，改寺为吴兴寺，阁为吴兴阁。南唐升元初，改寺为升元寺，阁为升元阁……开宝中，王师收复，士大夫暨豪民富商之家美女少妇，避难于其上，越兵举火焚之，哭声动天，一旦而烬。今崇胜戒坛院，近升元阁故基建卢舍那佛阁，亦高七丈，里俗犹呼为升元阁。"卷四十六："崇胜戒坛院，即古瓦官寺，又为升元寺，在城西南隅。考证：晋哀帝兴宁二年，诏移陶官于淮水北，遂以南岸窑地施僧慧力，造瓦官寺。淳熙中，韩元吉尝为记，每岁度僧于此受戒。"

（宋）《六朝事迹编类》卷十一："升元寺，即瓦官寺也，

凤凰台（选自《金陵十八景图》）

在城西（南）隅。前瞰江面，后踞崇冈，最为古迹。累经兵火，略无仿佛。（南唐）李王时，瓦官阁犹在，乃梁朝故物，高二百四十尺。太白诗所谓'日月隐檐楹'是也。今西南隅戒坛，乃是故基。南唐将归我宋数年前，升元寺殿基掘得石记，乃诗谶。其辞曰：'若问江南事，江南事不凭。抱鸡升宝位谓李煜丁酉年生也，走犬出金陵谓王师甲戌渡江也。子建居南极曹彬列栅城南，乃子建也，安仁秉夜灯谓潘美恐有伏兵纵火也。东邻骄小女，骑虎渡河冰钱傲以戊寅年入朝，尽献浙西之地，乃骑虎之谓也。'"

（元）《至正金陵新志》卷十一："崇胜戒坛院，即古瓦官寺，又为升元寺，在城西南隅。《实录》：'晋哀帝兴宁二年（364），诏移陶官于淮水北，遂以南岸陶地施僧慧力，造瓦官寺。'《庆元志》：'旧或作瓦棺者，非也。'《南史》：'师子国，晋义熙（405~418）初，始遣使献玉像，经十载乃至。像高四尺二寸，玉色洁润，形制尤殊特，殆非人工。此像历晋、宋在瓦官，寺先有征士戴安道（326~396）手制佛五躯，及顾长康（348~409）维摩图，世号三绝。至齐东昏（483~501），遂毁玉像为潘贵妃钗钏。'《十国志》：'南唐升元二年（938），改瓦官寺为升元寺，吴兴阁为升元阁。'《乾道志》：'吴顺义（921~926）中，改吴兴寺，南唐改升元寺。太平兴国五年（980），赐今额。'《景定志》：'淳熙（1174~1189）中，韩元吉为记，每度僧于此受戒。'……按：《记》谓今寺地，即张昭（156~236）故宅，其升元基，今寺西北有寺街，及石经幢尚存。"

（明）《金陵梵刹志》卷二十一："凤凰台瓦官寺，在都城内，中城凤凰台，南去所统天界寺五里。晋兴宁二年，诏以陶官地，施为瓦官寺。梁时，就建瓦官阁。（南）唐升元，改寺曰升元寺，阁曰升元阁。宋太平兴国，改崇胜戒坛。国初，寺废，半为徐魏公族园，半入骁骑卫仓。嘉靖间，徐园旁积庆庵改建，名曰瓦官，实非寺址。凤凰台右，故有小庵一区，万历十九年（1591），僧圆梓募魏公及诸檀越，尽赎台地，大建刹宇。考《志》：前瞰江面，后据崇冈。
则兹庵为是，因正额上瓦官，改积庆下瓦官，附之。”

（清）《同治上江两县志》卷三："崇胜戒坛院，即
古瓦官寺，又为升元寺。明初，寺废。半为魏公园，半入
骁骑仓。万历十九年，僧圆梓募赎其地，复创刹。寺有老桂，
古干槎枒，因名：丛桂。焦竑改曰：凤游寺。寺南有集庆庵。
《焦氏笔乘》：嘉靖时，诏毁私庵，集庆僧妄以瓦官名其处，
得幸免，然实非瓦官故址矣。故《梵刹志》谓瓦官有二：
山上为上瓦官，平地为下瓦官云。"

妙因寺

妙因寺，即古栖霞寺，位于南京城东北四十五里处之
摄山南麓，始建于南齐永明七年（489）正月初三日，隐居
摄山累征不起的居士明僧绍（？ ~489）临终舍宅为寺，并
将其交由好友法度禅师（？ ~500）主持，名"栖霞精舍"。
隋开皇十五年（596），敕令于寺内建舍利塔，以奉佛舍利。
唐武德五年（622），高祖李渊（566~635）敕改为功德寺。
唐上元三年（676），高宗李治（628~683）亲撰《明隐君碑》，
改名"隐居栖霞寺"。御书碑额，卫尉少卿高正臣书碑。唐
武宗（814~846）会昌年间（841~846），废弛；宣宗（810~859）
大中五年（851）重建。南唐后主时，改名妙因寺，勤政殿
学士高越（911~972）、镇海节度使林仁肇（？~972）改建
舍利塔，吏部尚书徐铉（916~991）书"妙因寺"额。然时
人仍谓之曰栖霞寺，宰相李建勋（872~952）、御史中丞

周繇（841~912）均有题诗。宋太平兴国五年（980），改
为普云寺；景德五年（1008），改为栖霞禅寺，亦称为虎
穴寺。元祐八年（1093）六月，为纪念中书侍郎张璪（？~
1093）参政功德，改名严因崇报禅寺。元代因之不改。明
洪武二十五年（1392），赐名栖霞寺至今。其址在今南京
市栖霞区栖霞街道栖霞社区。

史志记载：

（南唐）李建勋《游栖霞寺》："养花天气近平分，
瘦马来敲白下门。晓色未开山意远，春容犹淡月华昏。琅
玡冷落存遗迹，篱舍稀疏带旧村。此地几经人聚散，只今
王谢独名存。"

（南唐）周繇《栖霞寺赠月公》："出家不要买山钱，
施作清池种白莲。松桧老依云外地，楼台深锁洞中天。风
经绝顶回疏雨，石倚危屏挂落泉。欲结茅庵伴师住，肯饶
多少薜萝烟。"

（宋）《景定建康志》卷四十六："严因崇报禅寺，
即景德栖霞寺，在今城东北之摄山，去城四十五里。考证：
齐永平（明）七年，明僧绍舍宅为寺，见江总持碑明僧绍，
宋泰始中，游此山，刊木结茅，二十许年，遂舍为寺。寺有舍利塔，
乃隋文帝葬舍利处。唐高祖改为功德寺，增治梵宇四十九
所，楼阁延袤，殿宇麟次。高宗御制明隐君碑，改为隐居
栖霞寺，御书寺额，有碑尚存，字不可辨。武宗会昌中，废。
宣宗大中五年，重建。南唐高越、林仁肇，建塔；徐铉书额，

栖霞胜概（选自《金陵图咏》）

曰：妙因寺。国朝太平兴国五年，改为普云寺；景德五年，又改为栖霞禅寺；元祐八年六月，改赐今额，为参政简翼张公璪功德寺。"

（宋）《六朝事迹编类》卷十一："栖霞禅寺。摄山，齐明僧绍故宅也。按《栖霞寺江总碑》云：'齐居士平原明僧绍，宋泰始中，游此山，乃刊木结茅，二十许年。有法度禅师与僧绍甚善，僧绍遂舍宅为寺。盖齐永明七年正月三日也。'唐高宗尝建寺碑，并书寺额。武宗会昌中，废。宣宗大中五年，重建。本朝太平兴国五年，改为普云寺；景德五年，改赐景德栖霞禅寺。寺有舍利塔，乃隋文帝葬舍利处。南唐高越、林仁肇，建塔；徐铉书额，曰：妙因寺。"

（元）《至正金陵新志》卷十一：严因崇报禅寺条目，所载内容全部录自《景定建康志》卷四十六。此处不再赘述。

（明）《金陵梵刹志》卷四："摄山栖霞寺，在都城东北，南去所统灵谷寺三十里、太平门四十里，东城地。齐永明七年，明僧绍舍宅，法度禅师建寺。隋文帝琢白石为塔，置舍利。唐高宗改功德寺，高宗改隐君栖霞寺。武宗会昌中，废。宣宗大中五年，重建，改妙因寺。宋太平兴国五年，改普云寺。景德五年，改栖霞禅寺。元祐八年，改严因崇报禅寺。又为景德栖霞禅寺、虎穴寺。洪武二十五年，仍赐额栖霞寺。"

（清）《南朝佛寺志》卷下："栖霞寺　功德寺　妙因寺　普云寺　严因崇报寺　虎穴寺，在江乘之摄山。"

法宝寺、净居寺

　　法宝寺、净居寺净居寺，亦名圆寂寺，即六朝梁武帝萧衍所创之同泰寺也。始建于大通元年（527），位于台城北掖门外路即今南京珠江路中段西南，内有七层大佛阁，梁武帝曾三次舍身该寺。大同十年（544），同泰寺遭遇雷电起火，焚毁殆尽。及至更造未就，因侯景之乱陡起而作罢。杨吴顺义二年（922），以同泰寺之半，建台城千福院，后改名法宝寺。南唐升元初（937），以同泰寺另一半，辟建净居寺，后改名圆寂寺。入宋以后，两寺先后废弛，且均湮为军寨及蔬圃。其址应在今南京市玄武区珠江路中段附近。

史志记载：

　　（宋）《景定建康志》卷四十六："同泰寺，案《舆地志》：在北掖门外路西南，与台城隔路。考证：《实录》：梁武帝大通元年，创此寺。寺在宫后，别开一门，名大通，对寺南门。造大佛阁七层，大同十年，震火所焚略尽。即更造未就，而侯景乱。南唐改为净居寺，寻又改圆寂寺。其半为法宝寺。又《舆地志》：法宝、圆寂寺，即古同泰寺基旧址……寺今废，其半为法宝寺。

　　法宝寺，亦曰台城院，乃梁同泰寺基之半也。今在行宫北精锐军寨内。考证：梁武帝大通元年，创同泰寺。伪吴顺义二年（922），以同泰寺之半，置为台城千佛院。本朝改赐今额。寺前有丑石四，各高丈余，俗呼为三品石。政和（1111~1117）中，取归京师，或谓之阙石。寺前墙外有井，耆老相传为陈时胭脂井，叔宝与张丽华坠而复出之所也。寺基最阔，淳祐七年（1247），创置精锐军，同泰寺旧基，皆为寨屋及蔬圃。今井在寨内。"

（宋）《六朝事迹编类》卷十一："同泰寺，梁武帝改年号大同，起同泰寺，在台城内。穷竭帑藏，造大佛阁七层，为火所焚。梁帝舍身施财，以祈佛福。自大通以后，无年不幸同泰寺，设四部无遮大会。俄而侯景兵起，城陷，遂以虚器进膳。自庚辰至丙戌，七日不食而崩。

法宝寺，亦名台城寺，梁同泰寺基之半也。《建康实录》：梁武帝大通元年，创同泰寺。寺处宫后，别开一门，名大通门。对寺之南门成吉语，以协同泰为名也。帝晨夕讲议，多游此门。伪吴顺义二年，置为台城千福院。本朝改赐今额。寺前有丑石四，各高丈余，俗呼为三品石。政和间，取归京师。其寺今在城北。"

（元）《至正金陵新志》卷十一所载同泰寺、法宝寺，两寺内容与（宋）《景定建康志》卷四十六所载雷同。

（明）《金陵梵刹志》卷四十八："废刹，同泰寺。"

崇孝寺

崇孝寺，位于金陵城内嘉瑞坊，杨吴顺义（921~926）中置。宋景德（1004~1007）中，改名景德寺；建炎元年（1127），改为太庙，徙景德寺于城隍庙旁。后遂废弛无存。其址应在今南京市秦淮区夫子庙街道大全福巷附近。

史志记载：

（宋）《景定建康志》卷四十六："景德寺，在城内嘉瑞坊，旧崇孝寺也，伪吴置。国朝景德中，改今额。建炎初，其地为太庙，徙城隍庙于旁。今庙侧小巷中有僧舍数间，仍用寺额。

（宋）《六朝事迹编类》卷十一："景德寺，伪吴始名崇孝寺。本朝景德中，改赐今额。建炎元年，以其地改充太庙，今隶嘉瑞坊。"

（元）《至正金陵新志》卷十一所载景德寺内容，与（宋）《景定建康志》卷四十六记载相同。

广孝禅院

广孝禅院，亦名广孝寺，原位于江宁县治今南京建邺路北张府园西侧南，钦化桥今南京建邺路南笪桥街西。南唐改名广孝禅院。宋开宝七年（974），南唐参知政事、清辉殿学士张洎（934~997）舍秦淮北岸之赐第位于今南京升州路中段南侧徐家巷为寺，广孝禅院并入。淳化五年（994），改名寿宁禅院，内有琼花一株。入元，寺废不存。

史志记载：

（宋）《景定建康志》卷四十六："寿宁禅院，在江宁县治南。国朝开宝七年，徙入城中，盖参政张公洎南唐赐第也。舍宅为寺，并城北广孝寺入焉。淳化五年，改今额其孙（张）谔云：《建康志》谓为爱敬寺者，非也，家集中有公《谢表》

证焉。旧有琼花一本，内翰张公瑰移自维扬，手植于此。郭祥正诗：一种琼花内相栽，年年蓓蕾待春来。吴思道诗：寿宁闲锁翰林春，月明空照琼花影。今不存。"

（宋）《六朝事迹编类》卷十一："大爱敬寺，梁武帝普通元年（520）造，在蒋山之北高峰上。唐朝乾符（874~879）中，重修；广明元年（880），改为广明爱敬禅院。南唐改广孝禅院。本朝开宝七年（974），移额入城中。今寿宁寺是也。"

（元）《至正金陵新志》卷十一："寿宁寺，在府城北隅，即旧广孝寺基。按《图经》：本在钦化桥街西，江宁县治南。梁普通元年，造大爱敬寺于钟山南。唐乾符中重修；广明元年，改广明爱敬禅院。南唐改广孝禅院。开宝七年，徙入城中，南唐张洎舍宅置。淳化五年，改今额。《庆元志》：寿宁禅院，宋参政张洎南唐赐第也。至道中，舍宅为寺，并城北广孝寺入焉。其孙谔云：《乾道志》谓昔为爱敬寺者，非也。家集有《谢表》可证。旧有琼花一本，内翰张瑰手植，移自维扬云。"

（明）《万历上元县志》卷五："张洎宅，在秦淮北岸，洎为南唐参政时赐第。"

证圣寺

证圣寺，位于南唐宫城以北之清化坊。南唐保大（943~957）中，有木平和尚居此寺，故里俗又称之为木平寺。入明以后，寺废无存。其址应在今南京市玄武区北门桥以南附近。

史志记载：

（宋）马令《南唐书》卷二十四："木平和尚，保大中，至金陵。知人祸福生死，所言辄验。倾都瞻礼，阗塞街巷；金帛之遗，日积万数。"

（宋）《景定建康志》卷四十六："证圣寺，在行宫后。南唐保大中，木平和尚居此寺，故里俗至今呼为木平寺。寺东有沟迤逦，西北接运渎。今堙塞，仅存遗迹。"

（元）《至正金陵新志》卷十一："证圣寺，在宋行宫后。南唐保大中，木平和尚居此寺，故里俗至今呼为木平寺。寺东有沟，迤逦西北，接运渎。今湮塞，尚存遗迹。"

（明）《万历上元县志》卷十一："木平和尚，不知何许人。南唐保大初，征之阙下……为建寺宫侧居之，名木瓶，后讹为木平云。"

（明）《金陵梵刹志》卷四十八："废刹，证圣寺。"

真际寺

真际寺，位于宋代江东转运司衙署其址在今建邺路中段北侧以西，初为六朝时期西域僧人辟建，名迦毗罗寺。迦毗罗为释迦牟尼的诞生地，系佛教圣城。该寺名一直延用至南唐，方改名真际寺。入宋以后，又改名宝戒寺。其址在今南京市秦淮区朝天宫街道丰富路中段一带。

史志记载：

（宋）《景定建康志》卷四十六："宝戒寺，今在转运衙西，本迦毗罗寺。南唐改真际寺；国朝开宝二年（969）改今额。

（元）《至正金陵新志》卷十一："宝戒寺，在龙翔寺元代龙翔集庆寺在今建邺路张府园西侧西。"

（清）《南朝佛寺志》卷上："迦毗罗寺、真际寺、宝戒寺，迦毗罗寺亦外国僧所建也。南唐改真际寺，宋名宝戒寺，在元龙翔寺之后云。"

法光寺

法光寺，位于江宁城内东南隅翔鸾坊，梁武帝萧衍创建，俗称萧帝寺。南唐改名法光寺。入宋以后，改为鹿苑寺。寺有周处读书台，殿前有郗氏窟。其址在今南京市秦淮区夫子庙办事处江宁路社区小心桥东街44号。

史志记载：

（南朝·陈）《舆地志》卷十五："鹿苑寺，不知从昔之名，但后人以帝氏目之。"

（宋）《六朝事迹编类》卷十一："法光寺，今名鹿苑寺，即梁之萧帝寺也。旧传：天监十三年造。元绛《寺记》云：'不知从昔之名，故后人以帝氏目之。'南唐保大间，重建；后主易名曰：法光寺。有子隐堂、郗氏窟，今隶祥（翔）鸾坊。本朝敕改鹿苑寺。"

（宋）《景定建康志》卷四十六："鹿苑寺，旧名法光寺，即梁萧帝寺也，在今城东南隅。考证：元屯田绛尝为记。寺有子隐堂，即周处筑台读书处也。佛殿前有郗氏窟，旧传：梁武帝郗后化蟒，事颇迂怪，不录。"

（宋）元绛《重建萧帝寺记》："金陵王气三百年，声明文物，与时隆替。中间惟萧梁折节以佞佛，故佛之庙貌充斥江表。都城巽维直淮上所有精舍焉，紫峰纡余，反宇欲翔；盘高孕虚，含吐万景。望之辉然如修虹亘霄，丹碧相发。殿有圣像，即山而成；追琢之功，极其精妙。案《舆地志》：'不知从昔之名，但后人以帝氏目之。'黄旗运歇，势胜故在。闰唐攘据，因其迹而增华。易榜法光，标为幽概。圣朝混一书轨，以三代文教箫勺宇内，四圣累洽，浸厚福于民。梵刹禅林，容仍旧物，而兹寺垂弛，瘁焉不支。己卯宝元二年，1039 年春，寺僧募大姓杜德明出褚金五十万程工，就其址起高广殿，水埶不移，棼撩有严；光辉复还，风改异态。又纷绘释迦文相，即山塑十六大尊者，生生是供，称是该备。其秋告成，乃作钟呗蒲飨以落之，道俗和会，圜视作适。青溪之水木，钟阜之云物，来入轩所，相为澄旷。都人诧焉，有条其状而至者，会同闰赵郡李君、从事海濒，谓余有一日之雅，授简不腆。且曰：欲以新志累子。追惟胜冠，筮仕彼都，与故濮阳吴嗣复昌卿并游，其坠沾醉抚翰，刻名楹间，晦明飙驰，盖四十八甲子，老龙死矣。灵光岿然，贲咨旧游，恍若梦觉。今之辱请，可没其美乎？月而日之，庶以传久。康定二年（1041）三月八日记。"注：

元绛（1009~1084），字厚之，钱塘人。北宋大臣，官至参知政事。工于诗文，有《玉堂集》。

（元）《至正金陵新志》卷十一："鹿苑寺，旧名法光寺，即梁萧帝寺也，在今城东南隅。寺盖重建于南唐保大，易名法光。至宋，敕改今额。寺后有周处书台，佛殿前有郗氏窟，旧传：梁武帝郗后化蟒于此。以天监十三年造寺。《图史补》：武帝造寺，令萧子云飞帛大书萧字。李纱见之，破产载归东洛，建一小院玩之。号萧斋。即此寺旧额也。"

（清）《南朝佛寺志》卷下："萧帝寺法光寺、鹿苑寺，萧帝寺，亦梁高祖所立，在光宅寺之旁。寺额为萧子云书，中有周子隐读书台。佛殿前为郗氏窟，梁德皇后化蟒处，今之蟒蛇仓也。时云法师主是寺，任孝恭从之游，讲席甚盛。至南唐改名法光寺，宋曰鹿苑寺，今之石观音庵实其故址云。"

齐安寺

齐安寺，位于江宁城东门外四里，南唐升元（937~943）中建，额曰：齐安。宋政和五年（1115）正月，宋徽宗赵佶（1082~1136）改赐寺额曰净妙。元代尚存，入明后，废弛。其址应在今南京市秦淮区光华路街道石杨路西端秦淮河北岸一带。

史志记载：

（宋）《六朝事迹编类》卷十一："净妙寺，旧名齐安寺，南唐升元中建，额曰齐安。本朝政和五年正月，改赐净妙。旧临官路，今移置高陇，面秦淮。王荆公《齐安寺诗》刻云：'日静山如染，风喧草欲薰。梅残数点雪，麦涨一溪云。'去城四里。"

（元）《至正金陵新志》卷十一："净妙寺，即齐安寺，南唐升元中建。政和中，改赐今额。旧临官路，今移置高陇，面秦淮。在城东门外四里。"

（明）《金陵梵刹志》卷四十八："废刹，净妙寺，即齐安寺。"

祈泽寺

祈泽寺，位于城东二十余里处之祈泽山今南京江宁上坊马鞍山麓。始建于刘宋景平元年（423），及至梁朝，增建龙堂。相传：有初法师者，至山麓结茅修行，诵讲《法华经》，听者甚众。中有龙女闻道感悟，应初法师之请，施法于寺中作清泉一池，是为祈泽池也。及至唐会昌（841~846）中，寺废。南唐保大（943~957）中，以久旱祈雨于旧寺基，第二天就喜降大雨，后遂为祈雨之所。宋治平（1064~1067）中，改赐为祈泽治平寺。元至正二年（1342）重建。明嘉靖十二年（1533），修缮一新。入清以后，渐废无存。其址在今南京市江宁区东山街道上坊社区。

史志记载：

（宋）《六朝事迹编类》卷十一："祈泽寺，《寺记》云：

祈泽龙池（选自《金陵图咏》）

宋少帝景平元年建，去府城二十里。梁朝置龙堂。有初法师者，来结茅庵于山下，日夜诵《法华经》。有一女郎来听，移时方去，师讶之，因问其住止。女曰：'儿东海龙女，游江淮间，闻师诵经，来听之。'师曰：'此山乏水，汝能神变，为我开一泉，可乎？'女曰：'此固易事，容儿归白父。'言讫不见。数日后，忽作风雷，良久，有清泉涌于座中。南唐保大中，以久旱祈雨于旧寺基，信宿而雨作，自后以为祈祷之所。本朝治平中，改赐祈泽治平寺。许坚字介石，南唐隐士，（？~1007）尝有二诗，其后王荆公王安石，（1021~1086）题云：'高人遗迹空佳句，谁识旌阳后世孙。'"

（元）《至正金陵新志》卷十一："祈泽治平寺，《乾道志》：在城东二十五里，驿路北。宋少帝景平元年建，梁朝置龙堂。有初法师者，结茅山下，诵《法华经》。有东海龙女来听，师曰：'此山乏水，为我开一泉可乎？'后数日，风雷良久，有清泉涌座下。南唐保大中，以旱祈雨于旧寺基，信宿而雨。自后，以为祈祷之所。治平中，改赐今额。"

（明）《金陵梵刹志》卷九："祈泽寺，古刹，在郭城高桥门外，东城地。南去所领翼善寺十里，西去正阳门今光华门三十里，即祈泽山。宋少帝景平元年建，名祈泽寺。（唐）会昌中，废。南唐升元间，复。宋治平间，改祈泽治平寺。元至正二年，重建。国朝嘉靖十二年修葺，为祈祷雨泽之所。连彭城（山），接青龙（山），泉流澄彻如镜。"

（清）《南朝佛寺志》卷上："祈泽寺，在祈泽山，距城二十里，今高桥门外。宋少帝景平元年建，梁置龙堂。有初法师者，诵《法华经》，龙女献泉，在寺之右。唐会昌中，废。南唐祈雨有验，复修。宋治平中，改名祈泽治平寺。历元迄明，常为祈祷雨泽之所焉。"

圣游寺 同行寺、秀峰院、宝林寺、幕府寺

圣游寺，位于城北幕府山北麓，濒临大江。梁天监（502~519）年间。武帝萧衍与宝志和尚同游此山，见林峦风光十分幽寂，即命于此建造寺宇，初名同行寺，寻改圣游寺。唐会昌（841~846）中，废弛。杨吴太和（929~935）中，复建，改名秀峰院。南唐保大九年（951）重修。宋开宝八年（975）又废。太平兴国五年（980）重建。嘉祐（1056~1063）中，敕赐改为宝林寺。寺内法堂前有琪树，建炎（1127~1130）间，焚毁于兵燹。绍兴（1131~1161）中，宝林寺迁至城西凤台山西麓，其址遂废。明成化十年（1474），于旧基址重建，改名幕府寺；万历二十八年（1600），修缮一新。入清以后，废弛不存。其址应在今南京市鼓楼区与栖霞区之间的幕燕滨江风貌区中段，即幕府山北麓达摩洞一带。

史志记载：

（宋）《六朝事迹编类》卷十一："宝林寺，《旧经》云：本同行寺，梁天监中，武帝与宝公同游此山，见林峦殊胜，命建精蓝，因以'同行'为额，亦名圣游寺。唐会昌中，废。伪吴太和中，复建，后改为'秀峰院'，南唐保大九年，重修。

达摩灵洞（选自《金陵图咏》）

本朝嘉祐中，改赐今额。有琪树在法堂前，梅挚（994~1059）诗，其略云：'影借金田润，香随碧月流。远疑元帝植，近想志公游。'建炎间，树为兵火所焚，今寺属宝林山。"

（宋）《景定建康志》卷四十六："秀峰院，旧在城北。国朝开宝八年，废；太平兴国五年，重建，寻又废。绍兴中，移于凤台山西。"

（元）《至正金陵新志》卷十一："宝林寺，在城西北二十五里。《旧图》云：'本同行寺，梁天监中，武帝与志公同游此山，见林峦殊胜，命建寺，因名同行，亦名圣游寺。后改为秀岩（峰）院。'《事迹》：'唐会昌中废。吴太和中复建，后改为秀峰院。至嘉祐中，改赐今额。有琪树在法堂前，梅挚有诗云：影借金田润，香随碧月流。远疑元帝植，近想志公游。建炎间，树为兵所焚。'"

（明）《金陵梵刹志》卷二十七："幕府寺，古刹，在都城西北。南去所领嘉善寺二里，神策门五里。牧马所留守后卫，北城地。幕府山，晋元帝渡江，王丞相导尝建幕府，驻军于此。《图经》云：梁天监中，武帝与宝公来游，始建为寺，名同行，一名圣游。后改秀岩（峰）院。嘉祐中，又改宝林寺。国朝如今名，万历庚子重修。林岫瞥然，幽洒深静。达摩洞前，可瞰大江。"

（明）焦竑《幕府寺修造记》："寺在山椒稍东，《图经》云：'梁天监中，武帝与宝公来游，见林峦殊胜，始建为寺，名同行，一名圣游。后改秀岩院。'嘉祐中，又改宝林寺……自成化甲午十年，1474年以来，不葺者百三十载矣。万历庚子二十八年，1600年，僧如方、如觉，抽衣钵之余积，合檀施之净赀，凡几百缗，撤而新之。为大殿者二，如其法作佛菩萨于中，与十六尊者，相好皆备。堂皇高广，棼橑有严。光辉烨然，风物具美。"

福兴寺殊胜寺

福兴寺，位于江宁城西南七十五里，铜井镇南之天竺山麓。南朝刘宋时期，初建于铜井塘埔东，复迁银湖北，梁大同二年（536），袁平字之杰，生卒不详徙建。唐上元二年（675），僧道融移建天竺山麓。至大历五年（770），重建，有江宁许登上元人，生卒不详，天宝元年（742）进士，官至金部郎中撰记，吴郡张从申苏州人，生卒不详，开元二十四年（736）进士，书法名家，官至礼部郎中书额之《润州福兴寺碑》。南唐时期，后主李煜（937~978）安葬照禅师于寺后，起塔焉。宋代，改名殊胜寺。元代，逐渐废弛。明代重修，唐碑尚在。入清以后，毁于咸丰癸丑（1853）兵燹。其址在今南京市江宁区江宁街道新铜社区。

史志记载：

（唐）许登《润州福兴寺碑》："福兴寺，梁大同二年之杰建也。本于塘蒲之东，迁于银湖之北，中更一纵，以袭其初。传记缺遗，莫详岁月……有禅师德号道融，本姓娄，东阳义乌人也。肃宗皇帝李亨，（711~762）龙飞朔方，大赦天下，改元为'至德'，每寺度七人，以蕃王室。时润州刺史兼御史大夫、江南东道节度处置使、京兆韦公陟韦陟（697~761），俾属城大德咸举，所以知禅师行业精修，法门之中，衺然为首。遂正名僧籍，而隶于福兴焉……大唐上元二年（675），龙集辛丑季秋月旬有九日，遂移其旧额，肇创新居于天竺之山，为真宝地也。天竺在故寺东南七里，名符佛国……大唐岁次庚戌（770）六月一日壬辰建。唐尚书、金部郎中、兼侍御史、上柱国许登撰。"

（宋）《景定建康志》卷十七："天竺山，在江宁县西南一百二十里，周回一十七里，高一十九丈。事迹：东南有水，下注慈姥浦；其北连冈十里，本名多墅山。唐上元二年，有天竺福兴寺僧道融移寺于此，山因以为名。"卷四十六："殊胜寺，在城南门外。本宋福兴寺，伪唐后主葬照禅师于此，因名塔院。"

（元）《至正金陵新志》卷十一："◎福兴寺，《乾道志》：在城西南七十五里，天竺山下。按《实录》：大同二年，袁平造福兴寺，东北去县百里。◎殊胜寺，在城南门外。本宋福兴寺，南唐后主葬照禅师于此，因名塔院。"

（明）《金陵梵刹志》卷四十六："天竺山福兴寺，古刹，在郭外，南城，天竺山下。北去聚宝门及报恩寺各八十里。梁大同二年，袁平造。唐上元二年，僧道融移旧额，改创天竺山。国朝重修，未经记述，惟唐碑在焉。今寺在乡落，殿宇僧舍，仿佛村墟。"

（清）《南朝佛寺志》卷下："福兴寺殊胜寺：福兴寺，在秣陵县西南百里，塘埔东，银湖北当今之铜井镇。梁大同二年，袁平造。唐初，释道融徒于天竺山，去故寺七里。南唐，改为塔院。宋，名殊胜寺。至咸丰癸丑，寺始毁。而唐张从申碑尚存。

龙光寺 _{青园寺、月灯禅院}

　　龙光寺，在城北覆舟山下，本名青园寺，始建于南朝刘宋元嘉二年（425），系原东晋恭帝司马德文（386~421）之妻即恭思皇后褚氏（384~436）所立之种青处。元嘉五年（428），宋文帝刘义隆（407~453）建青园寺于龙光门外覆舟山南麓，旋敕赐龙光院额。唐会昌年间（841~846），废弛；咸通二年（861），改建为月灯禅院。南唐升元二年（938），重修。其址在今南京市玄武区太平门以西九华山南麓一带。

史志记载

　　（南朝·梁）释慧皎《宋京师龙光寺竺道生传》："竺道生（355~434），本姓魏，巨鹿人，寓居彭城。初入庐山，幽栖七年，以求其志……与慧睿、慧严，同游长安，从什公鸠摩罗什，（343~413）受业。关中僧众，咸谓神悟。后还都建康，止青园寺……其年夏，雷震青园佛殿，龙升于天，光影西壁，因改寺名号，曰：龙光。"

　　（宋）《景定建康志》卷四十六："龙光寺，在城北覆舟山下。宋元嘉二年（425），号青园寺。《高僧传》云：竺道生（355~434）后还上都青园寺。寺是惠恭（恭思）皇后褚氏所立，本种青处，因以为名。其年，雷震青园寺佛殿，龙升于天，光影西壁，因改龙光。本朝嘉祐三年（1058）《佛殿记》云：宋元嘉五年（428），有黑龙见覆舟山之阳，帝舍果园东建青园寺，西置龙王殿。今沼沚见存。至会昌年（841~846）废。咸通二年（861），重兴，敕赐龙光院额。旧志以为在龙光门外者，非也。"

（元）《至正金陵新志》卷十一："龙光寺……今按《乾道志》：龙光禅院，在城之西，宋元嘉二年（425），号青园寺。后改额为龙光禅院，以在龙光门外也。会昌（841~846）中，废。咸通（860~874）初，建为月灯禅院。升元二年（938），重修。"

（清）《南朝佛寺志》卷上："青园寺，在覆舟山下，晋恭思皇后褚氏所立，本种青处，因以为名。宋元嘉（424~453）中，高僧竺道生来止此寺，文帝深加叹重，旋以忤众被摈。其年夏，雷震寺中佛殿，龙升于天，光照西壁，遂改名为龙光。时人叹曰：龙既已去，生必行矣。或曰：元嘉五年，有黑龙见覆舟山之阳。帝舍果园，东建青园寺，西置龙光殿云。逮景平元年（423），佛驮什鸠摩罗什于此寺译经，阅岁始竟。而宝林、惠生、普知、僧果，诸僧亦递居之，名乃益重。先是，晋司徒王谧（360~407）掘地得金像，宋高祖刘裕（363~422）迎入台供养，复送瓦官寺。梁时，亦移入龙光寺。释宝志（418~514）飞锡偶来，特著灵迹。唐会昌（841~846）中，寺废。咸通（860~874）初，建为月灯禅院。南唐升元（937~943）中，重修。后遂无所闻矣。"

衡阳寺

衡阳寺，位于上元县东北四十里清风乡，始建于南朝，名宝城寺。唐天祐三年（906），徐温（862~927）重建，因地近衡阳山，遂改名衡阳寺。历经宋元明清，一直存续至二十世纪五十年代，废圮无存。其址在今南京市栖霞区栖霞街道衡阳村附近。

史志记载：

（元）《至正金陵新志》卷十一："衡阳寺，在上元县清风乡。《乾道志》：衡阳资福禅院，去城东北四十里，即古宝城寺基。唐天祐三年（906），徐温重建，改今额。《庆元志》：寺旧有齐己、牟儒二上人，重开衡阳寺。古迹石刻云：古迹重开一朗兴，斸烟寻得宝阶层。只应云鹤知前事，为问齐梁旧住僧。废井荒池犹浸月，短松低柏欲遮灯。淳于道士真高达，抛却林泉便上升。保大七年（949）题。"

（明）盛时泰《栖霞小志》跋："万历戊寅二十六年，（1598）三月……与清柏、法通往衡阳寺。寺近阳山湖，其登陟之趣，虽让伞岭，而四面回合，雅称幽静。门外二石幢，南唐时所立；殿内石炉，镌'宋宣和五年（1123）癸卯造'诸字。工制奇绝，色质泽润。僧房内，佛菩萨三尊，传为海外人所遗，然不可知矣。"

（明）《金陵梵刹志》卷四："衡阳寺，在郭城外，东城地，清风乡。离太平门三（四）十里，即所领栖霞寺下院，去寺五里。殿堂：山门一座，天王殿三楹，正佛殿三楹，僧院一房。山水：衡阳山。"

（清）《白下琐言》卷八："衡阳寺，在太平门外三十里清风乡。予赴北乡觅地，尝假宿其中。南朝朗法师结茅于此，有衡阳神女听经，因名。相传为志公出家之所，大殿有联云：'六朝钟秀，运启齐梁，朗禅师披草莱，占南朝四百八十寺之首，感龙女献泉，涓涓派流不息；五叶留芳，光吞吴越，宝志公剃须发，开西域三千七百年之灯，遇梁皇问道，赫赫声价弥高。'栖霞慈中印道人题。然志公少出家，止京师道林寺，师事沙门僧俭为和尚。见《高僧传》。又：宝公林，为志公出家地。见《宝华山志》。而衡阳寺独无明文可证，则其说亦未可尽信也。"

（清）《金陵待征录》卷四："衡阳寺，门外二石幢，南唐所立。殿前石炉镌：宋宣和五年癸卯造。"

隐静院

隐静院，原名永建寺，位于金陵城东四十里上元县宣义乡雁门山麓，梁天监二年（503）李师利造。一说始建于刘宋元嘉（424~453）中。唐会昌（841~846）中，废圮。南唐保大（943~957）中，重修，改名隐静院。宋乾德二年（964），金陵一批宿儒者艾，叩请后主李煜重建。后废无存。其址应在今南京市江宁区汤山街道阳山碑材风景区内。

史志记载：

（唐）许嵩《建康实录》卷第十七："天监二年四月

癸卯……置永建寺，北去县六十里，李师利建造。"

（元）《至正金陵新志》卷十一："隐静院，在上元县宣义乡。《乾道志》：在城东，近雁门山，去城四十里。梁天监二年建。初名永建寺，南唐保大中，重修，改今额。《实录》：梁天监二年，李师利造永建寺，北去县六十里。寺有乾德四年（966）石刻云：唐上都左街雁门隐静院，始建于宋元嘉（424~453），废于唐会昌（841~846）。乾德二年，耆艾诣南唐主，请重建焉。"

（清）《南朝佛寺志》卷下："永建寺隐静院，永建寺在雁门山，梁天监二年，李师利所造也。南唐改建为隐静院云。"

杜桂院

杜桂院，亦名香林寺、香林院，位于城东南六十里上元县丹阳乡杜桂村，始建于梁天监（502~519）中，因杜、桂二卿，舍宅为寺，故而以其姓为寺名。隋唐以后，渐圮。南唐保大六年（948），重建。入清以后，迁入城内佛心桥，该地寺院，遂废无存。其址应在今南京市江宁区湖熟街道丹桂社区杜桂村。

史志记载：

（元）《至正金陵新志》卷十一："杜桂院，在上元县丹阳乡。《乾道志》：在城东南六十里，南唐保大六年建。在杜桂村，因为院额。今名香林寺，又曰香林院，在赤山西。

《庆元志》：院有《古钟记》，云：梁天监中，杜、桂二卿，平章朝政，舍所居以为寺，故从其姓以旌名。"

（明）《金陵梵刹志》卷十四："小刹香林寺古刹，在郭城高桥门外，东城丹阳乡湖熟镇。北去所领法清院十五里，西去正阳门八十里。按《金陵新志》有杜桂院，南唐保大六年建，在杜桂村，因为院额。《庆元志》：院有《古钟记》，云：梁天监中，杜、桂二卿，平章朝政，舍居为寺，故从其姓以旌名。今名香林寺，又曰香林院。名与地合，当即此。殿堂：佛殿三楹，左伽蓝殿一楹，僧院四房。基址三十亩：东至长塘，南至陶家田，西至本寺桥，北至中桥。"

（清）《南朝佛寺志》卷下："杜桂寺香林寺，梁天监中，有杜、桂二姓，舍宅为寺，因以杜桂为名。寺有大钟，铭文可按也。宋改香林寺，移赤山西。"

崇果院

崇果院，初名旷野寺，屡次更名曰禅居院、崇果院等，终名崇因寺，位于江宁城南十二里安德乡新亭里。始建于刘宋，名旷野寺，至萧齐即废。梁大同（535~543）中复建。唐开元（713~741）中，改名禅居院。杨吴大和（929~935）中，改名崇果院。入宋，改名崇因寺。苏轼（1037~1101）曾过崇因寺，作《观音颂》。元代，重新修建，著名高僧释大䜣（1284~1344）有《集庆路崇因寺记》。明清以降，迭有增修。清末民初，废圮无存。其址应在今南京市雨花台区赛虹桥街道安德门社区与小行社区之间。

史志记载:

（宋）苏轼《观音颂并序》："金陵崇因寺长老宗袭，自以衣钵造观世音像，极相好之妙。予南迁，过而祷焉，曰：吾北归，当复过此，而为之颂。建中靖国元年五月一日，自南海归，至金陵，乃作《颂》曰：慈近乎仁，悲近乎义；忍近乎勇，忧近乎智。四者似之，而卒非是；有大圆觉，平等无二。无冤故仁，无亲故义；无人故勇，无我故智。彼四虽近，有作有止；此四本无，有取无匮。有二长者，皆乐檀施。其一大富，千金日费；其一甚贫，百钱而已。我说二人，等无有异。吁观世音，净圣大士。遍满空界，挈携天地。大解脱力，非我敢议。若其四无，我亦如是。"

（元）《至正金陵新志》卷十一："崇因寺，在城南十二里。旧《图经》云：本宋旷野寺，齐废，梁大同中，复。唐开元中，改禅居院。吴大和二年（930），改崇果院。宋改今额。《庆元志》：崇因寺，陈轩《金陵集》刘谊诗云：十里崇因寺，临江水气中。寺有观音画像，东坡《颂李端叔跋》曰：吾卜葬亡妻，崇因长老钦公，谓余曰：子胡不祷观音。东坡南迁，尝祷而应，遂作颂。前人已为刻石，后有诏所在东坡文，皆毁，前人不敢违。余问石所在，曰：几碎矣。索之力，得于库中米廪后，尘土深数寸。稍曳出，加湔洗，而灿然如未尝毁者。盖先是刻马祖，庞居士用其余刻颂像。已断裂，而颂独全。东坡《序》云：金陵崇因院长老宗袭，自以衣钵造观音像，极相好之妙。余南迁谒而祷曰：北归当复过此而为颂。建中靖国元年（1101）五月一日，自南海归至金陵，乃作颂。"

（元）释大䜣《集庆路崇因寺记》："延祐二年（1315），昙芳居金陵崇因寺，予寓馆焉。僧不满百，多耆宿，有矩度。庭宇静深，山环辑如卫，左江右淮，风帆驿骑，使客憩止。以寺得晋新亭故基，山川风物，感人咏思……至国朝，远峰宏公克中兴之。及昙芳而法席始盛。作钟楼、僧堂、众寮、庖湢，以延名衲。遂作大殿，初，有农耕田中，视若物焉。发及深淖，得巨木，坚劲修直，理密而芳郁，因以为柱，殆若神献。殿成，像设金碧，尤极殊丽。由门庑垣廪，悉新之。以文皇尝幸寺，又赐白金，仍铸巨钟，以昭圣德。慕苏公之贤，作雪堂。知生之有终，作三塔。"

（明）《金陵梵刹志》卷四十："中刹新亭崇因寺古刹，在郭外，南城，安德乡。北去所统报恩寺十里，聚宝门十里。刘宋时，名旷野寺。齐废，梁大同中复。唐开元中，以懒融尝居，改禅居院。大和中，改崇果院。宋改寺额曰：崇因。嘉靖间，重修。此地旧为新亭，有王、谢遗迹，宋苏长公画像颂。又，刘谊诗云：'十里崇因寺，临江水气中。'皆为寺证据。"

（清）《南朝佛寺志》卷上："旷野寺禅居院、崇果院、崇因寺、邱厂寺：旷野寺在新亭，刘宋之所造也。齐废，梁复。湘东王绎为制碑文，有释僧宝居之。唐改禅居院，杨吴改崇果院，宋为崇因寺，明呼邱厂寺云。"

延寿院

　　延寿院，本为刘宋大明三年（459）所建之幽栖寺也，位于江宁城南四十五里之幽栖山。唐代法融（594~657）居此，山改名祖堂山，寺亦改名为祖堂寺。唐光启（885~887）中，废圮。杨吴大和二年（930），重置，改名延寿院。宋治平（1064~1067）中，复名幽栖寺。元明清因之。其址在今南京市江宁区秣陵街道祖堂社区。

史志记载：

　　（宋）《景定建康志》卷十七："祖堂山，在江宁县南四十五里，周回四十里，高一百二十七丈。东有水，下注平陆。事迹：宋大明三年，于山南建幽栖寺，因名幽栖山。唐贞观（627~649）初，法融禅师得道于此，为南宗第一祖师，乃改为祖堂山。"

　　（元）《至正金陵新志》卷十一："延寿院，《乾道志》：本幽栖寺，在城南四十里祖堂山南。唐贞观中，四祖道信禅师（580~651）传心印于此。光启四年（888），废。吴大和二年，重置，改今额。"

　　（明）《金陵梵刹志》卷四十四："中刹幽栖山祖堂寺古刹，在郭外，南城，建业乡。北去聚宝门及所统报恩寺各三十里。刘宋大明中，建寺，在幽栖山，故名。唐贞观初，僧法融为南宗第一禅师，居此，改山曰祖堂，又名祖堂寺。光启中，废。杨吴大和中，改延寿院。宋治平中，复为幽栖。国朝如旧。招提既古，泉壑亦幽。牛首、献花之间，都无

祖堂佛迹（选自《金陵图咏》）

俗处。"

　　（清）《南朝佛寺志》卷上："幽栖寺祖堂寺、延寿院，牛头山周回四十里，其南峰密削如芙蓉。宋大明三年，建幽栖寺于上，因名是山曰幽栖山。逮唐初，懒融道人说法住此，为南宗第一祖师，乃改为祖堂寺。光启四年，废。杨吴大和二年，重置，改名延寿院。今仍称幽栖寺焉。"

福昌院

　　福昌院，本名资善院，位于江宁城南四十里牛首山前之古常乐寺基。唐天祐年间（904~907）置，南唐后主李煜（937~978）改名福昌院。宋元以后，废圮无存。其址应在今南京市江宁区秣陵街道祖堂社区。

史志记载：

　　（元）《至正金陵新志》卷十一："福昌院，《乾道志》：院本资善院，在城南四十里牛头山前古常乐寺基，与延寿院相邻。唐天祐中，置。南唐后主改今额。"

　　（清）《南朝佛寺志》卷下："常乐寺资善寺、福昌院：常乐寺，牛首山前之古刹也，与延寿院相邻。唐改资善院，南唐又号为福昌焉。"

净果院

　　净果院，本梁朝永泰寺旧基，位于江宁城南五十里吉山南麓。南唐葬净果大师，造塔于此，因名净果院。宋元延续，明代重修，复名永泰寺，为祖堂寺所领之下院。其址应在今南京市江宁区秣陵街道吉山社区。

史志记载：

（元）《至正金陵新志》卷十一："净果院，《乾道志》：在城南五十里吉山南，本梁永泰寺基。南唐葬净果大师起塔，因名净果塔院。"

（明）《金陵梵刹志》卷四十四："小刹永泰讲寺古刹，在郭外，南城地，吉山。去所领祖堂寺十里，北去聚宝门五十里。梁建，南唐葬净果禅师，因名净果院。后复名寺。"

（清）《南朝佛寺志》卷下："永泰寺净果院：永泰寺在吉山南，建于梁武帝时。至南唐，名为净果院焉。"

净住院

净住院，位于金陵城南六十里之江宁镇。原名净居寺，为梁天监五年（506）颍州刺史刘威造。有高僧法昂居之，及卒，梁简文帝萧纲（503~551）为作铭记。唐代改名天福寺，会昌（841~846）中废。南唐复置，改名净住院。宋治平二年（1065），复名净居寺。元代因之，明代改名静居寺，入清渐废。其址在今南京市江宁区江宁街道江宁镇。

史志记载：

（南朝·梁）萧纲《净居寺法昂墓志铭》："筱簜含笋，兰荪表质。甘露已凝，智泉斯溢。顷缘中衢，息棹修渚。

隙陋白驹，藤缘黑鼠。同志酸伤，交朋哀楚。"

　　（唐）《建康实录》卷十七："天监五年，置净居寺，北去县六十二里，颖州刺史刘威造。"

　　（元）《至正金陵新志》卷十一："净居院，《乾道志》：在城南五十里，本唐天福寺，会昌中废。南唐时复置，为净住院。治平二年，改今额。按《实录》：梁天监五年，置净居寺，北去县六十二里，颖州刺史刘威造。盖即此也。"

　　（明）《金陵梵刹志》卷四十四："小刹静居寺古刹，在郭外，南城，江宁镇。东北去所领祖堂寺三十五里，北去聚宝门六十里。《乾道志》：本唐天福寺基，会昌中废。南唐复为净住院。宋治平，改今额。国朝如之。按《实录》：梁天监五年，置净居寺，颖州刺史刘威造。即此。殿堂：山门三楹，佛殿三楹，地藏殿三楹，僧院四房。基址五亩六分九厘东至、南至、西至、北至，俱本寺山。公产：地、山、塘共一十四亩八分二厘。"

　　（清）《南朝佛寺志》卷下："净居寺，在南郭外。梁天监五年，颖川刺史刘威所造也。有僧法昂居之，及卒，晋安王纲为制墓铭焉。"

泗州塔院

　　泗州塔院，位于江宁城南六十里铜山乡。始建于唐天祐十八年（921），名净相院。南唐后主李煜（937~978）改额为泗州塔院。宋崇宁（1102~1106）中，恢复原名净相院。百姓则称其为后黎寺。元代渐圮，明代重建，入清废弛。

其址在今南京市江宁区禄口街道铜山社区。

史志记载：

（元）《至正金陵新志》卷十一："净相院，《乾道志》：在城西南六十里，唐天祐十八年建。南唐后主给额为泗州塔院。至崇宁中，改今额。俗呼后篱寺。"

（明）《金陵梵刹志》卷四十六："小刹后黎寺古刹，在郭外，南城，铜山乡。西去所领福兴寺二十里，北去聚宝门六十里。旧名净相院，唐天祐中建。南唐给额为泗州塔院。崇宁中，改净相院，俗呼今名。国朝洪武年，重建。殿堂：山门三楹，观音殿三楹，佛殿五楹，僧院三房，基址二亩东至马夫村，南至徐府田，西至陆塘桥，北至顾家地。"

寂乐院

寂乐院，亦名百福院，原本名解脱寺，位于建康城南五里之太清里。始建于梁天监十年（511），武帝萧衍（464~549）为超度德皇后郗徽（467~499），相传今南京秦淮区江宁路老虎头旧名蟒蛇仓，为郗徽化蛇投井处，该井亦名郗氏窟所造。南唐时葬证寂和尚起塔，改名寂乐院，复改名百福院。入宋，为枢密王纶王纶（？~1161），字德言，建康人，绍兴五年（1135）乙卯科进士，官至知枢密院事、知建康府兼行宫留守之功德寺。元明以后，废圮无存。根据距郗氏窟不远之说，其址应在今南京市秦淮区中华门街道路子铺社区一带。

史志记载：

（唐）《建康实录》卷十七："天监十年，是岁，置解脱寺，在县西南五里，武帝为德皇后造，太清里内。"

（宋）《景定建康志》卷四十六："百福院，在城南五里。本梁解脱寺，今为枢密王公纶功德寺。"

（元）《至正金陵新志》卷十一："百福院，在城南五里。梁天监中置，名解脱。南唐以葬证寂禅师，起塔，因为寂乐院，后改今名。宋为枢密王纶功德寺。"

（清）《南朝佛寺志》卷下："解脱寺寂乐院、百福院：解脱寺，在太清里。梁天监十年，武帝为德皇后造，欲其解脱恶业，故寺以为名。当去郗氏窟不远也。南唐起塔，为寂乐院，后改百福院。宋为王纶功德寺焉。"

道观

南唐一朝，除大肆佞佛建寺外，对道教亦甚推崇，尤以烈主李昇为最。他自认为李唐后裔，而李唐奉老子为始祖，崇奉道教，故李昇登基称帝后，即下令修建道观，以祀老子。此外，他还痴迷服食金丹仙药，以求长生不老。但是，事与愿违，李昇终因过服金丹而殒命。直至临终始悟其谬（宋）陆游《南唐书》第一卷："帝临崩，谓齐王璟曰：'德昌宫储戎器金帛七百万，汝守成业，宜善交邻国，以保社稷。吾服金石，欲延年，反以速死，汝宜视以为戒。'"。故李璟即位以后，法术之士虽仍盛行，但道观之所则远逊于寺庙，且道观大多集中在句容茅山地区。本节主要介绍杨吴及南唐时期，金陵城内道观的兴建与存续情况，庶使读者大致了解其时江宁都城中道教宫观的概况。

紫极宫

紫极宫，即今朝天宫之址也。东吴时期，初为冶城；入晋，改为西园；俗称冶城园、冶城苑。南朝刘宋时期，此地设总明观，设"儒、道、文、史、阴阳"五部之学。隋唐时期，为道家宫观，名太清宫。后梁龙德元年即杨吴武义三年（921），改为紫极宫，南唐因之。入宋，赐额祥符宫，续改为天庆观。元代，初名玄妙观，旋改永寿宫。明代，赐额朝天宫，百僚朝贺，于此习仪。清代叠加增修，改为府学。宫墙殿宇，杰阁崇云。现存建筑群仍系清代旧制格局，

冶麓幽栖（选自《金陵图咏》）

中为文庙，东为府学，西为卞壶祠。

史志记载：

（南唐）徐铉《紫极宫新建司命真君殿记》："夫金
阙琳房，不可阶而升也，惟至诚能通之；灵符景福，不可企
而望也，惟至行能致之。故君子行道于时，宣力于国，敷
惠于民，贻范于家，此人之极致，自天所祐也。又况考集
灵之地，崇列真之宇，荐纳约之信，励勤行之诚，然则希
夷眇邈，超言象之表矣。有若故司空相国冯翊懿公，承世
功之绪，袭重侯之业，地亲于驸马，美继于缁衣。便蕃台阁，
出入夷险。中立不倚，金石贯其心；唯力是视，风霜尽其节。
故四综会府，再践中枢。三殿方镇，一平邦土。慎终如始，
没有遗忠，激楚之乐虽穷，通德之门不改。嗣子太仆少卿
俊等，祗奉慈训，弗敢失坠。以为公之纯诚冲气，本道家者流。
而仁政令典，近浃于三茅之境；高斋甲第，凤邻乎玄元之宫。
故栖神植福，必先于是尔。其冶城峻址，西州旧署，卞忠
贞之遗陇，郭景纯之故台，九原可作，胜气如在。乃相形势、
补废阙，建司命真君之殿于宫之艮。维披真蕴以立程，集
国工而考艺。瞻星揆日，不劳而成。崇高壮丽，重深藻绘，
焕如也；凝疏端简，负扆仍几，穆如也。珠幡绛节，纷披
乎左右；空歌洞章，萧寥乎晨暮。真圣以之而临御，纯嘏
以之而蓄锡。贤人有后，孝子奉先，无以加于此矣。铉始
以事分通旧，从子弟之游，终以禁掖具员，陪僚属之末。
及公之启手足也，复忝国士之许，辱寄托之任。知己之厚，

何日而忘。短篇叙事，盖感遇之万一也。"

　　（宋）马令《南唐书》卷二十四："潘宸，常游江淮间，自称野客，落托有大志。郑匡国为海州刺史，宸往谒之……礼遇逾厚，表荐于烈主，宸居紫极宫。"

　　（宋）陆游《南唐书》卷十四："潘宸，往来江淮间，自称野客。尝依海州刺史郑匡国……匡国表荐于烈主，召居紫极宫。"

　　（宋）《景定建康志》卷四十五："天庆观，在府治西北。考证：观台系晋朝冶城故址。元帝太兴初（318），改为西园，俗呼为冶城园。安帝元兴十五年此处有误，东晋安帝元兴仅三年，即402~404，不会有十五年，改为冶城苑。后唐（梁）龙德元年（921）杨氏据吴，改建为紫极宫。宫分东、西，东为吴王铸剑之所，西为蜀陇郭文举之故台。"

　　（元）《至正金陵新志》卷十一："大元兴永寿宫，即旧天庆观，在城西门内，崇道桥北。南宋南北朝刘宋，废国学，置总明观。地即吴冶城，晋西州故址。总明观废，道家者流以儒观之，名为道士观。杨吴于其地建紫极宫，徐铉作《记》云：冶城峻址，西州旧宇，卞贞公之遗垅，郭文举之故台。宋大中祥符间，改为祥符宫，续改天庆观。"

　　（明）《金陵玄观志》卷一："冶城山朝天宫，在都城内冶城山，西城地。吴王夫差冶铸处，遂名冶城。今山后有铸剑池见存。晋改西园，又为西州，建冶亭其上。杨吴就建紫极宫。南唐徐铉《记》：冶城峻址，西州旧宅，卞贞公之遗垄，郭文举之故台，载志可考。"

（清）《运渎桥道小志》："冶城……杨吴时，为紫极宫，有钟阜轩。宋雍熙中，立文宣王庙，寻改为天庆观。大中祥符间，赐额为祥符宫，有太乙殿，以殿名其泉，曰太乙泉。元为玄妙观，天历中，升为大元兴永寿宫，有钟英亭，文宗所赐名也。宣室延厘，青词建醮，崇阿精舍，密若蜂房。明为朝天宫，殿后有万岁亭。百司庶府，遇大朝贺，前期受戒于此习仪。宫左有东麓亭，右有西山道院，皆登览最胜处也。"

修真观

修真观，初为南唐保大七年（949）所建之女道士宫观，位于城南之越王台下，其址在今南京市秦淮区中华门街道西街一带。宋开宝八年（975），金陵城破，被毁无存。太平兴国二年（977），移至天庆观西重建。元代因之。入明，复重修，改名修真庵。其址应在今南京市建邺区莫愁湖街道水西门大街大士茶亭附近。

史志记载：

（宋）《景定建康志》卷四十五："修真观，在天庆观西。旧在越王台下，南唐保大七年置，为女冠观。本朝开宝八年焚毁，太平兴国二年移置于此。"

（元）《至正金陵新志》卷十一："修真观，在永寿宫西。旧在越王台下，南唐保大七年置，为女冠观。宋开宝八年毁，太平兴国二年移于此。"

（明）《金陵玄观志》卷二："修真庵，在都城外，西城地。去所领灵应观三里、三山门一里。万历三十年建。殿堂：玉皇殿，三楹；厢房，三楹；道院，一房。基址，二亩：东至民房，西至醉茶庵，南至民房，北至官街。"

（民国）《首都志》卷十四："女冠观，南唐保大七年建，在越王台下。宋代，修真观，太平兴国二年移在冶城西。"

玄真观

玄真观，位于南唐御街北段东侧，原为南朝陈宣帝陈顼（530~582）为玄学道者臧矜所建，初名玄贞观。唐天祐四年（907），道士王栖霞（891~952）避乱南渡，初至茅山，后止金陵玄真观。南唐烈主李昪（888~943）甚器之。宋代重修，改名元真观。其址应在今南京市秦淮区三山街东北之承恩寺附近。明代，迁址城东南之中和桥，复名玄真观。入清，渐废无存。

史志记载：

（南唐）徐铉《唐故道门威仪玄博大师、贞素先生王君之碑》："君讳栖霞，字玄隐，华宗继世，积德所钟。生于齐，得浃浃之风；长于鲁，习恂恂之教。七岁神童，及第十五……天祐丁卯（907），避乱南渡，至于寿春。感四海之分崩，想八公之遗迹。于是，解巾名路，委质玄门。问政先生聂君师道，见而奇之，授以《法箓》。是日，彩云皓鹤，翔舞久之。既而，穷方士之遐游，得东乡之胜境。

道无不在，善岂常师。又从威仪邓君起遐，受大洞真法，玄科圣旨，动以咨询；福地仙源，因而栖托……烈主汉高皇帝，方在宾门，实来作镇。紫气表真人之应，青云符好道之占。君鹄书被征，褐衣来见。谈天人之际，讲道德之源。靡劳牧马之迷，自契顺风之问。因从敦请，来止建康。有玄贞观者，陈宣帝为臧矜先生之所作也。殿堂岑寂，水木清华。游焉息焉，以遂其好。竹宫望拜，玉牒秘词，叩寂求贞，必君是赖。嘉祥灵应，世莫得闻。圣历中兴，恩礼殊重。加金印紫绶，号玄博大师。烈主常从容谓君曰：‘吾不贪四海之富，唯以苍生为念。’君对曰：‘夫古之圣人，修其身而后及天下。天下待一人安而后安，今天子勤劳万机，忘寝与食，身且不能自治，岂能治苍生哉。’帝善其言，以百金为之寿。其识度亮直又如此焉……保大壬子岁（952）夏四月甲寅，隐化于玄贞观，春秋六十有二。恩旨痛惜，赙钱二十万，道俗嗟慕。”

　　（元）《至正金陵新志》卷十一：“元真观，今在台治南、直街东。《庆元志》：徐铉《唐故道门威仪玄博大师真素先生王君碑》云：天祐丁卯，避乱南渡，至于寿春，来止建康。有玄真观者，陈宣帝为臧矜先生之所作也。殿堂岑寂，水木清华，游焉息焉。今不详其所，宋末以旧额建于今址，曰：元真观。”

　　（明）《金陵玄观志》卷十三：“玄真观古迹，在都城外中和桥，东城地。去神乐观二里，正阳门一里。永乐十八年（1420），为敕封妙惠仙姑建，名玄真堂。正统八年（1443），赐观额并道藏，旋废。成化（1465~1487）间，月鹤道人及安守备重建。今殿宇如故，而丹碧剥落，不堪观矣。又考《金陵新志》，元真观注内，亦有玄真观，疑或地没而名沿者，附记俟考。"

（明）钱溥《玄真观兴造记》："玄真观，在南京正阳门外，附城西南隅，南通中和桥市。其下水接上坊关，以入秦淮。东对神乐观，西峙凤凰台。泉甘土沃，风气攸聚，而景独胜焉。永乐初（1403），有女真焦奉真，结庵守道，皈依者众。太宗文皇帝方重玄元之教，乃于十八年（1420）封妙惠仙姑，立玄真堂，崇奉玄天上帝。正统八年（1443），敕赐观额并道经一藏，护敕本观，而玄风益振。凡四方万里，梯航而过南都者，多驻行李，致礼于观下。至十三年（1448），姑既仙化，殿堂滋毁，迹遂泯没。越二十年，为成化二年（1466），月鹤道人谢元一，有志兴复。岁遇水旱，结坛祈祷，累有奇验。仅构中殿一座，余则力未克完。十七年（1481），守备安公，凤契道心，捐资兴建三清等殿，严设圣像，观西又建清乐亭。凡观所宜有房舍、垣墉、器用，靡不周备。巍乎！焕然成一'栖真集道'之所矣。"

（清）《金陵待征录》卷八："焦孝（奉）真，居中和桥，父鬻菽乳而妄传其有仙术。燕王时，召入宫，建元真观居之。遂荐母舅冯仲彝为寺丞，冯孙必政为赞礼郎，升寺丞。正统十四年（1449），始为徐聪劾奏削职，然孝（奉）真死犹封妙惠仙姑，立庙以祀。"

宝华宫

宝华宫，初在方山，南唐升元（937~943）中，为皇后宋氏所建，南唐亡后废。宋淳熙七年（1180），道士吕志淳，移其额于城南门外重建。入元，废圮无存。明代城南门外，建跃马涧善世桥时，得一石碑，上刻有宫知事吕志淳名。据此，其址应在今南京市秦淮区中华门街道西街玉带河附近。

史志记载：

（宋）陆游《南唐书》卷十四："宫中忽失元敬宋太后所在……有告者云：'在都城外二十里方山宝华宫。'元宗亟命齐王景达往迎太后，见数道士方酣饮，乃迎还宫。"

（宋）《景定建康志》卷四十五："宝华宫，旧在方山。南唐升元中，为母后所建，后废。淳熙七年，道士吕志淳移其额于城南门外重建。"

（清）《钦定古今图书集成方舆汇编职方典》第656卷："善世桥，在来宾桥西南，跨跃马涧，明弘治（1488~1505）间重修。筮日，兴作坎地三丈余，得一小石碑，首刻曰：建造跃马涧桥一所。中曰：庆元二年（1196）丙辰三月造桥。知宫事、赐紫吕志淳，副知宫程应泽并劝缘司库石工姓名。"

永乐观

永乐观，位于城东北七十里处，其址应在今南京市栖霞区龙潭街道辖境内。相传：汉代刘谦光舍宅为之，名永

乐观。南唐升元（937~943）中，重修。宋朝改名崇虚观，
入元，废圮无存。

史志记载：

（宋）《景定建康志》卷四十五："永乐观，在城东
北七十里。旧经云：汉刘谦光舍宅为观。南唐升元中，重修。
本朝改为崇虚观。"

（元）《至正金陵新志》卷十一："永乐观，在城东
七十里，上元县境。旧志云：汉刘谦光舍宅为观。南唐升元中，
重修。宋改为崇虚观。"

（民国）《首都志》卷十四："永乐观，刘谦光舍宅建，
在城东北七十里。宋代，崇虚观。"

玉清观

玉清观，亦名玉虚观，位于城东南四十五里，方山之东。
其址应在今南京市江宁区淳化街道辖境内。始建于六朝萧梁
大同三年（537），南康令酅哲捐造。一说始建于东吴时期，
初为茅舍。唐开成（836~840）中，重修。南唐保大（943~957）
年间，增建殿宇，改名玉虚观。历经宋元明清，代有修缮。
清亡后，废无存。

史志记载：

（唐）《建康实录》卷十七："大同三年冬，置玉清观，
西北去县五十八里，南康令酅哲造。"

（元）《至正金陵新志》卷十一："玉清观，按《实录》：梁大同三年置，西北去上元县五十八里，南康令酈哲造。《乾道志》：在城东南四十五里，方山之东。唐开成中，重建。"

（明）《金陵玄观志》卷九："玉虚观，在郭城上坊门外，东城方山。去所统朝天宫五十五里，洪武门五十里。东吴时建，茅屋。南唐保大间，始构殿宇。万历十三年，重修。所领小庙曰东岳庙。殿堂：山门三楹，星主殿三楹，道院四房。基址十亩：东至民田，南至圩埂，西至西湖圩，北至民田。"

（民国）《首都志》卷十四："玉虚观，南唐保大间建，在方山。"

洞玄观

洞玄观，位于南京江宁区方山。始建于东吴赤乌三年（240），系大帝孙权（182~252）为仙公葛玄（164~244）所立之道观。唐贞观六年（632），岩栖观并入。未几，渐颓。南唐时期，戚琚等人再振观风。宋代，改名崇真观。元代因之，至元十三年（1276），毁于兵火，唯存葛仙公像。明代重建，复名洞玄观。清亡，入民国后，废圮。2020年，有关部门于原址重建洞玄观，正所谓"凤凰涅槃，浴火重生"，使千年古道观再现人间。

史志记载：

（宋）《景定建康志》卷四十五："洞玄观，在方山南。《舆地志》：吴赤乌三年，为葛玄于方山立观，后玄白日升天。

天印樵歌（选自《金陵图咏》）

今方山犹有煮药铛及药臼在。唐正（贞）观六年，并岩栖观入焉。"

（元）《至正金陵新志》卷十一："崇真观，在上元方山下，盖即前洞玄观，宋避讳，改今名。《戚氏志》云：正殿奉葛仙公像，葛氏环观而聚居。有名天麟者，及知观事陈元吉，各有所述，曰：自吴立观，仙公飞升，后灵祥荐至，白仲都葛玄弟子，生卒不详轻举相望。从孙稚川葛洪（281~361），字稚川，葛玄从孙，道家名流复游郑氏之门，而得其祖之学。自是，观宇羽流日盛，子孙亦并山而居不绝。观额，至宋避国讳及仙公讳，遂改今名，而志失载耳。至元十三年（1276），毁于兵火，独存遗像。葛氏秀实建殿，延道士周如一领之，而观以渐复。以观中南唐时戚琚等《请还洞玄钟碑》观之，不及旧之宏丽矣。然居人崇响，真侣来依，亘山之境，无水旱札瘥之患。斋馆日辟，树植岁茂，将复洞玄之规。惟仙公药臼及铛，莫究所在。后山有丹井，尝在宝华宫内。加以石阑护净，及建仙公殿，宫碑具载。井随宫废，井上夜时有丹光惊飞，有石湮塞。近年，人浚之，利其所藏。既下，闻风雷声，惧而出。山中石星布，虎伏二石，相传有仙公飞升杖履遗迹。道家阁皂山太极左官符箓，与三茅、龙虎并行，号三山。天印地连三茅，故出阁皂，宋尝两封仙公，曰：冲应孚祐贞君。其子孙，犹多儒雅云。"

（明）《金陵玄观志》卷八："方山洞玄观，在郭城上坊门外，东城方山，一名天印山之麓。去所统朝天宫五十五里，洪武门五十里。葛仙公玄白日飞升处，吴大帝赤乌二（三）年造，名洞玄观。唐正（贞）观六年，并入岩栖观。宋改崇真观，元因之。至元二（十三）年，兵火，寻复。国朝重建，仍如洞玄初额。成化、万历间，俱重修。此地群峰回合，万木萧疏，钟山秀其前，淮水流其下，真仙都福地。惜石房山殿，秘篆神书，煨尽之余，无复存者。惟仙公洗药池、炼丹井宛然，古藤残碛间，千载犹有灵气。殿堂：山门一座，三清殿三楹，仙公殿三楹，道院四房。基址十亩：东至民山，南至王家山，西至李家山，北至本观山。山水：天印山，即方山。古迹：炼丹井、仙翁遗迹，在殿左。洗药池，在殿右。"

（民国）《首都志》卷十四："洞玄观，赤乌二（三）年建，在方山麓，葛仙公。"

炳灵公庙

炳灵公庙，始建于南唐升元（937~942）年间，初名三郎君庙，位于江宁城南新桥以西、凤台岗东北侧，系供奉火神炳灵公的道教玄观。历经宋、元、明、清，代有修缮，一直香火不断。其址应在今南京市秦淮区集庆路新桥西北胭脂巷附近。

史志记载：

（宋）《六朝事迹编类》卷十二："炳灵公庙，伪唐升元中置。按《五代史》：后唐长兴四年（933），封东岳三郎为威雄将军。本朝大中祥符元年（1008），奉敕封炳灵公。

庙在府城新桥之西。"

（元）《至正金陵新志》卷十一："炳灵公庙，新桥西，南唐升元中置。《五代史》：后唐长兴四年（933），封威雄将军，至祥符元年（1008），封炳灵公。今庙中有化纸铁盆、众铸人、三郎君庙。按《搜神广记》：神，东岳第三子，又称东岳三郎。"

（明）《金陵玄观志》卷四："炳灵公庙，在都城内，中城新桥地。去所领洞神宫三里，天顺七年（1463）建。《搜神（广）记》谓：炳灵公乃东岳第三子。殿堂：山门一座，炳灵殿三楹，道院一房。基址三亩：东（西）至胭脂巷，南至官街，西（东）至新桥，北至草场（上浮）桥。"

（清）《凤麓小志》卷一："炳灵公庙，庙祀东岳三郎，南唐升元之所建也。"

卷七

拾遗摭佚

南唐史料，除宋代马令、陆游各自所撰的《南唐书》外，大多散见于宋代的笔记小说之中，如《钓矶立谈》《南唐近事》《江南余载》《玉壶清话》《湘山野录》《江南别录》等，它们都从不同的角度与侧面，非常立体地反映了南唐时期社会生活，内容十分丰富。兹次第摘录其中部分片断，俾使读者能够更深更广地了解南唐时期的真实概况。

（宋）史虚白《钓矶立谈》（选录八则）

◎吴王杨行密（852~905），天复二年（902）进封吴王称号淮海时，广陵殷盛，士庶骈阗。忽一旦，有黄冠道人，状如病狂，手持一竿，竿首挂一木刻，为鲤鱼形。自云：钟离人也。行歌于市，曰："盟津鲤鱼肉为角，濠梁鲤鱼金刻鳞。盟津鲤鱼死欲尽，濠梁鲤鱼始惊人。"又云："横排三十六条鳞，个个圆如紫磨真。为甚竿头挑著走，世间难遇识鱼人。"大率如此意者，凡数十篇。时人莫能晓，岁余，忽不知所之。其后，武义年（919~921）中，江南谣言又有"东海鲤鱼飞上天"之语。及烈主李昪（888~943），天祚三年（937），称帝受命，复姓李氏，立唐社稷，其言方验。

◎烈主初得政，尽反知训徐知训（？~918），徐温（862~927）长子，怙温权势，多为不法。之所为，接御士大夫，曲加礼敬，躬履素朴。去浮靡，而又宽刑勤理，孜孜不倦。是时，方镇争雄，事资弹压。烈主视听不妄，指挥中节。居平，常自号曰：政事仆射。高位重爵，推与宿旧。故得上下顺从，人无异意。齐台天祚元年（935），徐知诰（李昪）被封齐王之建，擢宋齐丘（887~959）、徐玠（868~943）为左右丞相。于其所居第旁，创为"延宾亭"以待四方之士。遣人司守关徼，物色北来衣冠，凡形状奇伟者，必使引见；语有可采，随即升用。听政稍暇，则又延见士类，谈宴赋诗，必尽欢而罢，了无贫富贵贱之隔。以此，二十年间，委曲庶务，无不通知；兴利去害，人望日隆。沈彬（853~957）先事献《山水画障诗》云："须知手笔安排定，不惠山河整顿难。"及将受禅天祚三年（937），徐知诰受杨吴禅让称帝，改名李昪，头陀范志嵩《赋月诗》云："徐徐东海出，渐渐到亨衢。此夜一轮满，清光何处无。"概以是言之，人之与能也，有自来矣！是以吴社迁换，而国中夷然无易姓之戚，盖盛德之所移故也。

◎元宗李璟（916~961），李昪之子，南唐第二位皇帝神采精粹，词旨清畅。临朝之际，曲尽姿制。湖南指马殷（852~930）

占据湖南创立的楚国尝遣廖法正后晋开运二年（945），郴州道士廖法正，受南楚国王马希范派遣，出使南唐将聘，既还，语人曰："汝未识东朝官家指南唐元宗李璟其为人，粹若琢玉，南岳真君恐未如也。"

◎义祖徐温（862~927），李昇称帝后，尊其义父徐温为义祖尝梦临大水，水中有黄龙无数。旁有一古丈夫，冠服如《三礼图》所画节服氏典出《周礼·夏官·节服氏》之形，荷一大戟而立，语义祖曰："汝可随意捉之。"义祖袒身而入，捉得一龙而出，惊悸而觉。未几，掠得烈主，养以为子。又：烈主一日昼寝，梦一黄龙出殿之西楹，矫首内向如窥伺状。烈主惊起，使人侦之，顾见元宗方倚楹而立，遣人候上动静。于是，立嫡之意遂决。后主时，浔阳江西九江的古称潮退，有一大鳝。环体于洲上，时时举首唅喁，水自脑而出，数日乃死。濒江之人，屡食其肉，《世说》以为海神凿脑取珠，因以致毙。

◎后主天性喜学问，尝命两省指中书省、尚书省丞、郎，给谏、词披、集贤、勤政殿学士，分夕于光政殿，赐之对坐，与相剧谈，至夜分乃罢。其论国事，每以富民为务，好生戒杀，本其天性。承衅国之后，群臣又皆寻常充位之人，议论率不如旨。尝一日叹曰："周公、仲尼，忽去人远；吾道芜塞，其谁与明。"乃著为《杂说》数千万言，曰："特垂此空文，庶几百世之下，有以知吾心耳。"

◎晋王景遂徐景遂（922~958），徐知诰第三子，封晋王，官门下侍郎、参政事性好宝玉，尝以玉杯行酒，坐客传玩，以为希世之奇。赞善张易张易（908~968），字简能，南唐时，历任上元令、刑部郎中、赞善大夫、勤政殿学士等佯醉，抵之地，曰："贵宝贱士，大王不当如是。"坐上客皆腭眙失色，王敛容谢之，自是每慰荐易。及易当使海东，王惊促入白上，以为朝臣如张易不可多得，奈何远使，使之冒犯风涛也。上曰："无忧也，如易之为人，海神岂敢侮之耶。"

　　◎天长令江梦孙江梦孙（864~948），字聿修，江西九江人。烈主辅政，辟置门下，荐为秘书郎，补天长令。后称疾归里初至官，吏白："大厅妖怪，不可居。请止便室。"梦孙曰："勿恤，吾自当之。"既夕，果有魅呼笑而至，掀投床几，叩寝室，疾呼，曰："江梦孙速出。"梦孙卧闻，答之以"喏"。乃整服朝服，秉执出户，爇炉奠爵而祝，曰："不知何人，辄敢召县令。夫令为民长，必有正厅以御群吏。汝或为神，必当受民祝祠，岂得非理与王者主宰争居官府。日月昭晰，吾当奏白。汝虽后悔，其可及乎。"由是，阒然不复闻灵响矣。

　　◎剑浦人陈陶陈陶（894~986），字嵩伯，号三教布衣，岭南人，儒业世家。升元（937~942）中，至南昌，将诣江宁，闻宋齐丘秉政，自料与齐丘不合，乃筑室西山，以诗酒为事学通天人，自负台铉之器，不肯妄干托。及闻宋子嵩秉政，凡所荐擢，率浮靡憸佞，陶自知决不能入，因筑室南都之西山，以吟咏自放。及齐丘出镇，陶更有蒲轮指朝廷招贤之车之望。仍自咏曰："中原莫道无鸾凤，自是皇家结网疏。"故与水曹郎任畹任畹（生卒不详），四川南部县人，举贤良方正，荐任水部员外郎，官至大理寺评事相善，以诗寄之，云："好向明时荐遗逸，莫教千古吊灵均。"朝廷亦自知其名，欲加召用，会割江多故，未暇也。是时，江南多妖孽，彗字昼见。陶察运祚衰替，不可扶持，遂绝意于荐绅，专以服食炼气为事。又诗有云："乾坤见了文章懒，龙虎成来印绶疏。"又云："近来世上无徐庶，谁向桑麻识卧龙。"又云："蟠溪老叟无人问，间列粗梨论六韬。"粗、梨，其二子小字也。或问其优劣，陶答曰："味虽不同，皆可于口。"

（宋）郑文宝《江南近事》（选录十则）

◎严续 严续（906~962），字兴宗，冯翊（今陕西大荔）人。南唐尚书左仆射、兼中书待郎相公"歌姬"，唐镐 唐镐（？~961），南唐给事中、枢密使给事"通犀带"，皆一代之尤物也。唐有慕姬之色，严有欲带之心。因雨夜相第，有呼卢古代赌博之谓之会。唐适预焉。严命出妓、解带，较胜于一掷。举座屏气，观其得失。六骰数巡，唐彩大胜。唐乃酌酒，命美人歌一曲，以别相君。宴罢，拉而偕去。相君怅然遣之。

◎升元初（937），许文武百僚观内藏，随意取金帛，尽重载而去。惟蒋廷翊 蒋廷翊（生卒不详），生平无详考，为人廉介不苟，官至尚书郎独持一缣双经双纬的丝织绢还家，余无所取。士君子以是而多之，终尚书郎。

◎何敬洙 何敬洙（888~964），广陵（今江苏扬州）人。初为杨吴大将李简麾下军校，后投徐知诰为帐前裨将。南唐立国，历任天威军都虞侯、楚州团练使、武昌军节度使、镇国将军、中书令等，封芮国公致仕。乾德二年（964），卒，时年七十七岁。赠：鄂州大都督、右卫上将军；谥：威烈善弹射，性勇决。微时，为鄂帅李简李简（860~928），上蔡（今河南上蔡）人。有胆勇，资质瑰伟。为五代吴国创建者杨行密（852~905）帐下三十六亲信大将之一。历任黑云队长、都指挥使、马步军都虞侯、楚州团练使、常州刺史、鄂岳观察使、武昌军节度使、镇西大将军、西南招讨使等。乾贞二年（928），入觐，还江都途中，卒于采石矶，时年六十九岁家僮。李性严毅，果于杀戮，左右给使之人，小有过僭，鲜获全宥。何尝因薄暮与同辈戏于小厅下，有苍头取李公所爱砚擎于手中，谓诸童曰：“谁敢破此？”何时余酣乘兴，厉色而应曰：“死生有命，吾敢碎之。”乃掷砚于石阶之上，铿然毁裂。群竖逆散，无敢观者。翌日，李衙退视事，责碎砚之由，主者具以实对。李极怒，即命擒何以至，死不旋踵矣。李之夫人素贤明，知何有奇相，每曰：“异日当极贵。”至是，匿何后堂中。旬浃之间，李怒未解，夫人亦不敢救。一日，李独坐小厅，有一鸟申喙向李而噪。其声甚厉，李恶之，遂拂衣往后园池亭中。鸟亦随其所之，叫噪不已。命家人多方驱逐，略无去意。李性既褊急，怪怒愈甚，顾左右曰：“何敬洙善弹，亟召来，能毙此畜，当释尔罪。”何应召而至，注丸挟弹，精诚中激，应弦毙之。李佳赏至再，遂舍其罪。洎成立，擢为小校，以军功累建旌钺。建隆初，自江西移镇鄂渚，下车之日，小亭中复见一鸟，顾何而鸣。何曰：“昔日全吾之命，得非尔乎。”乃取食物，自置诸掌，鸟翻然而下，食何掌中。其后，何位至中书令，守太师致仕。功算崇极，时莫与比。灵禽之应，岂徒然哉。

◎冯僎冯僎（生卒不详），冯延鲁长子，入宋，官泰州海陵令即刑部尚书谥冯延鲁（905~972），一名冯谧，字叔文，新安（今安徽休宁）人。南唐官员，历任江都判官、礼部员外郎、中书舍人、工部侍郎、刑部尚书等，开宝五年（972），卒，时年六十八岁之子也。举进士，初年少，众誉藉藉，以为平折丹桂。秋赋之间，僎一夕梦登崇孝寺崇孝寺，杨吴时建，位于江宁城内嘉瑞坊，即今南京市秦淮区大全福巷附近幡刹极高处打方响方响，古代打击乐器，由十六片上圆下方的铁片组成。先是，徐幼文能圆梦，遂诣徐，请圆之。徐曰："虽有声，价至下地。"洎来春，僎俄成名于侍郎韩熙载韩熙载（902~970），字叔言，南唐大臣，官至同平章事。乾德二年（964）三月，奉旨主持贡举进士考试榜下。或有责徐之言谬者，徐曰："诚如吾语，后当知之。"放榜数日，中书奏主司取士不当。遂追榜御试，冯果覆落。

◎进士黄可，字不可，孤寒朴野，深于雅道。诗句中多用"驴"字，如《献高侍郎》诗云："天下传将《舞马赋》，门前迎得跨驴宾"之类。又：尝谒舍人潘佑潘佑（937~972），幽州人，生于广陵（今江苏扬州）。狷介高洁，闭门苦学；文章议论，见推流辈。起家秘书省正字，历任虞部员外郎、史馆修撰、知制诰、内史舍人等。开宝五年（972），上疏荐词过切，后主李煜下令收狱，佑闻命自到，时年三十六岁，潘教服槐子，云："丰肌却老。"明旦，潘公趋朝，天阶未曙，见槐树烟雾中有人，若猿狙之状。追而视之，即可也。怪问其故，乃拥条而谢，曰："昨蒙明公教服槐子法，故今日斋戒而掇之。"潘大噱而去。

◎谏议大夫张义方张义方（生卒不详），原名元达，南唐烈主李昪用为侍御使，改名义方。历任兵部侍郎、左散骑常侍、勤政殿学士等，后病服丹，瘖哑而卒命道士陈友合还丹于牛头山即今南京江宁区之牛首山，频年未就。会义方遘疾将卒，恨不成九转之功。一旦，命子弟发丹灶，灶下有巨虺一种毒蛇，火吻锦鳞，蜿蜒其间，若为神物护持。乃取丹自饵一粒，瘖痖而终。当时，识者以为气未尽服之，阴者不寿也。

　　◎兵部尚书杜业杜业（生卒不详），《江表志》称之杜光邺，南唐烈主李昪初用为通事舍人，后官至兵部尚书兼枢密使任枢密，有权变，足几会，兵赋民籍，指之掌中。其妻张氏妒悍尤急，室绝婢妾，业惮之如事严亲。烈主尝命元皇后召张至内庭，诫之曰："业位望通显，得置妾媵，何拘忌如此，岂妇道所宜耶！"张雪涕而言曰："业本狂生，遭逢始运。多垒之初，陛下所藉者，驽马未竭耳。而又早衰多病，纵之，必贻其患。将误于任使耳。"烈主闻之，大加奖叹。以银盆彩缎赏之。

　　◎进士李冠子李冠（生卒不详），善吹洞箫，清音悠扬。后北游中原，每乘醉长啸于市，人罕知者善吹中管，妙绝当代。上饶郡公李景逖，烈主李昪之侄，封上饶郡公尝闻于元宗。上甚欲召对，属淮甸多故，盘桓期月，戎务日繁，竟不获见。出关日，李建勋（872~952）赠一绝，云："韵如古涧长流水，怨似秋枝欲断蝉。可惜人间容易听，新声不到御楼前。"

　　◎程员，举进士，将逼试，夜梦乌衣吏及门，告员曰："君与王伦、廖衢、陈度、魏清，并已及第。"员梦中惊喜，理服驰马诣省门。见杨遂、张观、曾恺，立街中，谓曰："榜在鸡行鸡行街，在今南京秦淮区三山街西南金沙井洋珠巷之间，何忽至此。"员怅然而觉，秘不敢言。其年，考功员外郎张似张似（生卒不详），常州人，初仕南唐，历任句容尉、监察御史、考功员外郎、中书舍人、内史舍人等。归宋后，历官右赞善、右谏议、史馆修撰等权知贡举，果放杨遂等三人，员辈卒无征应。既夏，内降御札，尚虑遗贤，命张泊舍人张泊（934~997），字师黯，一字偕仁，滁州全椒人。南唐进士，起家上元县尉，历官礼部员外郎、知制诰、中书舍人、清辉殿学士等。归宋后，历任太子中允、礼部侍郎、太仆少卿、谏议大夫、中书舍人、参知政事等取所试诗赋，就中书重定，务在精选。泊果取员等五人，附来春别榜及第。明年，岁在癸酉开宝六年，973 年也。

◎陶穀陶穀（903~970），字秀实，邠州新平（今陕西彬县）人，本姓唐，后晋时避石敬瑭讳，改姓陶。仕后晋、后汉、后周，起家校书郎，累官至翰林学士承旨。入宋后，历任礼、刑、户三部尚书。开宝三年（970），卒，时年六十八岁，赠：右仆射学士奉使，恃上国势，下视江左，辞色毅然不可犯。韩熙载韩熙载（902~970），字叔言，潍州北海（今山东潍坊）人。后唐同光四年（926）进士，旋南渡投吴，先后任滁、和、常三州从事。南唐时，累官至兵部尚书、勤政殿学士承旨。开宝三年（970），卒，时年六十九岁，赠：右仆射、同平章事；谥：文靖命妓秦弱兰，诈为驿卒女，每日敝衣持帚扫地。陶悦之，与狎。因赠一词，名《风光好》云："好因缘，恶因缘，只得邮亭一夜眠。别神仙，琵琶拨尽《相思调》。知音少，待得鸾胶续断弦，是何年。"明日，后主李煜设宴，陶辞色如前。乃命弱兰歌此词劝酒。陶大沮，即日北归。

（宋）郑文宝《江南余载》（选录十五则）

◎烈主夜坐南薰阁，召见道士王栖霞王栖霞（882～943），一名敬真，字玄隐，齐鲁（今山东）人。自幼聪颖，博通经史。天祐四年（907），避乱南渡至寿春（今安徽寿县），出家为道士。后至华阳（今江苏句容）茅山良常洞修真悟道。南唐升元初（937），奉烈主诏赴金陵，对答称旨，深受赞许，赐号玄博大师，住持江宁玄贞观。保大元年（943），卒于玄贞观，时年六十二岁。归葬茅山神室，奉为道教茅山上清派第十九代宗师问："何术可致太平？"栖霞对曰："治身治心，乃治家国之本。今陛下饥嗔饱喜，尚不能节，何以福及苍生。"是时，元宗母宋后，在帘中听之，叹为至语。赐以金帛，栖霞皆不受。所居玄贞观西北陂泽中，有高树，栖霞尝于其上焚香奏章。烈主欲为之建坛，栖霞曰："建国之初，经用不足，不宜营此闲务。"

◎元宗尝语散骑常侍王仲连王仲连（生卒不详），琅琊（今山东临沂）人。南唐官员，历任侍御史、左散骑常侍、少府监等云："自古江北文士，不及江南众多。"仲连对曰："老子出亳州真源，仲尼出兖州曲阜，然则亦不少矣。"上有愧色。

◎张崇张崇（864～935），庐州慎县（今安徽合肥）人。骁勇恣肆，光启初（885），投庐州刺史杨行密（852～905）麾下，隶军籍。杨吴一朝，历任诸将都尉、苏州防遏使、常州刺史、庐州团练观察使、检校太傅、平南军节度使、安西大将军、德胜军节度使、中书令等，封清河郡王。大和七年（935），卒，时年七十二岁帅庐，州人苦其不法。因其入觐，相谓曰："渠伊必不复来矣。"崇闻之，计口征"渠伊钱"。明年，又入觐，州人不敢交语，唯道路相目、捋须为庆而已。崇归，又征"捋须钱"。其在建康，伶人戏为死获谴者，云："当作水族去。"阴司遂判曰："焦（巢）湖百里，一任作獭。"

◎游简言游简言（906~962），字敏中，建安（今福建建瓯）人。少孤力学，起家杨吴秘书省正字。历任金陵户曹参军、观察推官。南唐立国后，迁中书舍人，累官至中书侍郎，拜左仆射兼门下侍郎、同平章事。建隆三年（962），病卒，时年五十七岁为中书侍郎，兼领铨选，差择清峭。有邵唐者，试判不入等，上疏言："简言父恭游恭（生卒不详），游简言之父，唐末登进士第，初为武昌节度使杜洪掌书记。杜死，归吴，署馆驿巡官，迁驾部员外郎、知制诰。博学能文，有《东里集》《广东里集》尝为鄂帅杜洪杜洪（？~905），伶官出身，唐末大乱，入鄂州刺史帐下为牙将。后历任武昌军节度使、鄂岳荆黄四州观察处置使、检校太师、中书令等，开府仪同三司，封西平王。天祐二年（905），战败被诛记室。洪与朱梁指后梁创立者朱温（852~912），亦名朱全忠、朱晃，宋州砀山（今安徽砀山）人。早年随黄巢（820~884）征战，先后任东南行营先锋使、同州防御使。中和二年（882），降唐，受任河中行营招讨副使，旋升任汴州刺史、宣武军节度使等。天祐元年（904），受封梁王，掌控朝政。四年（907），废唐称帝，建立梁朝，改元：开平。乾化二年（912），被其子弑杀，时年六十一岁结连，恭预其谋。简言乃逆臣之子，不宜列于清近。"上怒其诽谤，诏决杖配流饶州。

◎赵叟者，自保大之初（943）至于开宝之季（968~976），尝为贡院门子。每岁放榜之后，或去或留，率庆慰之，若出于叟手然。进士何蒙何蒙（937~1013），字叔昭，洪州（今江西南昌）人。年少精于《左传》，南唐时，举进士试不第，以献书议政，授录事参军。入宋后，以洺州推官举太平兴国五年（980）庚辰科进士，授遂宁令。历任右赞善大夫、水部员外郎、庐州通判、提举京师诸司库务、水部郎中、太府少卿，以及太平州、温州、梧州、袁州、鄂州等地知州。大中祥符六年（1013），卒，时年七十七岁赠叟诗，曰："桂枝输却正凄然，又被莺声聒昼眠。唯有赵翁知仔细，相传好语待来年。"

◎开宝初（968），举子齐愈，及第，缀行至白门其址在今南京市秦淮区白下路东端，忽于马上大笑不已，遂坠。驭者扶策，良久乃苏。盖其喜成名如此。

◎赵绮，困于场屋，将自三山其址在今南京市雨花台区梅山街道长江之滨北渡，以归梁京即今河南开封，为逻者所得，遂下廷尉。从狱中上书，曰："初至江干，觉天网之难漏；及归棘寺，知狱吏之可尊。"后主览之，批其末曰："陵指汉武帝时大将李陵（前134~前74）被迫投降匈奴的故事虽孤恩，汉亦负德。"乃释其罪。明年，绮状元及第。

◎进士舒雅舒雅（932~1009），字子正，宣州旌德（今安徽旌德）人，祖籍徽州歙县。南唐保大八年（950）状元，入宋，历任将作监丞、秘书监校理、职方员外郎、舒州知府、主客郎中、直昭文馆等。大中祥符二年（1009），卒，时年七十八岁尝从郑元素郑元素（？~946），京兆华原（今陕西铜川）人。少习诗礼，唐末避乱南游，隐居庐山青牛谷四十余年。采薇食蕨，弦歌自若。构橼剪茅于舍后，会集古书，殆至千余卷学，元素为雅言：温韬温韬（？~

928），京兆华原人。少为盗，后投凤翔节度使李茂贞（856~924），委为华原镇将。历任耀州刺史、义胜军节度使、匡国军节度使等。及至唐亡，将其辖境之唐陵，悉数盗发一空。天成三年（928），被后唐皇帝李嗣源（867~933）敕令赐死于配所乱时，元素随之。多发关中陵墓。尝入昭陵，见太宗李世民散发，以玉架卫之。两厢皆置石榻，有金匣五，藏钟、王墨迹，《兰亭》亦在其中。嗣是散落人间，不知归于何所。

◎李夷邺 李夷邺（生卒不详），亦名李贻邺，甘肃陇西人。唐宗室之裔，从曾祖李蔚，唐僖宗时宰相。父李戴，唐末进士，奔吴，为起居郎。夷邺事烈主，至翰林学士。保大初（943），拜宗正卿，后官至兵部侍郎。卒，谥曰简者，前唐诸孙，嗜酒不羁。保大初（943），以宗室贤才，拜正卿。累经左降，逾年，辄复旧官。元宗上巳 农历三月三日为上巳节 开宴，夷邺不在，召中，乃献诗，曰："偶忆昔年逢上巳，轻舟柳岸宴群臣。人闻寒薄时时叹，天上风光日日新。玉帛已来诸国瑞，瑶池固有万年春。赋诗饮酒平生事，肠断金门愿再亲。"上赐御札，曰："我家有此狂宗正，快哉。"

◎江州有田妇，采拾于野。忽为虎攫而踞之，妇向天大呼。虎举其掌，妇视其中有刺，因为拔之。虎乃舍妇而去。

◎元宗时，海国进象数头，皆能拜舞山呼。

◎后主笃信佛法，于宫中建永慕宫；又于苑中建静德僧寺；钟山亦建精舍。御笔题为：报慈道场。日供千僧，所费皆二宫玩用。

◎郑元素（？~946）者，温韬（？~928）之甥。隐居庐山青牛谷，不交人事。元宗召至都下，馆于徐铉（916~991）家。及卒，铉令元素乡人龙敏龙敏（885~948），字欲讷，河北永清人。少学儒，以州参军起家，历仕后梁、后唐、后晋、后汉、后周，累官至工部侍郎。开运末（946），出使江南，与南唐文士多有交往。乾祐元年（948），卒，时年六十三岁，赠：右仆射瘗其尸于石子冈其址在今南京雨花台西侧。临穴之际，有七鹤盘旋空中。敏辄祷之，一一下拂棺盖。

◎许坚许坚（？~1007），字介石，号江南野人，庐州庐江（今安徽庐江）人。为人静默，桑门道馆，帻巾芒鞋，行吟自若。南唐中主李璟召之，固辞不就。行踪不定，或居庐山白鹿洞，或居茅山，或居九华山。适意往来，人不能测。景德四年（1007），卒于金陵往来句曲今江苏句容茅山、庐阜今江西九江庐山之间，草装布囊，或卧于野，或和衣浴涧中，萧然不接人事，独笑独吟而已。其诗有云：“只应天上路，不为下方开。道既学不得，仙从何处来。”又《题简寂观在江西庐山金鸡峰下》云：“常恨真风千载隐，洞天还得恣游遨。松楸古迹一坛静，莺鹤不来青汉高。茅氏井寒丹亦化，元宗碑断梦曾劳。分明有个长生路，不向红尘白二毛。”坚诗颇多，其语意类此。景德（1004~1007）中，无疾卒于金陵。岁余，忽于洪州今江西南昌谒见兵部员外郎陈靖陈靖（948~1026），字道卿，福建莆田人。宋初，以父荫授阳翟县主簿，历官许州参军、将作监丞、太常博士、兵部员外郎、江南转运使、太仆卿、集贤院学士、左谏议大夫等。天圣四年（1026），卒，时年七十九岁。赠：尚书左仆射。靖至建康，言之王化基王化基（944~1010），字永图，河北正定人。太平兴国二年（977）进士，授大理寺评事。历官常州通判、著作郎、御史中丞、淮南节度判官、扬州知府、工部侍郎、礼部尚书、参知政事等。大中祥符三年（1010），卒，时年六十七岁。赠：右仆射；谥：惠献，**发其墓，已尸解去**。

　　◎陈曙　陈曙（生卒不详），四川人，前蜀进士，咸康元年（925）避乱至蕲州（今湖北蕲春县），入善坛观为道士。烈主闻而召之，累聘不应。保大（943~957）中，中主李璟遣中书舍人高越（911~972）再召之，复不肯起。后过江居永兴（今湖南郴州）景星观，结庐独处。及卒，人谓百岁，实亦不知其数也者，**王氏**前蜀两帝，王建（847~918），王衍（900~926）末年，避地淮南，隐于蕲州山中。乡人祀神，曙不召亦必至，醉饱而后去。虽百神祠，曙能遍往也。其所居屋一间，道书数卷而已。与蛇虎杂处，而泰然无所忌。元宗遣中书舍人高越，赉束帛征之，三往不应。后移居鄂州，不知所终。越赠曙以诗，曙次韵答之，云："罢修儒业学修真，养拙藏愚四十春。到老不疏林里鹿，平生未识日边人。涧花发处千堆锦，岩雪铺时万树银。多谢朝贤远相问，未闻鸡得凤为邻。"

（宋）郑文宝《江表志》（选录三则）

　　◎让皇吴睿帝杨溥（900~938），杨吴末代皇帝。天祚三年（937），禅位。南唐升元二年（938）十月，薨，时年三十九岁。谥：睿皇帝，亦称让皇居泰州今江苏泰州永宁宫，尝赋诗云："江南江北旧家乡，三十年来梦一场。吴苑宫闱今冷落，广陵台榭已荒凉。云笼远岫愁千片，雨滴孤舟泪万行。兄弟四人三百口，不堪回首细思量。"

◎太平县今安徽马鞍山市当涂县聂氏女，方十三，随母采薪，母为暴虎搏去，蹲之将食。女持刃自后跳虎脊，交抱连割其颈，虎奋掷不脱，遂自困死。女舍之，归告乡人，共收母尸。

◎建康受围二岁指974、975两年，宋将曹彬围困金陵，斗米数千，死者相藉，人无叛心。后主俎于大梁今河南开封，江左闻之，皆巷哭为斋。

（宋）文莹《湘山野录》（选录三则）

◎江南李后主煜，性宽恕，威令不素著。神骨秀异，骈齿，一目有重瞳，笃信佛法。殆国势危削，自叹曰："天下无周公、仲尼，君道不可行，但著《杂说》百篇以见志。"十一月，猎于青龙山其址在今南京市江宁区淳化街道，一牝狙即母猴触网于谷，见主两泪，稽颡搏膺，屡指其腹。主大怪，戒虞人掌管苑囿畋猎的官吏保以守之，是夕，果诞二子，因感之。还幸大理寺，亲录囚系多所，原贷一大辟指死刑妇，以孕在狱，产期满则伏诛，未几，亦诞二子。煜感牝狙之事，止流于远，吏议短之。

◎宋齐丘（887~959）相江南李先主昪及事中主璟二世，皆为右仆射。璟爱其才而知其不正，一日，选景华林广园其址在今南京市玄武区北京东路九华山南麓，以明粧列侍。召齐丘共宴，试小妓羯鼓双面蒙羊皮的腰鼓，齐丘即席献《羯鼓诗》，曰："巧斲牙床镂紫金，最宜平稳玉槽深。因逢淑景开佳宴，为出花奴奏雅音。掌底轻慊孤鹊噪，杖头干快乱蝉吟。开元天子曾如此，今日将军好用心。"

◎江南徐知谔（905~939）为润州节度使温即徐温（862~927）之少子也，美姿度，喜畜奇玩。蛮商得一凤头，乃飞禽之枯骨也。彩翠夺目，朱冠绀毛，金嘴如生，正类大雄鸡。广五寸，其脑平正，可为枕。谔偿钱五十万。又得画牛一轴，昼则啮草栏外，夜则归卧栏中。谔献后主煜，煜持贡阙下。

（宋）文莹《玉壶清话》卷九（选录三则）

◎以张宣张宣（？ ~939），字致用，少事杨吴为军校，历任诸军都虞侯、左街使、鄂州节度使等。严酷暴戾，刑狱无典，强横不法。百姓苦之久矣。升元三年（939），被劾夺职，未几，卒为鄂州节度使。宣以边功自恃，强横不法。鄂市寒雪，有民斗于炭肆者，捕而诘之，乃市炭一秤，权衡颇轻。使秤之，果然，宣斩鬻炭者，取其首与炭悬于市。主南唐烈主李昪闻之，叹曰："小人衡斛为欺，古今皆然，宣置刑太过。"尽夺官，以团副置于蕲春，遣润州节度使王舆王舆（871~944），庐江（今安徽合肥）人，少事杨吴为军校，历任诸军都虞侯、光州刺史、左宣威统军、金吾卫大将军、镇海军留后兼润州节度使、鄂州刺史兼武昌军节度使、浙西节度使、同平章事等。保大二年（944），卒，时年七十四岁代之。时天下雁乱，刑狱无典，因是，凡决死刑，方用"三复五奏"之法。民始知有邦宪，物情归之。

◎虔州今江西赣州节度使王安王安（869~941），亦名王会，庐州庐江（今安徽合肥）人。少事吴武王为亲兵，积功至袁州刺史。烈主代吴，用为百胜军节度使，历任神武统军、虔州节度使等。升元五年（941），卒，时年七十三岁持节请觐，遂卒于朝，年七十三。安，庐江人。少事吴武王，观战，战酣，武王坐于高阜，注目以望阵势。安捧匜器古代盥洗盥水的器具侍侧，忽阵外一执槊勇士疾走而至，径移王座，止数十步。安始觉，左右尽凝立，瞪目前视，无一夫警者。安乃置所捧于地，取弓射之，一发而倒，徐纳弓于弢中，复捧器而立，神色不少变。武王奇之，曰："汝真有气度，当至极贵。"

　　◎寿州节度使姚景姚景（862~944），钟离（今安徽凤阳）人。善养马，始事江淮团练使刘金（？~905）为马厩小卒。忠廉自守，刘金以女妻之，俄迁裨将。南唐烈主重其为人，使典亲兵，累官至寿州刺史兼清淮军节度使。升元二年（944），卒，时年八十三岁，钟离人。少贱，善事马，郡刺史刘金收为厩奴。马瘦瘠骨立者，景用唐刺史南卓南卓（791~854），字昭嗣，鲁郡（今山东兖州）人。少年游学吴楚，大和二年（828），举贤良，授拾遗。历松滋、洛阳令，迁郎中。出为商、蔡、婺等州刺史，终黔南观察使。大中八年（854），卒，时年六十四岁《养马法》饲秣，爪剪、针烙、啖燴，不数月，尽良马。金暇日因至厩中，值景熟寝，二赤蛇不及尺，戏景面上。金以杖叩胫，惊之，遽入其鼻。金因奇之，引为亲事，小心厚重，以女妻之。积劳为裨将，李先主昪重其为人，使镇寿州。景无他技能，但廉畏有守。先是，属郡苦于供亿，刺史厅庑闲置一巨匮，俾吏投银于中，满则易之，谓之"镇厅匮"，任内三易之，习以为常。景至，则首命去之，取与有度，诸郡颇乐。后至使相，八十三卒于位。何必读书乎！

（宋）徐铉《稽神录》（选录十二则）

◎建康有乐人，日晚如市，见二仆夫云："陆判官召。"随之而去。至一大宅，陈设甚严。宾客十余人，皆善酒，惟饮酒而不设食，酒亦不及乐人，向曙而散。

◎建康吏黄廷让，尝饮酒于亲家。迨夜而散，不甚醉，而怳然身浮，飘飘而行，不能自制。行可十数里，至一大宅，寂然无人，堂前有小房，房中有床。廷让困甚，因寝床上。及寤，乃蒋山即今南京东郊钟山前草间，逾重城复暂矣。因恍惚得疾，岁余乃愈。

◎江南内臣张瑗，日暮过建康新桥即今南京秦淮区集庆路东端之新桥，忽见一美妇人，袒衣猖獗而走。瑗甚讶，谛视之。妇人忽尔回顾，化为旋风扑瑗。瑗马倒伤面，月余乃复。初，马既起，乃提一足，跛行而归。自是，每过此桥，马辄提一足而行，竟亦无他怪祸。

◎辛亥岁南唐保大九年（951），江南伪右藏库官陈居让，字德遇，直宿库中。其妻在家，五更初，忽梦二吏，手把文书，自门而入，问："此陈德遇家耶？"曰："然。""德遇何在？"曰："在库中。"吏将去，妻追呼之，曰："家夫字德遇耳。有主衣库官陈德遇者，家近在东曲巷东拐弯处。"二吏相视而嘻曰："几误。"遂去。尔日，德遇晨起如厕，乃自云有疾，还卧良久，遂卒。二人并居冶城即今南京市秦淮区朝天宫之西。

◎瓜村即今南京市六合区瓜埠镇有渔人妻，得劳瘦疾即肺结核，转相传染，死者数人。或云："取病者，生钉棺中，弃之，其病可绝。"顷之，其女病，即生钉棺中，流之于江。至金山即今镇江市江边之金山，有渔人见而异之，引之至岸。开视之，见女子犹活，因取置渔舍中，多得鳗鳖鱼以食之。久之，病愈，遂为渔人之妻，至今尚无恙。

◎军吏熊勋，家于建康长乐坡即今南京市秦淮区马道街朱雀桥附近之东。尝日晚，见屋上有二物，大如卵，赤而有光，往来相驰逐。家人骇惧，有亲客壮勇，登屋捕之。得其一，乃被缯彩包一鸡卵壳也。锉而焚之，臭闻数里。其一走去，不复来矣。家亦无恙。

◎江南军使王建封王建封（？~949），上元（今江苏南京）人。任侠骁勇，少从军，仕南唐。历任先锋桥道使、信州刺史、招讨军副使、天威军都虞侯等。保大七年（949）秋七月，因干预朝政，被流池州，赐死于路，骄恣奢僭，筑大第于淮即今南京城南之秦淮河之南。暇日，临街坐窗下，见一老妪携少女过于前，衣服褴褛，而姿色绝世。建封呼问之，云："孤贫无依，乞食至此。"建封曰："吾纳尔女，而给养尔终身，可乎？"妪欣然。建封即召入，命取新衣二袭以衣之。妪及女始脱故衣，皆化为凝血于地。旬日，建封被诛。

◎浙西军校吴景者，辛酉岁保大四年（946）设斋于石头城即今南京市鼓楼区清凉山僧院。其夕，既陈设，忽闻妇女哭声甚哀，初远渐近，俄在斋筵中矣。景乃告院僧曰："景顷岁从军克豫章即今江西南昌获一妇人，殊有姿色。未几，其夫求赎，将军令严肃，不可相容。景即杀之，后甚以为恨。今之设斋，正为是也。"即与僧俱往，乃见妇人在焉。僧为之祈告，妇人曰："我从吴景索命，不知其他。"遽前逐之。景急走，上佛殿，大呼曰："我还尔命！"于是，颠仆而卒。

◎建康有木工破木，木中有肉五斤许，其香如熟猪肉。此又不可以理穷究者矣。

◎司马正彝者，始为小吏，行溧水即今南京市溧水区道中。去前店尚远，而饥渴甚，意颇忧之。俄而，遇一新草店数间，独一妇人迎客。为设饮食，甚丰洁，正彝谢之。妇人云："至都指南唐都城江宁，有好粉燕支即胭脂，宜以为惠。"正彝许诺。至建业即江宁府城，遇其所知即其朋友往溧水，因以粉燕支，托遗其妇，具告其处。既至，不复见店，有一女神庙，因置所遗而去。正彝后为溧水令，传云：往往有遇者，不知其详。

◎建康江宁县廨其址在今南京城南花露岗南麓之后，有酤酒王氏，以平直称。癸卯岁保大元年（943）二月既望即十五夜，店人将闭外户，忽有朱衣数人，仆马甚盛，奄至户前，叱曰："开门，吾将暂憩于此。"店人奔告其主，其主曰："出迎。"则已入坐矣。主人因设酒食甚备，又犒诸从者。客甚谢焉，顷之，有仆夫执细绳百千丈，又一人执撅杙即木桩数百枚，前白："请布围。"紫衣可之。即出，以杙钉地，系绳其上，围坊曲人家使遍。良久，曰："事讫。"紫衣起至户外，从者白："此店亦在围中矣。"紫衣相谓曰："主人相待甚厚，空此一店可乎？"皆曰："一家耳，何为不可。"即命移杙出店于围外，顾主人曰："以此相报。"遂去，倏忽不见。顾视绳杙，已亡矣。俄而，巡使欧阳进，逻夜至店前，使问："何故深夜开门，又不灭灯烛，何也？"主人具告所见，进不信，执之下狱，将以妖言罪之。居一日，江宁大火，朱雀桥即今南京城南朱雀桥至凤台山即今南京城南花露岗，居人焚之殆尽。此店四邻皆为煨烬，而王氏独免。

◎建业市，有卜者，忽于紫薇宫题壁，云："昨日朝天过紫薇，玉坛风冷杏花稀。碧桃昵我传消息，何事人间更不归。"自是绝迹，人皆言其上升。

（宋）陶穀《清异录》（选录七则）

◎李煜在国时，自作《祈雨文》，曰："尚乖龙润之祥。"

◎李煜在国，微行娼家，遇一僧张席，煜遂为不速之客。僧酒令、讴吟、吹弹，莫不高了，见煜明俊酝藉，契合相爱重。煜乘醉大书右壁，曰："浅斟低唱，偎红倚翠大师；鸳鸯寺主，传持风流教法。"久之，僧拥妓入屏帷。煜徐步而出，僧、妓竟不知煜为谁也。煜尝密谕徐铉，铉言于所亲焉。

◎建业野人泛指郊野农民种梨者，诧其味曰：蜜父；种枇杷者，恃其色曰：蜡兄。

◎保大（943~957）中，村民于烂木上得菌，几一担，状如莲花叶而色赤黄，因呼：题头菌。

◎钟谟钟谟（？~960），字仲益，会稽（今浙江绍兴）人，侨居金陵（今江苏南京）。博学爽悟，颖脱时辈。南唐中主时，拔自下位，迁吏部郎中。历任翰林学士、礼部侍郎、制尚书省、国子司业等，后坐事贬著作佑郎，饶州安置。建隆元年（960）正月，赐死。嗜菠薐菜，文其名曰：雨花菜。又以蒌蒿即今芦蒿、莱菔即今萝卜、菠薐即今菠菜，为"三无比"。

◎伪唐陈乔陈乔（? ~975），字子乔，庐陵（今江西吉安）人。敏悟耽玩，仕宦世家，以荫授太常寺奉礼郎。仕南唐三帝，历任尚书郎、中书舍人、吏部侍郎、翰林学士承旨、门下侍郎兼枢密使等。开宝八年（975），南唐亡，自缢殉国食蒸肫，曰："此糟糠氏面目殊乖，而风味不浅也。"

◎李璟保大七年（949），召大臣宗室赴内，香燕赏香之宴，凡中国外夷所出，以至和合、煎饮、佩带、粉囊，共九十二种，江南素所无也。

（宋）吴淑《江淮异人录》（选录二则）

◎潘扆潘扆（生卒不详），自称野客，和州（今安徽和县）人。善剑术，人称潘仙人。尝游江淮间，往依海州刺史郑匡国，匡国表荐于烈主李昇，诏居金陵紫极宫。数年卒者，大理评事潘鹏之子也。少居于和州，樵采鸡笼山本名亭山，又名历山、历阳山、凤台山，位于安徽和县城西四十里处，海拔275米。因山形如鸡笼，故名，以供养其亲。尝过江至金陵，泊舟秦淮口南唐时，秦淮入江口在今清凉山西侧。有一老父，求同载过江，扆敬其老，许之。时大雪，扆市酒与同载者饮。及江中流，酒已尽，扆甚恨其少，不得醉。老父曰："吾亦有酒。"乃解巾，于髻中取一小葫芦子倾之，极饮不竭。及岸，谓扆曰："子事亲孝，复有道气，可教也。"乃授以道术。宸自是所为绝异，世号曰：潘仙人。

◎建康关城之东郊坛南唐东郊坛在上元县长乐乡，其址应在今南京市秦淮区高桥门附近门外，尝有一人，不言姓名，于北面野水构小屋而居，才可庇身。屋中唯什器一两事，余无他物。日日入城，云乞丐，不历街巷市井，但诸寺逍遥游观而已。人颇知之。巡使以白上，上令寻迹其出处，而问其所欲。及问之，亦无所求。时盛寒，官方施贫者衲衣此处指缀补过的旧衣，其见衣单，以一衲衣与之，辞之不受。强与之，乃转与人。人益怪之，因逐之，使移所居，且观其所向。乃毁屋，移于玄武湖其址位于今南京市玄武区西南，内臣张琪果园，中多荒秽，亦有野水，复于水际构屋居之。时大雪数日，园人不见其出入，意其冻死，观之，见屋已坏，曰："果死矣。"遂白官司。既而发屋视之，则方熟寝于雪中。惊起，略无寒色，乃去。后不知所之。

（宋）周应合《景定建康志》卷五十（选录五则）

◎南唐将亡数年前，修升元寺其址位于今南京门西花露岗的瓦官寺殿，掘得石记，视之，诗也。其辞曰："莫问江南事，江南事可凭。抱鸡升宝位，趁犬出金陵。子建居南极，安仁秉夜灯。东邻娇小女，骑虎踏河冰。"王师以甲戌渡江，后主实以丁酉年生。曹彬曹彬（931~999），字国华，真定灵寿（今河北灵寿）人。后周皇亲，官至枢密院承旨。入宋，历任宣徽南院使、义成军节度使、枢密使、同平章事、侍中、检校太师等。开宝八年（975），攻平江南。咸平二年（999），卒，时年六十九岁。赠：中书令、济阳郡王；谥：武惠为大将，列栅城南，为子建曹植（192~232），字子建也。潘美潘美（925~991），字仲询，大名府（今河北大名）人。随宋太祖赵匡胤（927~976）左右，历任行营都监、朗州团练使、岭南转运使。开宝八年（975），助曹彬平江南后，加官检校太傅、宣徽北院使，封代国公。淳化二年（991），卒，时年六十七岁。赠：中书令；谥：武惠为副将，城陷，恐有伏兵，命卒纵火，即安仁潘岳（247~300），字安仁也。钱俶钱俶（929~988），字文德，吴越王钱镠（852~932）之孙。初为台州刺史，天福十二年（947），被迎嗣为吴越王，历后汉、后周、北宋。开宝八年（975），助宋灭南唐。太平兴国三年（978），献两浙十三州，归宋。端拱元年（988）八月，薨，时年六十岁。谥号：忠懿王以戊寅年入朝，尽献浙右之地。

◎江南保大（943~957）中，浚秦淮，得石《志》。案：其刻有"大宋乾德四年"，凡六字，他皆磨灭不可识。令诸儒参验，乃辅公祏辅公祏（？~624），齐州临济（今山东章丘）人。家贫无惧，隋大业九年（613），与乡邻杜伏威（584~624）相结举义。横行乡里，转掠淮南。先后占领历阳（今安徽和县）、丹阳（今江苏南京）。唐武德六年（623），建国丹阳，国号：宋。次年（624），兵败，被诛反江东时年号。后太祖赵匡胤受命，国号：宋，改元：乾德，江左始衰弱。岂非威灵将及，而符谶先著也。

◎南唐将亡前数年，宫中人接蔷薇水染生帛，一夕忘收，为浓露所渍，色倍鲜翠。因令染坊染碧，必经宿露之，号为：天水碧。宫中竞服之，识者以为天水赵之望天水，赵姓郡望之地也。开宝（968~976）中，新修营得一石《记》，凡数百字，隶书，从头云："从他痛，从他痛。"如此连写，至末云："不为石子尽，更书千万个。从他痛，从他痛。"不知其谶也。未几，王师渡江云。

◎徐常侍铉徐铉（916~991），仕江南日，尝直澄心堂，每幦被入直，至飞虹桥即今南京市秦淮区中华路北端之内桥，马辄不进，裂鞍断辔，箠之流血，掣缰却立。铉贻书于余杭沙门赞宁赞宁（919~1001），俗姓高，吴兴德清（今浙江德清）人。后唐天成年间（926~930），出家杭州祥符寺；清泰元年（934），入天台山受具足戒。后住杭州灵隐寺专习《南山律》。内学之外，兼善百家之言，博闻强记，声望日增。南越王钱俶（929~988）署为两浙僧统。入宋，赐号：通慧大师，充右街副僧录。历任左街讲经首座、史馆编修、右街僧录、左街僧录等。咸平四年（1001），圆寂，世寿八十三，僧腊六十七。著有《大宋僧史略》《舍利宝塔传》等，答云："下必有海马骨，水火俱不能毁，惟沤以腐糟随毁者。"乃是，铉斸之二丈余。果得巨兽骨，上胫可长五尺，膝而下长三尺，脑骨若段柱。积薪焚三日不动，以腐糟沤之，遂烂焉。

◎南唐后主李煜留心笔札，所用澄心堂纸、李廷珪李廷珪（生卒不详），本姓奚，制墨世家，燕赵易水（今河北易县）人。唐末动乱，随其父举家南迁至歙州（今安徽歙县），以造墨为生。其所制墨以黄山松烟为原料，精心研制而成。其坚如玉，其纹如犀，锋利可削木，深受南唐皇帝喜爱，珍为赏品，赐姓李。宋代以后一直奉李廷珪墨为"天下第一品"墨、龙尾石砚三物，为天下之冠。自李氏亡，龙尾石不复出。景祐（1034~1038）中，校理钱仙芝钱仙芝（生卒不详），钱塘（今浙江杭州）人，钱维演（977~1034）兄子，荫授馆阁校勘。咸平元年（998），知临海县。乾兴元年（1022），以校书郎擢大理寺评事。天圣五年（1027），以集贤殿校理任点检试卷官；七年（1029），为殿中丞，以秘书阁校理知礼贤院。景祐（1034~1038）中，以秘书阁校理知歙州（今安徽歙县）。庆历（1041~1047）中，以祠部郎中知信州（今江西上饶）、秀州（今浙江嘉兴）。后因贪赃枉法，免死，脊杖，刺配登州（今山东烟台）沙门岛知歙州，访得其所，乃大溪也。李氏尝患溪深不可入，断其流，使由它道。李氏亡，居民苦溪之回远，导之如初，而石乃绝。仙芝移溪还故道，石乃复出，遂与端溪即端州产砚之溪，其址在今广东肇庆端州区并行。

（明）顾起元《客座赘语》卷四：（选录二则）

◎李后主常宝一研山，径长尺余，前耸三十六峰，皆大犹手指，左右别引两坡陀，而中凿为研。及国破，研流在士人家，为米元章所得。后来归丹阳，与苏氏易甘露寺并江地。地多古木，盖晋唐人故居，米起庵名曰"海岳"。研归苏氏，不几月，索入禁中，后又在台州戴家。

◎海岳《画史》云：钟峰白莲居士，又称钟峰隐居，又称钟峰隐者，皆李重光画自题号，意是钟山隐居耳。每自画必题曰"钟隐笔"，上着内殿图书之印，及押用内合同"集贤院"黑印。有此印者，是与于文房物也。元章直以钟隐为李后主如此。

（清）毛先舒《南唐拾遗记》（选录三则）

◎江南李昪，问道士王栖霞："何道可致太平？"栖霞对曰："王者治心治身，乃治家国。今陛下尚未能去饥嗔饱喜，何论太平！"宋后自帘中称叹，以为至言。

◎李璟保大七年（949），召大臣宗室赴内香宴，凡中国、外夷所产，以至和合煎饮、佩带粉囊之类，九十二种，江南素所无也。

◎李后主坐碧落宫，召冯延巳论事，至宫门逡巡不敢进。后主使促之，延巳云："有宫娥著青红锦袍，当门而立，故不敢竟进。"使随共谛视之，乃八尺琉璃屏画夷光也。盖董源之笔，与孙权弹蝇，事绝相类。

（清）王士禛、郑方坤《五代诗话》卷一（选录六则）

◎南唐烈主在徐温家咏《灯》诗，云："一点分明直万金，开时惟怕冷风侵。主人若也勤挑拨，敢向尊前不尽心。"（补）《古今诗话》

◎李昪《竹》诗曰："栖凤枝梢犹软弱，化龙形状已依稀。"唐宣宗《瀑布》诗曰："溪涧岂能留得住，终归大海作波涛。"王霸之意自见。（补）《诗史》

◎李璟游后湖，赏莲花，作诗曰："蓼花蘸水火不灭，水鸟惊鱼银梭投。满目荷花千万顷，红碧相杂敷清流。孙武已斩吴宫女，琉璃池上佳人头。"识者谓：虽佳句，然宫中有佳人头，非吉也。（原）《摭遗》

◎杨花飞者，保大初（943）居乐部。元宗初嗣位，春秋鼎盛，留心内宠，宴私击鞠，略无虚日。常乘醉命花飞奏《水调词》进酒，花飞惟歌"南朝天子爱风流"一句。如是再数四，元宗悟，覆杯大怿，厚赐金帛，以旌敢言。且曰："使孙、陈二王得此一语，固不当有衔璧之辱也。"（补）《十国春秋》

◎李后主宫中未尝点烛，每至夜则悬大宝珠，光照一室，如日中。尝赋《玉楼春》宫词曰："晚粧初了明肌雪，春殿嫦娥鱼贯列。笙箫吹断水云间，重按《霓裳》歌遍彻。　临春谁更飘香屑，醉拍阑干情未切。归时休照烛花红，待放马蹄清夜月。"王阮亭《南唐宫词》云："花下投籤漏滴壶，秦淮宫殿浸虚无。从兹明月无颜色，御阁新悬照夜珠。"极能道其遗事。（补）《词苑丛谈》

◎后主于黄罗扇上书一诗，赐宫人庆奴，云："风情渐老见春羞，到处销魂感旧游。多谢长条似相识，强垂烟态拂人头。"宋时犹传玩贵家，今亡矣。（原）《六砚斋三笔》

（清）王士禛、郑方坤《五代诗话》卷三（选录九则）

◎江南宋齐丘，智谋之士也。自以谓江南有精兵三十万，士卒十万，大江当十万，而己当十万。江南初主本徐温养子，及僭号，迁徐氏于海陵。中主继统，用齐丘谋，徐氏无男女少长，皆杀之。其后，齐丘尝有一小儿病，闭阁谢客，中主置宴召之，亦不出。有老乐工且双瞽，作一诗，书纸鸢上，放入齐丘第中，诗曰："化家为国实良图，总是先生画计谟。一个小儿抛不得，上皇当日合如何。"海陵州宅之东，至今有小儿坟数十，皆当日所杀徐氏之族也。

（补）《梦溪笔谈》

◎李司徒建勋《蒋山寺》诗："楼台虽少景何深，满地青苔胜布金。松影晚留僧共坐，水声闲与客同寻。清凉会拟归莲社，沉湎终须弃竹林。长爱寄吟经案上，石林秋霁向千岑。"又《题道林》诗："虽向钟峰数寺连，就中奇胜出其间。不教幽树妨闲地，别著高窗向远山。莲沼水从双涧入，客堂僧自九华还。无因得结香灯社，空倚王门玷玉班。"（补）《金陵旧事》

◎宋魁，仕江南为县令，甚疏逸，有诗云："好是晚来香雨里，担簦亲送绮罗人。"李璟闻之，处以闲曹。又有僧庭实，献诗云："吟中双鬓白，笑里一生贫。"璟曰："诗以言志，终是寒薄。"束帛遣之。（原）《诗史》

◎钟谟，建安人，为李璟奉表于周。孙晟遇害，独赦谟为辉州司马，有诗与州将，云："翩翩归尽塞垣鸿，隐隐初开蛰户虫。渭北离愁春色里，江南家事战尘中。还同逐客纫兰佩，谁听缧囚奏土风。多谢贤侯振古道，免令搔首泣途穷。"后画江为界，世宗召为卫尉卿，放还，因作诗以献，略云："三年耀武群雄伏，一日回銮万国春。南北通欢永无事，谢恩归去老陪臣。"世宗悦。（原）《谈苑》

◎南唐潘佑，尝应李后主令，作词云："楼上春寒山四面，桃李不须夸烂漫，已失了春风一半。"盖讽其地渐侵削也。李元膺词："到清明时候，百紫千红花正乱，已失了春风一半。"脱胎于此。（补）《词统》

◎徐锴，年十余岁，群从宴集赋诗，令为秋词，援笔

立成。其略曰："井梧纷堕砌，寒雁远横空。雨久莓苔紫，霜浓薜荔红。"（原）《诗史》

◎江南李氏乐人王感化，建州人，隶光州乐籍。建州平，入金陵教坊，善为词。时本乡节帅更代饯别，感化前献诗，曰："旌旆赴天台，溪山晓色开。万家悲更喜，迎佛送如来。"至金陵，宴苑中，有白野鹊，李璟令赋诗，应声曰："碧云深洞恣游遨，天与芦花作羽毛。要识此来栖息处，上林琼树一枝高。"又题怪石，凡八句，皆用故事，但记其一联，云："草中误认将军虎，山上曾为道士羊。"（原）《谈苑》

◎李先主以国用不足，税民间鹅卵出双子者、柳花为絮者，伶人献词云："惟愿普天多瑞庆，柳条结絮鹅双生。"（原）《天中记》

◎金陵有乐官山，相传：城下之日，军营开宴，南唐乐人数辈大恸，奏不成曲，怒而杀之，聚埋此山。诗云："城破辕门宴赏频，伶伦执乐泪沾巾。骈头就死缘家国，愧杀南朝结绶人。"（原）《紫桃轩杂缀》

引用书目

1.（南朝陈）顾野王：《舆地志》，上海古籍出版社，2011 年版。

2.（唐）姚思廉：《梁书》，中华书局，2014 年版。

3.（唐）许嵩：《建康实录》，中华书局，1986 年版。

4.（宋）薛居正：《旧五代史》，中华书局，1976 年版。

5.（宋）欧阳修：《新五代史》，中华书局，1974 年版。

6.（宋）司马光：《资治通鉴》，中华书局，2009 年版。

7.（宋）江少虞：《宋朝事实类苑》，上海古籍出版社，1981 年版。

8.（宋）高晦叟：《珍席放谈》，四库全书，子部十二（影印本）。

9.（宋）欧阳修：《集古录》，人民美术出版社，2010 年版。

10.（宋）苏易简：《文房四谱》，中华书局，2011 年版。

11.（宋）王辟之：《渑水燕谈录》，中华书局，1997 年版。

12.（宋）周密：《志雅堂杂钞》，中华书局，2018 年版。

13.（宋）王存：《元丰九域志》，中华书局，1984 年版。

14.（宋）陆游：《老学庵笔记》，中华书局，1979 年版。

15.（宋）马令（宋）陆游：《南唐书（两种）》，南京出版社，2010 年版。

16.（宋）路振：《九国志》，商务印书馆，1938 年 6 月初版。

17. （宋）史虚白：《钓矶立谈》；（宋）郑文宝：《南唐近事》；（宋）郑文宝：《江南余载》。商务印书馆，1937 年 6 月初版。

18. （宋）龙衮：《江南野史》，四库全书，史部九，载记类（影印本）。

19. （宋）佚名：《五国故事》，（清）浙江鲍士恭家藏，剑光阁钞本开雕（影印本）。

20. （宋）徐铉：《骑省集》，四库全书荟要，集部，吉林出版集团有限责任公司影印本，2005 年 5 月第一版。

21. （宋）文莹：《湘山野录·续录·玉壶清话》，中华书局，1984 年版。

22. （宋）陶毅：《清异录》；（宋）吴淑：《江淮异人录》，上海古籍出版社，2012 年版。

23. （宋）徐铉：《稽神录》，上海古籍出版社，2012 年版。

24. （宋）陈彭年：《江南别录》；（宋）郑文宝：《江表志》，南京出版社，2022 年版。

25. （宋）刘道醇：《圣朝名画评》《五代名画补遗》，山西教育出版社，2017 年版。

26. （宋）郭若虚：《图画见闻志》，江苏美术出版社，2007 年版。

27. （宋）《宣和书谱》，上海书画出版社，1984 年版。

28. （宋）《宣和画谱》，人民美术出版社，2017 年版。

29. （宋）沈括：《梦溪笔谈》，中华书局，2016 年版。

30. （宋）张敦颐：《六朝事迹编类》，南京出版社，1989 年版。

31. （宋）周应合：《景定建康志》，南京出版社，2009 年版。

32. （元）张铉：《至正金陵新志》，南京出版社，1991 年版。

33. （元）孔克齐：《至正直记》，上海古籍出版社，2012 年版。

34. （元）陶宗仪：《南村辍耕录》，中华书局，2004 年版。

35. （元）辛文房：《唐才子传》，辽宁教育出版社，1998 年版。

36. （元）脱脱《宋史》，中华书局，1985 年版。

37. （明）《洪武京城图志》，南京通志馆，1947 年版。

38.（明）《正德江宁县志》，南京通志馆，1947 年版。

39.（明）《万历上元县志》，南京通志馆，1947 年版。

40.（明）《万历应天府志》，明万历五年（1577）刻本（影印本）。

41.（明）周晖：《金陵琐事》，南京出版社，2007 年版。

42.（明）陈沂：《金陵古今图考》，南京通志馆，1947 年版。

43.（明）陈沂：《金陵世纪》；（明）孙应岳：《金陵选胜》，南京出版社，2009 年版。

44.（明）顾起元：《客座赘语》，南京出版社，2009 年版。

45.（明）葛寅亮：《金陵梵刹志》，南京出版社，2011 年版。

46.（明）葛寅亮：《金陵玄观志》，南京出版社，2011 年版。

47.（清）金鳌：《金陵待征录》，南京出版社，2009 年版。

48.（清）吴任臣：《十国春秋》，中华书局，2010 年版。

49.（清）顾祖禹：《读史方舆纪要》，中华书局，2005 年版。

50.（清）陈文述：《秣陵集》，南京出版社，2009 年版。

51.（清）王士禛、郑方坤：《五代诗话》，人民文学出版社，1998 年版。

52.（清）余曑：《宋人小说类编》，中国书店，1985 年（影印本）。

53.（清）毛先舒：《南唐拾遗记》，杭州出版社，2004 年版。

54.（清）甘熙：《白下琐言》，南京出版社，2007 年版。

55.（清）顾云：《盋山志》，南京出版社，2009 年版。

56.（清）王澍：《淳化秘阁法帖考正》，浙江人民美术出版社，2017 年版。

57.（清）吕燕昭、姚鼐：《嘉庆新修江宁府志》，嘉庆十六年（1811）刻本。

58.（清）莫祥芝、甘绍盘等：《同治上江两县志》，同治十三年（1874）刻本。

59.（清）蒋启勋、赵佑宸、汪士铎等：《光绪续纂江宁府志》，光绪六年（1880）刻本。

60.（清末民初）陈作霖、陈诒绂：《金陵琐志九种》，南京出版社，
2008 年版。

61.（民国）叶楚伧、柳诒徵、王焕镳：《首都志》，南京古旧书店，
1985 年翻印。

62.（民国）陈迺勋、杜福堃：《新京备乘》，南京出版社，2014 年版。

63. 朱偰：《金陵古迹图考》，中华书局，2005 年版。

64. 南京博物院：《南唐二陵发掘报告》，文物出版社，1957 年版。

65. 蒋赞初：《南京史话》，江苏人民出版社，1980 年版。

66. 马伯伦、刘晓梵：《南京建置志》，海天出版社，1994 年版。

67. 卢海鸣：《六朝都城》，南京出版社，2002 年版。

68. 卢海鸣：《南京历代运河》，南京出版社，2018 年版。

69. 杨国庆、王志高：《南京城墙志》，凤凰出版社，2008 年版。

70. 夏仁琴、濮小南：《南唐二陵》，南京出版社，2016 年版。

71. 王志高、夏仁琴、许志强：《南京祖堂山南唐 3 号墓考古发掘的
主要收获及认识》，2012 年《东南文化》第一期。

72. 杨献文、金戈：《南唐伏龟楼遗址及南唐城垣遗迹展览馆》，
2006 年《江苏地方志》第三期。

后 记

　　2010 年，本人点校的（宋）马令《南唐书》，付梓出版。自此，对有关涉及南唐的古籍包括宋元笔记、小说、地志等，格外地关注与收集。2016 年，由我著文的《南唐二陵（图册）》出版发行。其时，内心自然产生撰写一部展示南唐时期南京城市概况、人文景观、民俗风貌的志书的想法。2018 年，拙著《十里秦淮桥道志》付梓时，与挚友平涛先生谈及撰写《南唐都城志略》的意图与设想，以及该书的框架和内容。平涛先生闻言，大为关注，不仅首肯此举之善，还对该书各个环节的形制与衔接，给予了真诚无私的指教与点拨，醍醐灌顶，茅塞尽开。《南唐都城志略》之雏议与构架，其时定矣。

　　动笔之初，除尽可能多地认真阅读涉及南唐的古今著作外，首先要做的是实地考察并清楚了解南唐都城的具体位置，以及城内河流、街道的大概走向。唯有如此，才能避免在写作中发生令人费解的低级方位之误。于是，我骑单车以现存杨吴城濠为参照物，循城濠内侧，寻觅且辨明南唐都城城垣所处之地，应为今日甚巷、甚街？首先，从白下路东端（南唐都城之东门）琥珀巷北行，经绣花巷，越常府街，经二条巷，越中山东路，再北行，过汉府新村、桃园新村，至竺桥。转而沿城濠南岸街巷向西，经太平桥南、长江后街，越太平南路，经如意里、红庙，过洪武北路，至北门桥（南唐都城之北门）。其次，自干河沿，经豆菜桥向西，沿五台山北麓至峨嵋岭，再西行，沿乌龙潭南岸转向西南，至汉西门（南唐都城之西门）。第三，沿虎踞南路东侧南行，经涵洞口（南唐都城之栅寨门），至水西门（南唐都城之龙光门）、西水关（南唐都城之下水门）。循明城墙南行至凤台桥转而向东，经集庆门、凤台门、长干门，至中华门（南唐都城之南门），续向东，经雨花门至伏龟楼（南唐都城东南之角楼）。复经江宁路东侧北行，越长乐路，沿明城墙内侧向北，过东关头（南唐都城之上水门），穿钓鱼巷，过建康路，至白下路东端（南唐都城之东门）。以上线路就是南唐都城城垣的大体走向，也是本书正文所展现内容的主要空间。

《南唐都城志略》以简洁概括的叙事为主轴，附以引用古今著述为佐证的方法，前者删繁就简，后者不厌其详，相辅相成，互补求臻，以期达到具体地展示南唐时期社会经济活动真实情况的目的。全书主要由绪言、城垣城濠、宫城宫濠、街市坊里、衙署官邸、园林陵墓、寺庙道观、拾遗撷佚等八部分组成。内容大抵涵盖杨吴及南唐时期江宁城内外的时事变迁、城市格局、人物故事、民俗饮食等，及其在时空推移中各方面发生的演变流衍，以冀读者能够从中清晰地了解南唐时期南京地区的历史风貌与人文风情。

　　近年来，本人在相继完成《升州注》《南京历代书院》等书籍撰写的同时，《南唐都城志略》的写作一直没有停辍。苦苦搜寻并认真阅读相关的古今图书，充分撷取其中可用的资料，分析归类，别开生面，庶使一众沉寂多年的古籍得以华丽转身，重获新生。《南唐都城志略》的作用就是活化这些古籍，让更多南京人能够从中深切感受南唐时期南京的真实面貌，增添其骨子里对南京这座城市历史与文化自信的丰厚底气，激发其心灵深处对新时代发展中日新月异美好南京的无限热爱。古为今用，以古颂今，此不才撰写《南唐都城志略》之初衷也。

　　值此《南唐都城志略》竣稿之际，由衷致谢南京出版社社长卢海鸣博士一如既往的点拨与赐教，高山流水，不言自明。诚挚感谢夫人王安琪、犬子濮仕坤，在各方面倾心倾力的支持和帮助，同室相扶，和谐共荣。本人才疏学浅，舛漏之处在所难免，尚祈方家不吝晒正。

濮小南

2024 年 9 月 7 日

于南京龙幡中路寓邸之临濠轩